Social Entrepreneurship

사회적
기업가정신

강민정 · 박재홍 · 추현호

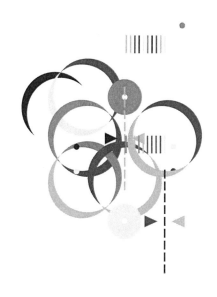

박영사

들어가는 말

이 책은 한림대학교 사회혁신경영 융합전공의 '사회혁신과 기업가정신' 과목의 교재로서 한림대학교 LINC+ 사업단의 지원을 받아 교내에서 출간되었던 것을, 사회적 기업가 인터뷰 등 수정·보완을 거쳐 박영사의 도움을 받아 세상에 내놓게 되었다.

새로 만들어진 교육과정임에도 불구하고 많은 지지와 환호로 부족한 교수에게 영감을 주고, 활발한 토론과 프로젝트 수행으로 부족한 수업을 메꿔준 사회혁신경영 융합전공 학생들에게 무한한 격려와 사랑을 보낸다.

본 책에 담긴 내용은 저자들의 연구 결과는 물론, 직접 경험하거나, 사회적 기업가들을 도우면서 맞닥뜨린 고민을 기반으로 쓰여졌다. 어떻게 하면 청년들이 사회적 기업가의 길을 힘들지 않게 가도록 도울 수 있을까에 대해 저자들은 여러번 만나서 토론하였고, 이를 통해 사회적 기업에 대한 이해와 창업 과정에 대해 실질적이고 성찰적인 내용을 담고자 하였다. 그런 점에서 이 책에 담긴 자부심과 보람은 저술에 참여한 세 명 저자의 공통된 몫이라 할 것이다.

다만, 책을 편집하고 일관성을 부여하는 과정에서 나타난 실수와 미비한 점은 모두 책임저자의 흠결로 보아주시기를 바란다.

이 책이 사회적 기업가를 꿈꾸는 많은 청년들에게 사회적 기업에 대해 알 수 있도록 하고, 또, 창업에 이르는 좋은 길잡이이자 친구가 되기를 바란다.

2021년 7월

강민정(책임저자/한림대학교 사회혁신경영 융합전공 교수)

•• **차례**

서 론

우리 사회에 급격하게 사회적 기업에 대한 기대와 꿈이 널리 퍼지고 있지만, 이를 실현에 옮기는 일은 쉽지 않음을 보게 된다. '사회적 가치'라는 숭고한 꿈을 가지고 도전한 많은 사람들이 '시장성'을 결합하는 과정에서, 즉, '혁신'이 수반되어야 한다는 지점에서 좌절을 겪는 일이 많다. 실제로 사회적 기업이 진정한 의미에서 '혁신성'과 '시장성'을 담보하기란 어려운 일이고, 여기에 사회적 기업 창업이 특별한 이유가 있다.

사회적 기업의 창업에 대한 관심 또는 동기가 최근 활발한 담론을 형성하면서 많은 관심을 불러일으킨다고 하더라도, 실제 창업으로 이어지는 데에는, 기업가정신의 유무, 교육수준, 경제적 환경과 사업추진 여건 등 다양한 변수가 영향을 미친다. 창업 역량은 창업을 결심하는 창업 의도에 큰 영향을 미치기도 하며, 마찬가지로, 사회적 기여를 하겠다는 의식 그 자체가 바로 사회적 기업 창업으로 이어지기는 쉽지 않다. 이는 사회적 기업 창업에 관심은 있다 하더라도, 구체적인 실행 단계에서 개인이 겪게 되는 역량과 환경 등이 많은 차이가 있기 때문이다.

사회적기업가정신(Social Entrepreneurship)은 사회적 기업 창업 프로세스와 창업 행동에 긍정적 영향을 미치는 중요 변수 중에 하나이다. 사회적기업가정신의 대표적 특징으로 논의되는 혁신성과 진취성, 위험감수성, 소셜 미션은 창업 프로세스에 긍정적인 영향을 미친다. 사회적 가치에 기여하고자 하거나, 사회적 기업 창업에 관심이 있는 청년들이라면, 창업 역량을 키우고 사회적기업가정신의 핵심 요소들에 대한 자신의 역량을 키워갈 필요가 있다.

　　이 책은 사회적 기업을 '혁신'의 관점에서 창업하고자 하는 사람들에게 사회적기업가정신이 무엇인지에 대한 지식(knowing)과, 자신의 창업의지를 실현해나가는 데 있어서 필요한 실천적 요소들(doing), 사회적 기업가로서의 삶의 가치와 역량 차원의 존재적 요소들(being)을 통합적으로 준비하는 데 도움을 주는 지침서이다.

　　이 책의 사회적 기업에 대한 관점은, 국내 사회적 기업 생태계의 질적 도약과 저변 확대를 위해 사회문제 해결에 대한 비즈니즈적 접근을 강조하고자 하며, 이를 통해 궁극적으로 혁신적 창업에서 기량과 리더십을 발휘할 수 있는 사회적 기업가를 돕고자 한다. 기존의 사회적 기업계가 전통적인 시장 구조 속에서 비영리 대 영리의 관점, 그리고 사회서비스와 일자리 창출의 개념에서 사회적 기업을 인식하고, 그 중간지점으로 사회적 기업을 정의하던 것과는 달리, 사회적 기업의 사업형태와 사회서비스 일자리 생산 프레임에서 벗어나 사회적 기업을 벤처 창업(Start-up)의 관점에서 바라볼 것을 제안하고 있다.

　　사회적 기업은 기업의 방식으로 기존에 시민운동이나 정부 정책을 통해 해결하려던 문제에 접근한다는 점에서 '중층적 성격'을 띠게 된다. 이러한 중층적 성격으로 인해 사회적 기업을 중간자적인 프레임으로 인식하기보다는, '사회적 가치'를 추구하면서도 '지속가능성'을 위해 '혁신'을 추구하는 기업 조직으로서 인식한다.

　　이에 따라, 사회적 기업이 제시하고 있는 비즈니스 모델의 지속가능성과 혁신성, 그리고 그것이 창출하게 될 사회적 가치와 영향력(Social Impact)에 집중한다. 이를 위해 사회적 가치를 창출해낼 수 있는 비즈니스 기회를 포착하여, 혁신적이고 지속 가능한 사업 모델을 개발, 실행, 운영해나갈 수 있는 소셜 벤처가·창업가(Entrepreneur) 가 육성되어야 하며, 이 책은 그러한 혁신적 사회적 기업 창업가를 위해 쓰였다.

이 책은 서론과 결론을 빼고 크게 네 개의 장으로 구성되어 있다.

CHAPTER 01 <사회혁신과 사회적기업가정신>에서는 사회혁 신론과 사회적 기업에 대한 이론적 논의를 포함하여, 오늘날 비즈 니스 환경의 변화 속에서 사회적 기업이 갖는 의의와 역할에 대해 서 살펴보고 있다.

CHAPTER 02 <사회혁신 생태계와 임팩트 투자>에서는 사회 적 기업의 생태계와 임팩트 투자에 대한 이론적 논의를 포함하여 한국 사회의 사회혁신 생태계와 임팩트 투자 전반에 대한 이해를 돕고 있다.

CHAPTER 03 <사회적 기업 창업하기>에서는 소셜 미션 수 립으로부터 시작하여 비즈니스 모델 수립과 사업계획서 작성, 창업 팀 구성과 창업자금 조달 등, 사회적 기업 창업을 실질적으로 추진 하는 데 필요한 다양한 활동들을 다룬다. 이론과 경험, 인터뷰 등을 바탕으로 풍부한 자료와 경험적 서술이 들어있는데, 예비 창업자는 물론 이미 창업한 사회적 기업가들에게도 현재의 사업을 돌아보는 계기가 되어줄 것이다.

CHAPTER 04 <사회적 기업가 되기>는 사회적 기업가의 존 재론적 측면을 다루고 있는 장으로서, 사회적 기업가란 누구이며, 어떤 준비를 통해 사회적 기업가가 될 것인가에 대해 '역량'의 관점에서 접근하고 있다. 사회적 기업가 육성 교육에 대하여는 여기에서 자세히 다루지 않고 있는데, 별도의 지면을 통해 사회적 기업가 육성과 역량 향상을 위한 주제에 대하여 다룰 기회가 있으리라 생각한다.

CHAPTER 01

사회혁신과 사회적기업가정신

01 사회혁신이란 무엇인가?[1]

가. 사회혁신에 대한 다양한 관점

사회혁신(social innovation)에 대한 관점은 학문적 배경과 실천의 영역에 따라 다양하게 나타난다. '사회혁신론'은 사회문제 해결에 있어서 기존의 정책이나 시장실패를 뛰어넘는 개인, 조직 단위의 혁신적 행위와 실천에 초점을 맞춘다. 사회혁신은 '사회적 가치를 최우선으로 하는 조직을 통해 개발되고 확산되는 혁신적 행위와 실천'이자 '전략과 조직화된 행위를 통해 나타나는 사회변동의 과정들'이다.[2]

유럽을 중심으로 발달해 온 사회적 경제와 미국을 중심으로 발달해 온 비영리조직 등의 제3섹터에 혁신성을 더함으로써 사회혁신론은 이들에 새로운 생명력을 불어넣게 된다. 영국의 영파운데이션(Young Foundation)[3]에서 시작하여 네스타(NESTA)[4] 등을 통해 확산되어 온 사회혁신의 담론은 사회문제 해결을 위한 비영리 활동을 중심으로 시작되어, 영리기업인 '사회혁신기업'[5]의 형성에 사상적, 실천적 정당성을 부여하고 있다.

과학기술학 분야에서도 사회혁신에 대한 논의가 진행되고 있는데, 사회문제 해결형 기술개발 활동과 관련된 것으로서, 인간의 삶의 질과 지속가능성 향상을 위한 기술 기반 사회혁신의 의미로 소통되고 있다. 과학기술학에 사회혁신의 관점을 접목한 '사회·기술 시스템 전환 연구'는, 대개 분석의 단위나 초점이 산업이나 국가 단위의 과학 기술 개발 방향 혹은 자원의 분배 같은 정책적 흐름과 맞닿아 있다. 그리고 사회구조적 차원에서의 혁신적 변화를 목표로 한 집단적 실험인 리빙 랩(living lab)6)과 같은 내용에 관심을 둔다.

　시민 중심의 대안적 경제영역으로서 사회적 경제의 접근에서 바라본 사회혁신 담론은 다양한 시민들과 조직, 시스템, 협치 등이 초점을 이룬다. 사회적 경제는, 효율과 경쟁의 원리에 따라 끊임없는 생산성 향상을 추구해오면서 그 결과로 만들어진 생산물을 소비해온 수동적인 소비자가 아닌, 스스로 생산하고 협력하고 교환하는 능동적인 시민들의 존재를 전제로 한다. 능동적인 시민들이 만들어 낸 생산과 소비의 시스템은, 협동조합, 사회혁신기업 등과 같은 대안적 경제 조직들로 이루어지며, 이들 대안적 경제조직들은 호혜와 협동에서 생존과 발전 원리를 찾고, 이러한 사회적 경제를 지속가능하게 하는 원동력이 바로 사회혁신이다.

　사회혁신론은 유럽을 중심으로 발달한 사회적 경제의 형성과정에서 사상적, 실천적 힘을 얻어오는 가운데 사회혁신을 통한 구조적 변화가 여전히 중요한 담론을 이루고 있다. 반면, 미국을 중심으로 발달한 비영리조직 등 제3섹터에 혁신을 담아내는 변화와, 그 속에서 영웅적인 개인의 활약이 강조된 개념이 사회적기업가정신(social entrepreneurship)7)이다. 실제 사회혁신이 지닌 경제적 지속가능성 추구의 요소는 기업 조직과의 친화성을 가져왔고, 사회적기업가정신은 사회문제 해결에 있어서 개인과 기업과 같은 조직 단위의 혁신성과 시장지향성이 강조된 개념으로서, 주로 경영학과 인접 학문에서 논의되고 있다.

　사회적기업가정신으로부터 사회혁신을 접근하는 경우에는 사회문제 해결에 있어서 기업 혹은 조직 단위의 '가치 혁신'이나 이를

가져온 개별 기업가나 활동가의 '혁신적 기업가정신'이 분석의 초점
이 되는 경우가 많다. 사회혁신은 '사회적 필요에 부응하는 것을 목
표로 하고, 사회적 가치를 최우선으로 하는 조직을 통해 개발되고
확산되는 혁신적 행위와 실천'으로서, 사회적 기업은 이를 실천하기
위한 적절한 수단으로 부상하고 있다.

[표 2-1] 세계를 움직인 사회혁신

개방 대학 (Open University)	1971년 영국에서 처음 설립, 대학 교육을 받지 못한 성인 대상 프로그램으로, 혁신적 모델로 인정받아 전세계로 확산
공정 무역 (Fair Trade)	1940-1980년대에 영국과 미국에서 시작되어 전세계적으로 성장하고 있는 생산자 보호를 위한 공정 무역 운동
그라민 은행 (Grameen Bank)	방글라데시의 마이크로크레딧(Microcredit) 기반 빈곤퇴치 사업으로서, 세계적으로 급격하게 전파됨
옥스팜 (Oxfam)	Oxford Committee for Famine Relief의 약자. 1942년 영국에서 시작된 지역사회 단위의 빈곤퇴치 운동으로서, 현재 전세계 98개국에서 활성화됨
리눅스 (Linux S/W)	리눅스, 위키피디아, 오마이뉴스 등 다양한 분야를 변화시킨 오픈 소스 방식
앰네스티 인터내셔널 (Amnesty International)	인권 보호와 성장을 위한 다양한 운동 조직체. 중대한 인권침해 예방을 위해 활동하는 국제 비정부 기구로, 사형폐지, 난민 보호, 양심수 인권 옹호, 여성폭력 철폐 등 국제 사법정의를 위한 운동을 전개하고 있음
국민건강상담서비스 (NHS Direct)	영국의 국민건강서비스(National Health Service)가 제공하는 24시간 건강상담 서비스로서, 전화, 스마트폰, 웹 등 다양한 매체를 통해 접속 가능
빅 이슈 (Big Issue)	영국에서 시작되어 세계적으로 퍼져나가고 있는 모델로서, 노숙자의 자활을 돕고 사회구성원과의 소통을 돕는 잡지 사업. 일반인들은 빅이슈를 구입하거나, 잡지 컨텐츠에 재능을 기부함으로써 노숙자를 도와줌. '홈리스 월드컵'과 같은 모델을 파생시키기도 함

자료: Mulgan et al.(2006), *Social Silicon Valleys: A Manifesto for Social Innovation*을 기반으로 작성

사회혁신의 특징은, 첫째, '과정' 중심이다. 개방적으로 문제해결의 아이디어를 구하고, 확장된 네트워크와 협력을 통해 실천한다. 둘째, 경제적 차원에서의 변화를 끌어내고 그 과정에서 사회적 차원의 변화를 도모한다. 셋째, 복제 가능한 모델과 프로그램이다. 일반적인 사업모델이 경쟁우위를 위해 가능한 한 모방을 기피하는데 비해 사회혁신은 복제성을 지향한다.

<표 2-1>은 영국의 비영리 재단 영파운데이션(Young Foundation)이 '세계를 움직인 사회혁신' 사례를 선정한 것인데, 영국 사회의 특수성 속에서 더욱 의미가 있는 내용들도 있지만, 보편적인 의미에서 이미 오늘날 당연하게 생각되는 제도나 활동들이, 작은 한걸음의 혁신을 통해 사회에 의미 있는 변화들로 자리잡았음을 보여준다.

나. 사회혁신 실천방식으로서의 사회적 기업

사회적 기업은 사회 문제 해결을 우선적 목적으로 하면서 재화와 서비스 생산 및 판매를 통해 수익을 창출하는 기업이다. '혁신성'과 '시장성'이라는 자본주의적 요소를 도입하여 '기존의 제도적 접근이 실패한 곳에서 사업기회를 찾아내 기존 구조에 도전하는 개인, 조직, 네트워크(network)의 산물', 즉 사회적기업가정신을 구현하는 조직이다.[8] 공공성과 효율성을 담보한 사회적 기업을 통해 정부는 복지 분야 등 사회문제 해결을 위한 공공 지출 부담을 완화할 수 있고, 시민사회는 기존 사회운동에 기업의 효율성과 시장 기제를 접목함으로써 사회운동의 새로운 가능성을 개척해 나갈 수 있다. 기업 입장에서도 사회적 기업과의 협력을 통해 보다 효율적으로 사회 공헌 활동에 참여할 수 있는 가능성이 높다. 이런 의미에서 사회적 기업은 현 시기 자본주의의 위기를 극복하기 위한 효과적인 대안으로 이해되기도 한다.

◎ 정부 · 시민사회 · 기업의 접근 방식과 사회적 기업

사회적 기업은, 사회문제 해결이라는 관점에서 정부, 시민사회, 기업의 접근 방법을 중층적으로 내포하고 있으면서, 이들 각각이 사회문제 해결에 접근해 온 방식의 한계를 넘는 방법으로 기대를 모으고 있다. 사회적 기업은, 기업의 방식으로 사회문제를 해결한다는 것인데, 전통적으로 기업은 사회문제를 해결하는 주체로 인식되지 않아 왔다. 사회문제의 해결은 정부정책이나 시민운동의 영역으로 여겨져 왔는데, 예를 들어 정책의 관점에서 사회복지 시스템은 중요한 사회문제 해결의 기제이다. 그러나 사회복지 시스템이 작동하지 않는 정책실패의 분야들이 있는가 하면, 정부는 조직이나 예산구조 등 느리고 경직된 특성 때문에, 사회문제에 기민하게 대처하기가 쉽지 않다.

사회적 기업가가 정부의 접근 방식과 달리 효율적일 수 있는 부분은 풀뿌리에서 문제를 보고 해결한다는 점이다. 사회적 기업가는 주목하는 사회문제에 대해 특정한 방법을 '시도'하게 되며, 이 과정에서 피드백을 얻고 조정 과정을 거치며 실험을 거듭하게 된다. 끊임없는 조정 과정을 통해 사회적 기업가는 자원을 끌어 모으고 다른 사람을 설득해나간다. 정부와 달리 처음부터 자원을 가지고 시작하는 것도 아니고, 공공의 이해라는 제도적으로 보장된 설득적 장치가 이미 존재하고 있는 것이 아니다. 사회적 기업가는 의미 있는 분명한 목표를 제시함으로써, 다른 사람에게 영향을 끼치며, 또 그들이 사회적 기업가가 제시한 방식에 공감하여 그러한 혁신적인 변화들을 전파해 나가게 된다.

정부 정책의 경우 수립된 방향에 따라 프로그램을 계획하여 실행하게 되는데, 실제 세부 사항에 대한 치밀하고 세심한 이해가 부족한 경우가 많다. 정부 정책은 관료화된 조직의 부패와 효율적 예산 사용을 가로막는 낭비적 요소를 예방하기 위한 장치 등을 규칙과 절차로 마련해놓은 경우가 많다. 이러한 규칙과 절차들은 큰 그림에서 예산을 집행하는 데는 적합할지 몰라도, 실제 사업이 전개되는 과정에서 필요한 융통성과 대응력 측면에서는 종종 문제를 일으키기도 한다. 또, 사업 전개 과정에서 결함이 발견되었다 하더라도, 이를 수정해서 적용하는 데 오랜 시간과 엄청난 노력이 들어가게 된다. 또한, '예산'이 확보된 상황에서 정책 프로그램을 진행하는 이해관계자가 생겨나게 되면서, 애초에 그 정책이 왜 만들어졌는지보다, 누가 그 예산을 쓸 것인가 때문에 정책이 살아남는 경우도 많이 있다.

정부 조직의 훌륭한 엘리트들이 제도와 시스템 속에서 종종 무력감을 겪게 되는 데 비해, 사회적 기업가는 다양한 실험을 통해 전략적 성찰을 얻어가고, 빠르게 수정하고 적응하면서 창의적인 에너지를 뿜어낸다. 정부 조직은 정책을 실행해나가는 과정에서 사회적 기업가들과 협력하여 그들의 창의성, 민첩성, 유연성들을 활용해나갈 필요가 있다. 사회적 기업가의 입장에서도 다양한 정책 프로그램이 실행되는 과정에서 사회적 기업가의 창의성과 유연성을 활용하도록 제안하여 정부의 자원을 적극적으로 활용해나갈 필요가 있다.

시민 사회 또한 사회문제에 대한 깊이 있는 성찰과 실천력으로, 정부가 제도적으로 진행하지 못하는 부분에 대해서, 자발적이고 조직적으로 사회문제를 해결해 왔다. 실제로 한국사회는 시민사회 운동의 전통이 강한 사회이다. 오랜 민주화 운동 경험을 통해 적지 않은 수의 시민사회 활동가가 존재하고 있으며, 이러한 토양은 한국사회의 사회적 경제가 풀뿌리에서 강한 역동성을 보여주고 있는 데 있어 중요한 자산이 되고 있다. 경제민주화, 생산적 복지, 지역공동체 구축, 구성원간의 신뢰회복을 통한 지역 거버넌스 구축 등은 사회적 경제의 중요한 담론을 이루고 있으며, 구체적인 운영 프로그램으로 이어져야 하는 과제를 안고 있다.

사회적기업가정신이 추구하는 변화를 위한 혁신적 제안은 기실 시민운동과 많이 닮아 있다. 시민사회와 사회적 기업이 추구하는 이상은, 어떻게 하면 사회가 모든 구성원에게 기회를 공평하게 제공할 수 있을지, 나아가 자원과 소득의 공정한 분배가 이루어질 수 있을지에 대하여 근본적인 질문을 제기한다. 이러한 이상을 실현하기 위해, 시민사회와 사회적 기업은 각각 다른 방법을 선택하여 움직이고 있다고 해도 과언이 아닐 것이다. 시민운동 혹은 소비자 운동은 변화를 이끌어내기 위해 사람들의 인식이나 태도를 변화시키는 캠페인을 해나가고, 대중의 공감과 행동을 통해 정치적 압박을 가하며, 정치가들 혹은 기업의 변화를 촉구한다. 이러한 시위와 운동은 분명 사회적 공감대를 형성하고 정책 변화를 촉구하는 데 영향력을 미친다.

이에 비하여 사회적 기업가는 실제 해결책을 제시하고, 이를 위한 구체적인 조직체로서 시장의 메커니즘을 활용한다. 또한 사회적 기업가는 '외부'에서 영향력을 행사하기보다 전술적으로 '내부'로 진입하여 변화를 이끌어낸다. 사회적 기업가는 대기업과의 협력을 통해, 대기업 내부의 환경에 대하여 혁신과 관련한 영향을 끼칠 수 있다. 시민운동이 변화에 대한 필요성을 기업에 납득시키는 일을 한다면, 사회적 기업가들은 이후 기업이 구체적으로 어떻게 실천해 나가야 하는가를 협력을 통해 보여줄 수 있다.

예를 들어 환경문제에 대응하기 위해 업사이클링(upcycling, 쓸모 없거나 버려지는 물건을 새롭게 디자인해 질적·환경적 가치가 높은 물건으로 재탄생시키는 재활용 방식) 제품에 주력하던 터치포굿의 박미현 대표는 사회적 영향력이 큰 방향으로 사업 방향을 전환하고 있다. 즉, 대규모 폐기물을 쏟아내는 대기업이나 행사 등을 주목하고, 이들과의 협력을 통해 보다 임팩트 있는 업사이클링의 혁신을 실천하기 위해 노력 중이다(관련 사례: 터치포굿).

🔍 사례보기: 터치포굿 Touch4Good

터치포굿은 환경문제에 대응하기 위해 일반 대중을 대상으로 업사이클링 제품을 생산, 판매함으로써 자원을 재활용하는 인식 확산에 주력해 온 사회적 기업이다(2008년 설립). 현수막처럼 사용기간이 짧고, 고민 없이 폐기되는 재료가 지속적으로 재생산되는 악순환에 대해 근본적인 문제를 제기하고, 이에 대한 혁신적 비즈니스 차원의 대안을 제시하고자 한다. 초기에는 주로 선거 홍보 현수막, 콘서트 현수막 등 대규모 행사에서 반복적으로 배출되는 폐기물을 회수하여 가방이나 장바구니 등의 업사이클링

제품으로 만들어 판매해 왔다.

이후 사업의 방향을 바꿔, 단순 폐기물 재활용을 넘어서, 산업구조상 불가피하게 발생하는 폐기물을 기업이 경영활동에 다시 활용할 수 있도록 돕는 유무형의 맞춤형 솔루션 제공으로 업사이클링 산업의 진화를 선도해가고 있으며, 업사이클링계의 아이디오(IDEO, 디자인씽킹 접근을 통해 사용자 중심 혁신을 선도한 미국기업)로 변신을 시도하는 중이다. 즉, 대기업이나 정부투자기업 등 산업폐기물을 만들어내는 기업들에게, 이 폐기물을 어떻게 재활용할 수 있는지 대안을 제시해 주고(컨설팅과 판매), 그 대안을 만들어가는 과정에서 기업 내부 구성원이 사회공헌 프로그램에 참여하면서 산업폐기물의 재활용 사업에 함께 하도록 하는 리씽크(Re-Sync; 'Re'와 'Synchronization(동기화)'의 합성어)사업을 전개하고 있다. 그 동안 아모레퍼시픽, 시코르, 신세계면세점, 현대백화점, 롯데월드 등과 함께 하였는데, 아모레퍼시픽의 경우 소비자들이 가져온 다 쓴 화장품 용기를 모아 줄넘기나 훌라후프 같은 운동용품으로 업사이클하는 프로젝트를 진행했고, 2019년에는 대전 신흥3구역 재개발 현장에서 '타지도 썩지도 않는' 특수폐기물을 포함한 건축쓰레기들을 활용해 해당 지역에 들어설 아파트 모델하우스를 꾸미는 데 사용하기도 하였다. 최근에는 롯데월드와 함께 자원 선순환 프로젝트를 진행하였는데, 롯데월드에서 발생하는 폐페트병을 수거하여 업사이클링 제품을 만들고 이의 판매 수익금을 환경보호 기금으로 사용하는 사업이다. 기업의 입장에서는 환경친화적인 실천을 해나갈 수 있고, 사회적 기업으로서도 초점을 가지고 영향력이 큰 기업을 대상으로 환경운동을 실천하면서, 동시에 컨설팅과 판매를 통한 수익을 통해 경제적인 지속가능성을 실현해가고 있다.

또한 2015년 자체 업사이클 연구소를 설립하여 창업 후 약 7년여 동안 진행했던 업사이클 제품 제작 및 90여 종의 활용 가능한 소재 발굴, 소재별 가공 등의 노하우를 일반 기업 및 환경 관련 단체들과 공유하고 있다. 또한, 업사이클링 제품을 교구로 사용하는 '도시형 환경교육 프로그램'을 개발하여 아동 및 청소년의 눈높이에 맞는 환경 교육 사업을 진행하고 있다. 터치포굿의 교육 프로그램은 환경교육진흥법 제13조에 따라 친환경성, 우수성, 안정성을 인증받은 바 있다.

사진 좌: 아모레퍼시픽 공병 활용 줄넘기, 출처: 오마이뉴스. 2018.8.20. ⓒ 권오철
사진 우: 신세계 면세점 회수한 선불카드 활용 여행용 네임택, 출처: 한국일보. 2020.3.2. ⓒ 신
세계면세점

사회적 기업이 정부 정책이나 시민운동과 다른 접근을 통해 사회문제를 해결한다는 것은, 정부 정책이나 시민운동이 가진 고유의 영역을 최대한 존중하면서도, 그러한 방식으로 해결하지 못한 부분에 대하여 새로운 '접근'을 시도한다는 뜻이다. 이렇듯 사회적 기업의 접근방식은 정부정책 및 시민운동과 전술적으로 결합해나

갈 수 있다. 그리고 이러한 결합은 일반 시민들이나 기업가들이 광범
한 시민사회의 일원으로서 사회문제를 해결하는 일을 '경험'하고 '실
천'할 수 있는 기회를 넓혀주고 사회문제 해결에 있어서의 '성공' 체
험을 하게 해준다. 이러한 성공체험은 건전한 시민사회의 구성원이
지속적으로 생겨날 수 있는 토양을 축적한다는 점에서 중요하다.

한편, 기업도 비록 제한적이기는 하나 사회참여를 해왔는데,
사회책임경영(CSR: Corporate Social Responsibility)이나 자선 활동이
그것이다. 또한, 사회공헌을 넘어 기업의 사업전략 속에 사회적 가
치를 실현하는 개념인 '공유가치창출'(CSV: Creating Shared Value)을
통해 기업이 사회문제 해결에 대해 접근하는 방식이 달라지고 또
중요해지고 있는 추세이다.

요컨대, 정부정책, 시민운동과 비교하여 사회적 기업을 특징짓
는 요소는, ⅰ) 사회적 임팩트를 최우선으로 한다는 점에서 사회운
동이나 정부정책과 같은 수준의 목적지향성을 보여주고 있으며, 이
로 인한 ⅱ) 광범한 책임성이라는 점에서 사회적 기업은 정부 정책
이나 사회운동과 같은 수준의 책임성을 동반하며, 이는 일반적인
기업 활동과는 차별화되는 지점이라고 할 수 있다. 한편, 오늘날 기
업들에 대하여 사회적 책임이 강조되고 있고, 기업에 대하여 높은
수준의 책임성이 요구되고 있는 환경은, 사회적 기업이 지닌 광범
한 책임성이 보다 의미 있게 다가오는 요인이기도 하다. 다른 한편
ⅲ) 사회적 기업은 시장 지향성을 통해 문제를 풀어간다는 점에서
일반 기업 활동과 공통분모를 가지고 있는데, 이는 기존의 시민운
동이나 정부정책과 확연히 다른 요소라고 할 수 있다.

◎ 사회적 기업의 성공 요인(Key Success Factor)

한편, 사회적 기업이 정부정책, 시민운동과 비교하여 가지는 장점은 실제로 '장점'일 수 있을 때, 사회적 기업으로서의 존재 의의가 있는 것이지, 오히려 정부 정책이나 시민운동이 가진 '단점'을 잘못 결합할 위험 또한 없지 않다. 사회적 기업이 가진 '중층적 성격'은 오히려 현실에서 사회적 기업의 발목을 잡을 수 있으며, 정부 정책이나 시민 사회가 행할 일을 섣부르게 참여하였다가 문제를 일으킬 수 있는 소지 또한 간과해서는 안 된다.

사회적 기업이 진정한 사회적 기업의 장점을 살려 성공에 이르기 위하여는, 무엇보다 지속가능하여야 한다(sustainability).

사회적 기업이 기업의 방식으로 사회문제를 해결한다는 것은 스스로 경제적인 가치를 지속적으로 생산해내고 자립하여 경쟁력을 갖춘다는 뜻이다. 사회적 기업은 또한 기민한 대응과 유연성 즉, 속도(speed)에 있어서 기존 방식보다 월등해야 한다. 그렇지 않다면 굳이 정부나 기업이 프로그램을 진행함에 있어 사회적 기업을 파트너로 삼을 이유가 없지 않은가.

사회적 기업은 또한, 일정 정도의 규모(scalability)를 유지하고 추구하여야 한다. 사회적 기업은 주로 한 사람의 영웅적 실천에 의하여 시작되는 경우가 많다고 하더라도, 주변의 지지와 자원을 끌어내어 일정하게 규모를 갖추지 않는다면, 영세 자영업자와 다를 바가 없다. 마지막으로 사회적 기업은 궁극적으로 시스템 변화(systemic change)를 가져와야 한다. 사회적 기업이 비록 작은 한걸음을 내디딜지라도, 그것이 사회문제 해결을 위해 근본적인 변화를 끌어낼 수 있는 '결정적(critical)'인 한걸음이 되는 것이 중요하다.

　요컨대, 사회운동이 시스템 변화를 추구하지만, 규모나 지속가능성에 있어서 도전이 많고, 정부 정책은 규모나 지속가능성은 크지만 속도가 떨어진다고 했을 때, 사회적 기업은, '기업'의 방식을 도입하여 사회문제를 해결하되, 지속가능성, 속도, 규모 그 모두를 아우를 수 있어야 하고, 궁극적으로 시스템 변화를 가져와야 한다. 이렇게 되었을 때 사회적 기업이 사회문제 해결의 진정한 대안이 될 수 있으며, 사회적 기업 스스로도 성공적인 사회적 기업으로서 자리 잡을 수 있게 된다.

다. 사회적 기업의 가치 혁신과 사회적 경제

　오늘날 한국의 사회적 기업은 복지서비스의 대체나 고용 창출 정책과 밀접히 연관되면서, 수익 모델을 갖춘 '기업 활동'으로서 사회적 기업의 지속가능성이나 시장경쟁력 확보방안 등이 논의되기보다는, 사회적 기업에 대한 '지원'과 '정책'의 관점이 주요 의제가 되어 왔다. 이는 사회적 기업을 둘러싼 담론과 실천을 제한해 왔는데, 이러한 사회적 기업의 개념은 'social enterprise'의 개념이기보다는 'social firm'에 가깝다. 'Social Firm'으로서의 사회적 기업은 정부가 제공하는 사회복지서비스의 하부 조직과 같은 형태로 영·미 사회에서 60년대 이후 꾸준히 발달되어 온 바 있다.

　다른 한편, '혁신성을 기반으로 사회문제를 기업의 방식으로 해결하는 조직체'로서의 '사회적 기업'(social enterprise)은, 미국의 실리콘밸리를 중심으로 2000년대 초반 등장한 개념인 '소셜 벤처'(social venture)에 가깝다. 소셜 벤처는, 기존 벤처처럼 비즈니스 모델의 혁신성과 모험심, 도전을 강조하고 있어, 사회서비스를 대체하는 기존의 사회적 기업(social firms)과 구별된다. 소셜 벤처는 '혁신형 사업 모델'을 특징으로 하는데, '사회혁신'을 사업 모델 상에 구현하여 경제적, 사회적 가치를 추구한다.

혁신형 사업모델을 통해 사회적 기업은 지속가능한 경영을 위한 건전한 수익구조를 가져야 하고, 나아가 저수익 구조를 당연시하기보다는 기존 기업들과의 경쟁 속에서 고수익을 창출할 수 있는 가능성을 열어놓아야 한다. 사회적 가치가 점점 소비의 주요 트렌드로 자리잡아가는 오늘날 이러한 모델은 오히려 사회적 기업이 갖는 '경쟁력' 요소가 될 수도 있다. 이는 충분히 가능하고, 또 세계적으로 그 예가 나타나고 있으며, 이를 위하여는 사회적 벤처의 혁신형 사업모델이 끊임없이 발굴되고, 시도되고, 투자가 가능하여야 한다.

사회적 기업은 '사회혁신(Social Innovation)을 추구하는 과정에서 잠재된, 실현되지 않은 사업기회를 발견하여 이를 포착하는 사업모델'을 구현하고, '경제, 사회, 환경이라는 혼합 가치(Blended Value Proposition)를 추구' 한다. 사회적 가치와 경제적 가치는 전통적으로 상호 배제적인 개념으로 인식되어 왔다. 사회적 기업은 이러한 모순적인 개념을 하나의 조직체에서 구현한 것으로서 '혁신'을 통해 이러한 모순이 해결될 수 있다는 점에서 '혁신'은 '사회적 가치'와 '경제적 가치'의 형용모순을 잇는 중요한 요소이다. 사회적 기업이 사회가 요구하는 사회혁신의 주체가 되기 위해서는 사회적기업가정신과 함께 사회적, 경제적으로 타당성이 높은 비즈니스 모

델의 정립이 필수적이며, 그 속에서 혁신적인 접근방법을 제시해야
한다.

🔍 사례보기: 혁신형 사회적 벤처

✔ 엘비스 앤 크레세(Elvis & Kresse)

엘비스 앤 크레세(Elvis & Kresse, 영
국)는 재활용품을 활용한 패션사업으로
재활용품에 대한 인식전환을 꾀하고 수

ELVIS & KRESSE

익의 50%를 소방관 자선단체(Fire Fighters Charity)에 기부한다. 2005
년 영국에서 설립된 회사로서, 산업 폐기물을 재활용(연간 약 150톤)하여
고급 패션 핸드백, 노트북 케이스, 키 홀더 등을 생산한다. 공동 창업자인
제임스 헨리와 크레세 웨슬링(James Henrit and Kresse Wesling)이
런던 소방서에서 매년 3톤 이상의 노후 폐호스가 쓰레기로 매립되고 있다
는 사실에 주목하여, 이를 막고자 폐호스를 활용하여 업사이클링 가방과
벨트를 만든 것이 창업의 시작이었다. 비록 업사이클링 제품이지만, 전통
수공예 장인이 제품 제작에 참여해 내구성과 디자인의 고유성을 담보한 고
가의 패션 악세서리 브랜드
로 제품 포지셔닝을 하여 성
공하였다. 현재는 폐호스뿐
만 아니라 폐낙하산, 폐가죽,
폐현수막, 티백 등 다양한 산
업폐기물로 업사이클 제품을
개발 판매 중이다. 2017년
버버리재단(Burberry Fou-
ndation)과 파트너십을 체결
하여 폐가죽 문제 해결을 위
해 공동 노력하기로 하였고,

From fire hose to bag

출처: https://www.upcycledzine.com/upcycled-fire-
      hose-by-elvis-kresse/

5년 간 버버리에서 배출하는 최소 120톤에 달하는 폐가죽을 명품 패션 재화로 제작하고 있다. 최근에는 퀸메리런던대학의 공학소재부(Queen Mary University of London's School of Engineering and Materials Science)와 함께 알루미늄 캔을 가공하여 지퍼나 버클 등으로 재활용하는 프로젝트를 진행하고 있다. B-Corporation 인증, Certified Social Enterprise 인증으로 소셜 임팩트를 인정받았다.

✔ 킥스타트(KickSrart)

킥스타트 인터내셔널(KickStart International, 미국/케냐)은 저비용 기술을 활용한 기계를 발명, 판매하여 저개발국 농부들의 수입

창출을 돕는다. 미국의 마틴 피셔(Martin Fisher)가 케냐에서 1995년에 설립한 회사로서, 소규모 농가를 위해 펌프나 농기계를 저가로 판매하여 수입 창출을 도와 삶의 질을 향상시키는 데 기여하였다. 사하라 이남 아프리카 지역 농촌의 경우, 관개 시설이 제대로 갖추어지지 않아 영세 자영농들은 비가 오는 우기에만 농사를 지을 수밖에 없다. 자연스레 수확 시기가 비슷해지면서 농산물 공급이 몰리고 가격은 떨어져 농부들은 헐값에 팔 수밖에 없는 구조적 문제가 빈곤을 지속시키는 조건이었다. 마틴 피셔는 적정 기술(appropriate technology)을 활용하여 농사에 필요한 물을 끌어 올 수 있는 펌프와 장비를 개발하고 이를 저가로 판매함으로써 빈곤의 악순환을 끊고자 하였다. 펌프 가격은 보급형은 최고 70달러, 고급형은 최고 170달러 수준으로, 킥스타트 인터내셔널에 따르면, 사업이 시작된 이래 현재(2021년 3월 기준)까지 총 356,324대의 펌프가 판매되었고, 아프리카 전역에 걸쳐 2,000만 명이 넘는 영세 소규모 농부들이 농업용수를 활용하여 농

Money Maker

사를 지을 수 있게 되었다. 이 과정에서 가족 기반의 새로운 농업 분야 창업으로 이어진 경우는 27만 건, 함께 창출된 일자리 수는 24만 개에 이른다. 매년 창출되는 경제적 부가가치는 수익과 임금을 포함하여 총 2억 3천만 달러 규모이고, 전체적으로 130만 명에 달하는 사람들이 빈곤에서 벗어나 기본적인 의식주는 물론 자녀 교육에 소득의 일부를 투자할 정도로 생활 수준이 향상되었다.

사회적 기업은 풀기 어려운 사회 문제를 해결하면서도 기업으로서 경제적인 지속 가능성을 유지하여야 하기에, 사회적 가치 창출과 상충관계에 있는 경제적 도전과제를 해결할 수 있어야 한다. 예를 들어, 혁신적인 비즈니스 모형을 개발하거나, 공공시장을 비롯한 신시장 개척, 차별화된 제품과 서비스 개발, 생산 과정의 지속적 개선을 통한 비용 절감 및 품질 향상, 다양한 제휴 협력 네트워크의 구축 등이 있을 수 있다. 이러한 혁신적인 아이디어는 '사회혁신엔진'이라고 불리는데,[9] 사회혁신엔진은 사회혁신을 추구하는 기업이 소셜 미션을 달성하기 위하여 사회적 가치와 경제적 가치의 상충관계를 해소하고, 제품 및 서비스의 가치와 비용구조를 근본적으로 변화시키는 동력이다. 사회적 기업은 혁신적인 아이디어를 통해 기업의 가치 창출 프로세스를 재구성하고 혁신하게 되며, 이를 '가치혁신'이라고 한다.

한편, 사회적 기업은 일반 시장경제에서 작동하지만, 동시에 '사회적 경제'와의 결합을 통해 우리 사회의 대안적 가치를 시민들 스스로 경험하고 성장하는 토양을 만들어낼 수 있다. 최근 사회적 양극화로 인해 빈곤층이 확대되자 이에 대한 복지정책이 사회적 이슈로 부상하였다. 사회적 기업은 이른바 '생산적 복지모델'로 주목을 받기 시작하였고, 이 모델을 실현하는 개념으로서 '사회적 경제'가 함께 주목받고 있다. '협동조합'은 사회적 경제의 기반 조직이라고 할 수 있는데, 유통 과정을 합리화하고 상업이윤을 제거하기 위해 풀뿌리 시민 스스로 운영하는 자주적 조직이라고 할 수 있다. 협동조합은 자본주의 질서를 긍정하고 유통과정의 합리화를 추구한다는 점에서 산업자본에 대해 안도감과 친밀감을 주고 있다.

02 비즈니스의 변화와 사회혁신[10]

가. 자본주의 사회에 대한 성찰과 각성 속에서 기업의 역할에 대한 사회의 기대는 무엇인가?

글로벌 금융위기가 반복되면서, 시장 중심, 경쟁 위주의 신자유주의의 프레임으로 대변되는 경제구조의 부작용에 대한 반성과 새로운 방향 전환을 위한 모색이 지구적 차원에서 진행되고 있다. 2008년 글로벌 금융위기를 전후로 하여, 자유시장과 무한 경쟁 위주의 경제구조가 낳은 부작용들, 대기업-중소기업 간의 양극화, 빈부격차, 국가 간 불균형 무역 확대와 국가 간 경제통합에 따른 리스크(risk) 증대 등에 대한 반성이 빠르게 확산되어 왔다. 기업의 사회적 책임을 강조하는 새로운 자본주의에 대한 성찰은 다양한 개념으로 제기되어 왔는데, 이를 통해 기업의 목적은 단순 이익 추구가 아닌 사회적 가치 창출이 동반되어야 한다는 인식이 확산되고 있다.

'깨어있는 자본주의'(Conscious Capitalism)라는 개념을 통해 미국의 기업인 존 매키(John Mackey)는 '기업 활동은 상호 연관된 시스템 속에서 진화하는 복잡한 활동으로서, 사회구성원의 Well-being에 의식적으로 기여해야 한다'고 주장한다.[11] 즉, 이윤극대화와 주주가 치만을 추구한 기존의 패러다임이 자본주의의 위기를 가져왔으며, 기업이 사회구성원들을 위한 가치를 창출하는 것은 사회적 책임이며, 나아가 이를 기업의 비즈니스 모델 상에 구현해내야 한다는 것이다.

'창조적 자본주의'(Creative Capitalism)를 설파하는 마이크로소프트 창업자 빌 게이츠(Bill Gates)는, '기업은 자본주의의 시장논리에서 소외되어 있는 빈곤층을 새롭게 해석하여, 기업 본연의 기술혁신과 경영효율성을 도입함으로써, 빈곤층의 삶을 개선하고 새로운 시장 기회를 얻을 수 있다'고 말하고, 기업이 사회 참여를 통해 새로운 시장을 열어간다는 점에서 '창조성'의 의미를 부여한다.[12]

미국의 기업인 제프리 홀렌더와 빌 그린(Jeffrey Hollender and Bill Green)은 '책임 혁명'(Responsibility Revolution)을 통해 기업이 적극적인 방법으로 변화해야 함을 주창하고 있다. '책임혁명은, 기업에 대한 생각을 안에서부터 새롭게 뜯어고치는 것이다. 즉, 일하는 방법을 새롭게 혁신하고, 새로운 경쟁논리를 도입하며, 앞장서서 개척할 새로운 분야들을 찾아내고, 기업의 목적자체를 다시 규정하는 것이다'.[13] 기업이 우선순위를 바꾸고, 조직을 정비하는 법, 경쟁 방법, 나아가 세상과 소통하는 방법을 변화시키는 일에 대한 관심을 촉구하고 그러한 과정에서 새롭게 정의되는 기업의 사회적 '책임'에 대한 적극적인 모습들에 주목할 것을 주장한다.

'자본주의 4.0'은 '다같이 행복한 성장을 목표로 하는 자본주

의 신개념'이다. 영국의 언론인이자 경제 평론가인 아나톨리 칼레츠
키(Anatole Kaletsky)는 '자본주의가 고정된 제도의 묶음이 아니라,
환경의 변화에 따라 진화하고 적응해 온 사회체제'라고 하면서, 자
본주의는 위기를 통해 재조정되어 왔음을 지적하고 있다. 자본주의
4.0의 체제하에서는 시장의 자율적 기능을 인정하는 가운데, 스마
트한 정부와 상호관계를 중심으로 시장 참여자의 사회적 책임을 요
구한다.[14]

영국의 경제 평론가인 매튜 비숍과 경제 분석가 마이클 그린
(Matthew Bishop and Michael Green)의 '자선자본주의'(Philanthro-
capitalism)는, 지금까지 이윤의 사회 환원 차원에서 이루어지던 기
업의 자선 활동이, 사회적 기업의 지원이나 창업을 통한 적극적인
참여 활동으로 그 중심이 이동하고 있음을 지적하고, '벤처형 자
선'(Venture Philanthropy)을 대표적 현상으로 소개하고 있다.[15] 기업
이 사회적 가치 창출에 기여하는 방식으로서 직접적인 사업과 경영
활동을 통해서 사회적기업가정신을 실천하는 방법이 있는가 하면,
'벤처형 자선'을 통해 사회적 벤처에 대한 지원과 투자활동을 전개
하는 방식도 있다는 것이다.

이렇듯 새로운 자본주의와 경제활동에 대한 문제제기를 통해
기업의 변화에 대한 커다란 담론이 형성되면서, 기업은 사회적 가치
창출이라는 새로운 역할을 부여받게 되었다. 이러한 기대는 기업에
게 어떠한 의미가 되고 있으며, 또 기업은 어떻게 부응하고 있는가?

다음에서는 실제 기업들의 사회적 가치 창출의 예를 살펴보고,
이 과정이 어떻게 비즈니스에 대하여 새로운 역할을 부여하고, 또
한편으로, 새로운 기회를 열어주고 있는지 살펴보기로 하자.

나. 사회적기업가정신과 공유가치 창출/ESG 경영

◎ 기업의 사회적 책임과 사회적기업가정신

'사회적기업가정신(Social Entrepreneurship)'은 정부정책과 시민 사회의 몫이었던 '사회적 목표'의 추구에 대해, '혁신성'과 '시장성' 이라는 자본주의적 요소를 적극적으로 도입한 개념으로서, 사회적 기업가정신을 통해 기업은 사회문제 해결의 적극적인 주체(actor)로 부상한다.

오늘날 고도로 발달된 자본주의 사회에서 기업은 기술과 조직 등의 혁신을 통해 사회발전을 추동하는 강력한 주체가 되고 있으며, 이러한 기업이 이제 주주 중심의 이윤 추구를 미덕으로 하던 시대를 지나, 사회적 가치를 창출하는 주체로서 그 의미가 재조정 되고 있다. 기업은 재무적 가치를 추구하는 것과 동시에 사회적 가치를 사업모델 속에 구현할 것을 요구받고 있으며, 주주뿐만이 아니라 비즈니스를 둘러싼 보다 광범한 이해관계자들을 고려하여 경영활동을 해나갈 것이 기대되고 있다.

세계 최대 식음료 다국적기업인 네슬레의 피터 브라벡(Peter Brabeck) 이사회 의장은, 기업의 사회적 책임에 대한 변화된 시각을 다음과 같이 일갈한다. '사회적 책임은 기업의 통합 경영전략의 일부 입니다. 자선과 사회적 책임은 엄연히 다르며, CEO는 공공의 가치와 돈의 주인인 주주들의 가치를 동시에 창출할 수 있어야 합니다'.16)

기업의 사회적 책임에 대한 이러한 변화된 시각에 부응하는 과정에서, '사회적기업가정신'은 기업이 비즈니스 방식을 통해 사회적 가치를 추구하는 데 있어서 중요한 길잡이가 되어 줄 수 있을 것이다. 기업이 '사회적기업가정신'을 실천한다는 것이 어떤 의미이며, 어떤 방법으로서 가능한 것인지에 대해 모색해 보기로 하자.

◎ '공유가치창출'의 의의와 한계는 무엇인가?

기업에 대한 이러한 사회의 요구와 실천방법이 이론적으로 제시되어 기업경영의 담론을 이루어 온 것이 '공유가치 창출'(Creating Shared Value)이다. 공유가치 창출은, 기업 경영을 전개함에 있어 특정 사회공동체의 사회·경제적 환경을 발전시키는 동시에 기업 경쟁력을 강화하는 정책과 경영방식을 의미한다. 2011년 벽두에 경영학의 거장 마이클 포터(Michael Porter)는, 위기에 처한 자본주의가 혁신과 생산성 향상을 지속하기 위해서는, 기업의 목적이 수익추구가 아닌 공유가치 창출로 바뀌어야 한다고 주장하였다.[17]

여기서 '공유가치'는 기업이 이미 창출한 이익을 재분배하여 함께 '나누자'는 개념이 아니라, 경제·사회적 가치의 총량을 확대하자는 개념으로서, 기업과 사회의 관계에 대한 새로운 시각을 제시하며 기존의 CSR(CSR: Corporate Social Responsibility)의 패러다임을 전환하고 있다.

기존의 CSR은 기업 활동의 '외부성'(externality)을 전제로 하여 기업 활동의 결과로 생긴 환경오염 등을 사회가 감당하게 되는 만큼, 기업에 세금을 부과하고 규제해야 한다는 논리를 기반으로 하고 있다. 한편, 기업의 입장에서도 CSR은 기업의 이미지를 개선하기 위해 어쩔 수 없이 지출해야 하는 비용 정도로만 생각해 온 것이 사실이다. 이러한 시각이 지배적인 상황에서, 기업에 따라서는 CSR 이상의 사회공헌 활동을 전개하는 경우도 종종 발견되는데, 그렇다고 하더라도 기업의 주요 활동과는 동떨어진 자선에 머무는 경향이 일반적이다. 일례로, 2013년 기준, 국내 기업의 사회공헌 평균 지출규모는 약 144억 원을 웃도는 규모이나, 이 중 기업이 직접적으로 사업과 연계하여 운영하는 직접 사업비 비중은 약 35%에 불과하고, 대부분은 외부 기관에 기부하는 형태로 집행되었다. 2019년 국내 100대 기업의 사회공헌 총 규모는 1조 7,145억 원으로, 기업당 평균 약 306억 원을 지출한 것으로 나타났다.

마이클 포터(Michael Porter)의 공유가치 창출 개념은, CSR의 새로운 패러다임으로서 기업 활동의 부수적 활동으로서의 사회문제 해결이라는 시각을 넘어, 기업 전략 속에서 사회문제를 바라보는 시도라고 할 수 있다. 그러한 의미에서 공유가치 창출은 CSR의 연속성상에서 인식될 것이 아니라, 기업의 경쟁 전략 차원에서 접근하고 있는 개념으로 보는 것이 보다 타당해 보인다.

기업의 경쟁우위는 가치 사슬, 즉, 원료 조달, 제품과 서비스 개발 및 생산, 판매, 출하, 지원 등의 활동을 어떻게 조직하느냐에 의해 좌우된다. 가치 사슬의 각 단계별 활동이 사회와 환경에 미치는 긍정적 혹은 부정적 효과들을 분석하고 그에 대한 대안을 만들어 나가면서, 기업은 사회에 긍정적 영향을 미치는 동시에 새로운 사업 기회와 혁신의 계기를 만들어나갈 수 있다. 특히 기업의 특정 가치사슬과 관련이 있는 사회문제를 해결하는 과정에서 새로운 기술의 개발 및 운영 방법의 발견, 경영 전략의 쇄신 등 다양한 차원의 혁신을 경험할 수 있는데, 이러한 혁신 속에서 생산성이 향상되고 시장이 확대되는 것이다. 다시 말해, 사회공동체의 이해를 반영해나가는 과정에서 기업은 새로운 수요를 창출하고, 가치사슬을 재편하게 되면서 경쟁 우위를 얻어가는 효과를 누릴 수 있게 된다.

또한, 기업은 지역 커뮤니티 교육 수준의 향상, 공중위생의 개선, 인프라 정비 등에 공헌함으로써, 거점 지역을 지원하는 산업 클러스터를 구축할 수 있고, 이를 기반으로 경쟁력 강화와 지역의 발전을 동시에 추구할 수 있다. 결국, 기업은 새로운 구매 방식을 시행하고 이를 지원하는 클러스터를 구축하는 과정에서, 기업과 공동체 모두에게 보다 큰 경제적 가치와 전략적 혜택을 가져오게 되며, 이것이 공유가치 창출의 핵심이라 할 수 있다.

공유가치 창출이 오늘날 기업에게 주는 메시지는, 사회공동체 이해의 반영이라는 기업 경쟁력의 새로운 패러다임이라고 할 수 있다. 경영자는 공유가치 창출이라는 접근으로 기업경영을 다시 바라봐야 하는데, 이는 한편으로는 사회공동체의 요구에 부응하면서 다른 한편으로는 기업 경쟁력을 갖춰나가야 한다는 점이고, 그 해법을 찾는 과정이 '혁신성'이 발휘되는 지점이다. 예를 들어 지금까지 기업은 '효율성'이라는 원칙을 추구하게 되면서, 시장과 원료 생산을 외부 협력업체와 국내외 아웃소싱에 의존해온 경향이 있었다. 그 결과, 지역 공동체 내에서 원료구매부터 제품판매까지 진행하는 수직 통합형 모델이 사라지고, 기업과 그 기업이 속한 사회공동체와의 연계가 약화되는 결과를 초래하기도 하였다. 공유가치 창출 패러다임 하에서의 경영자는 이러한 '효율성'의 접근에서 벗어나, 공동체의 이해라는 새로운 기준으로 사업 기회를 파악하고 의사결정을 내림으로써, 기업의 혁신과 성장을 이끄는 것은 물론, 사회 문제 해결을 위한 새로운 방법을 제시해나갈 수 있게 된다.

한편, '공유가치창출' 개념은 사회책임경영(CSR)의 패러다임을 보다 사업 통합적 관점으로 전환시킨 의의가 있지만, 이는 기존의 주주중심경영 혹은 성과중심경영의 연장선상에 있는 개념으로서, 사회공헌도 결국 기업의 성과에 도움이 되는 '전략적 도구'로 상정한다는 한계를 지닌다. 즉, 재무적 가치만을 추구했던 기업에게 '사회적 가치'가 그들의 경쟁력 확보에 장기적으로 기여할 것이라는 '이해'를 통해서라도 기업이 사회적 가치를 추구하도록 한다는 점에서 그 의의를 찾을 수 있으나, 기업이 진정한 '기업시민(Corporate Citizenship)'으로서 오늘날 사회에서 요구되는 역할에 대해 재인식하고 공동체의 이해를 폭넓게 감싸 안을 수 있는 개념이 되기에 부족함이 있다.

오늘날 기업을 둘러싼 사회의 요구는, 협력업체, 소비자 등 이해관계자를 폭넓게 고려하되, 인권이나 투명한 지배구조와 같이 기업이 성과를 내는 과정으로 확대되고 있고 이는 기업의 진정한 사회책임경영의 강조점이 되고 있다. 기업은 경영활동의 전 과정을 통해, 공동체의 이해관계자들이 만들어내는 다양한 이슈를 균형 잡힌 시각을 가지고 종합적으로 관리하여 사회적 정당성을 높일 수 있는 대안을 찾아나가는 것이 기대된다. 이는, 기업이 사회책임경영을 통해 경쟁우위를 창출할 수 있다는 공유가치 창출이 가진 도구적 관점의 한계를 넘어서는 것이다. 기업의 사회적 정당성(legitimacy) 확보를 추구하고, 다양한 이해관계자의 참여기회를 보장하며, 이들이 제기하는 이슈를 균형 있게 관리하고 대응할 수 있도록 지속적으로 노력해야 한다는 관점으로서, 기업의 경영활동이 가진 의미와 역할에 대하여 보다 광범하고 통합적인 관점을 요구한다.

공유가치창출이 사회책임경영의 지배적인 담론으로 자리 잡고 있는 오늘날, 기업은 경쟁력 확보 관점에서의 공유가치창출을 넘어 우리 사회에서의 역할을 보다 통합적 관점으로 기업경영을 바라볼 필요가 있다. 이를 통해 지역사회, 공급망 등 기업 생태계 전반에 포진해 있는 다양한 이해관계자로부터 경제 및 사회적 정당성을 확보해나가야 할 것이다.

○ 'ESG 경영': 기업과 사회의 관계를 재정립하다

최근 부상한 'ESG 경영'은 기업과 사회의 관계를 보다 밀접하게 해주고 있다. ESG는 환경·사회·기업지배구조 평가기준(Environmental, Social and Governance criteria)의 약자로, 기업의 비재무적 요소들을 기업의 성과 평가에 적용하는 기준을 뜻하며, 환경·사회·기업 지배구조 평가기준을 고려한 경영을 'ESG 경영'이라고 한다. ESG 경영은 그간 기업과 사회의 관계를 나타내 온 '기업의 사회적 책임'(Corporate Social Responsibility, CSR), '공유가치창출'(Creating Shared Value, CSV) 등과 맥락을 같이 하고 있지만, 사회적 영향력 측면에서 보다 강력하다. 'ESG 경영'은 CSR, CSV가 경영학 연구자들이나 경영인들 사이에서 다뤄지던 것과는 달리, 최근 다양한 매체에서 많은 빈도로 회자되고 있으며 기업 경영에 있어 보다 광범한 이해관계자를 고려하게 되면서, 사회에 끼치는 영향력 측면에서 기존 CSR, CSV와는 다른 차원으로 기업과 사회의 관계가 재정립되어 가고 있음을 보여준다.

ESG 경영이 기존 CSR, CSV와 다른 차원으로 기업과 사회의 관계를 변화시키게 된 것은, ESG가 '투자자의 관점'에서 제기되었기 때문이다. 기존의 투자자는 재무적 성과만을 중시하였다면, 이제는 환경, 사회, 기업 지배구조라는 비재무적 성과들을 고려하여 투자를 하겠다는 흐름이 생겨났다. CSR, CSV 접근에서는 ESG 요소들이 성찰과 전략의 차원이었다면 이제는 경영활동에서 고려하지 않으면 투자도 못 받는 시대가 된 것이다.

여기에서 시민들은 넓은 의미의 투자자이자 이해관계자로서 ESG 경영의 당사자이다. 시민들은 국민연금의 가입자이자 수혜자로서 ESG경영 관점에서 연기금 투자의 의사결정에 직접적인 영향력을 행사할 수도 있다. 또한 시민들은 기업 경영의 이해관계자로서, 기업은 시민들과 끊임없이 소통하고 시민의 삶에 영향 주는 존재이다. 그런 관점에서 시민사회는 직접적인 투자자 관점을 넘어 기업과 사회의 지속가능성 관점에서 ESG경영을 판단하고 들여다보아야 한다. ESG 경영을 통해 기업과 시민사회의 관계가 보다 밀접하게 변화하게 된 것이다.

◉ '공유가치창출'과 'ESG 경영'은 사회적기업가정신과 어떻게 연관되는가?

'공유가치창출'과 'ESG 경영'이 일반 기업이 사회 공동체와 맺는 관계에 대해 강조하고 변화를 촉구하는 개념이라면, '사회적 기업'은 이미 목적 자체가 사회적 가치를 우선적으로 표방하고 있다는 점에서 다른 맥락에서 출발한 개념이라고 할 수 있다. 한편, '공

유가치 창출'과 'ESG 경영'의 입장에서 본다면 사회적 가치가 최우
선인 사회적 기업은 선구자적인 입장에 서 있는 기업이라고 할 수
있다. 무엇보다 일반 기업과 사회적 기업은 동시대에 기업생태계에
서 서로 영향을 주고받고 있으며, 일반 기업에게 있어 사회적기업
가정신은 사회적 기업의 전유물이기보다는 기업의 방식으로 사회
적 가치를 창출하는 혁신적 방법이기도 하다.

　　사회적 기업은 기업 활동의 목적 자체를 사회적 가치에 두고
있는 기업조직으로서, 현재는 기존 기업에 비해 비주류에 속하나,
공유가치 창출에 기반한 사업기회를 기존 기업보다 명확히 포착해
낸다는 점에서 기업의 입장에서 주목해나갈 필요가 있다. 오늘날
사회적 가치를 기업경영 목적의 하나로 삼고 이를 경영활동 속에
실현해내는 일은 사회적 기업만의 몫이 아니며, 자본주의 위기의
시대 모든 기업이 안고 있는 과제라는 점에서, 기업들은 사회적기
업가정신을 통해 미래 기업의 본질에 요구되는 바를 성찰하고 실천
하게 되는 계기로 삼을 수 있다.

◉ 기업의 공유가치 창출 사례[18]

　　기업이 공유가치 창출을 통하여 사회문제를 해결하고 장기적으
로 기업 경쟁력을 확보하게 된 사례는 전 세계적으로 발견되고 있
다. 글로벌 인프라 기업인 GE는 에코매지네이션(Ecomagination)을
통해 환경과 의료 분야의 R&D 투자 확충 및 신제품 출시로 사업적
성공을 거두면서 인류의 삶에 기여하는 대표적 기업으로 자리매김
하였다.[19] 글로벌 식품기업 네슬레(Nestle)는 네스프레소(Nespresso)

를 출시할 당시 양질의 커피 원두를 안정적으로 확보하기 위해 조달체계를 정비하였는데, 커피재배지에 농업기술, 재무, 물류 기능을 수행할 업체를 설립하여 현지에서 생산된 커피의 품질을 관리하도록 하였다.

이와 같은 사례는 혁신적 벤처 기업들에 의해서도 시도되고 있다. 숙소 공유 서비스업체 에어비앤비(Airbnb)는 자원봉사와 여행을 결합한 소셜 임팩트 투어를 상품으로 출시하였고, 온라인 소셜네트워크 업체 페이스북(Facebook)은 재해, 테러 등이 발생했을 때 안부를 묻고 구호물자 전달을 쉽게 하는 서비스를 도입하였다. 국내 기업 중 이베이 코리아(eBay Korea)는 국내 1위 전자상거래 기업으로서 장애인을 위한 온라인 창업 지원 프로그램을 운영하고 있다. 농아인 온라인 창업스쿨을 열어 수화와 자막 통역을 지원해 교육이 가능하도록 하고, 농아인 판매자 대상 1:1 코칭을 진행하면서 온라인 판매를 원하는 농아인들에게 상품등록 실무에 관한 노하우를 알려준다. 또한 척수장애인 및 가족 대상 특강을 통해 장애인 고객들이 쉽게 온라인 쇼핑을 할 수 있도록 판매자 대상 웹 접근성 관련 교육도 진행하고 있다.

기업이 사회적 가치를 창출하는 비즈니스 모델로는, ① 사회적 가치 실현과 결합한 서비스와 제품 ② BoP(Bottom of Pyramid) 시장의 발견 ③ 사회문제 해결과 연관된 가치사슬의 재구성 ④ 사회적 가치 창출과 연관된 산업 클러스터 구축 ⑤ 사회적 가치 기반 마케팅(코즈 마케팅Cause Marketing)과 같은 형태가 나타나고 있는데, 이러한 과정에서 지역경제 혹은 산업 생태계의 리더십을 이끄는 대기업과 중소기업 혹은 사회적 기업 간의 파트너십이 종종 발견된다.

① 사회적 가치 실현과 결합한 서비스와 제품

🔎 GE의 'Ecomagination'/'Healthymagination'

GE의 에코매지네이션(Ecomagination), 헬시매지네이션(Healthymagination)은 사회적 가치를 갖는 상품과 서비스를 개발하여 이를 신규사업화함으로써 새로운 수익을 창출하고 인류와 사회의 발전에 실질적인 기여를 해온 대표적 사례이다. GE는 천연자원 고갈 등에 따른 에너지 위기와 기후 변화, 의료 분야의 비효율성과 의료 서비스의 불균등 혜택, 전 세계 빈곤 문제에 따른 의료 빈곤층의 확산 등, 환경과 의료, 건강 분야의 당면 사회 문제를 오히려 사업 기회로 삼았다. 이에 해당 분야의 기술혁신을 위한 R&D를 확충하고 이를 기반으로 신제품을 꾸준히 출시하면서 사업적 성공을 거두고 있다.

GE의 "에코매지내이션"(Ecomagination) 사업은 가전, 운송기계류, 자원개발 등 기존 GE의 주요 사업 부문을 환경친화적 제품과 서비스로 전환하는 한편, 천연가스, 물, 풍력자원 등 신재생에너지(renewable energy)개발 분야 등에서 새로운 성장 동력과 가치를 창출하여, 환경에 대한 영향(impact)을 줄이고자 하는 새로운 사업 전략이다. 이를 위해 GE는 청정기술(clean-tech) 분야 연구개발(R&D)에 2012년 기준 14억 달러(약 1조 4천억원)를 투자하는 등 신규 투자를 공격적으로 진행했는데, 에코매지내이션 사업을 시작한 2005년부터 2014년까지 투자한 R&D 비용이 150억 달러(약 16조 8천억 원)에 달했다. 이로 인해 2010년에는 22개의 환경친화 제품과 솔루션이 출시된 바 있고, GE의 관련 매출은 크게 성장하여, 2015년 기준 누적액은 총 2천억 달러(약 224조 원)로 집계되었다. 친환경 사업 전략이자 브랜드였던 "에코매지내이션"(Ecomagination)은 이후 GE의 재생에너지(Renewable Energy) 사업으로 확대 재편되었고, 2021년 현재 GE는 'ESG 경영'(Environment, Social, Governance) 기조에 맞춰 풍력, 태양광, 담수 개발 등 다양한 환경 분야 사업을 수행하고 있다. 환경적 측면에서, GE 제품의 에너지 효율성은 2004년 대비 31%가 향상되었으며, 온실가스 배출량 역시 2004년 대비 32%가 줄었다. 담수(freshwater) 사용량도 2006년 대비 45%나 감소하는 등 GE의 신규 사업은 기업의 수익 창출뿐만 아니라 환경 문제 해결에도 기여하는 효과를 낳고 있다고 GE는 밝히고 있다.

지난 2009년 출범한 GE의 "헬시매지네이션"(Healthymagination) 사업은 '저렴하고 양질의 의료서비스를 보다 많은 사람들에게 보급하기 위해 저가 헬스 장비를 공급하고 주요 병원과 연계'하는 사업이다. 6년간 60억 달러(약 6조 500억 원)를 투자했던 대규모 프로젝트로서, 점증하는 의료 비용과 의료서비스의 불균등한 이용, 만성적인 의료서비스 품질 문제 등 전세계적으로 의료 및 건강 분야가 직면한 문제를 GE의 새로운 사업 동력으로 활용하기 위한 신규 사업전략이다. 15% 비용 절감, 15% 품질 향상, 15% 수혜자 확대를 목표로 출범 이후 2013년까지 총 42억 달러(약 4조 2천억 원) 규모의 R&D 투자가 이루어졌고, 그 결과 비용과 품질, 접근성 면에서 혁신적으로 평가 받는 신제품과 서비스가 2013년 기준 총 100건이 출시되었다. 의료기기 기술혁신뿐만 아니라, 전자의료기록(Electronic Medical Record) 시스템 등 병원의 의료장비 도입비용을 낮출 수 있도록 무이자 대출을 주선하는 "Stimulus Simplicity" 프로그램 시행, 환자 중심의 의료행정 시스템 솔루션 도입을 위한 헬스케어 플랫폼 및 소프트웨어(application) 개발회사 설립(마이크로소프트 공동투자), 의료분야 혁신 벤처창업 지원 등

IT 기반의 의료 서비스 시스템 혁신을 위한 투자와 협력을 활발히 진행하고 있다. GE의 헬시매지내이션(Healthymagination)사업은, 의료 분야 매출 증대는 물론, 전세계 13억 명 이상이 직간접적으로 혜택을 누리고 있다는 사실을 통해, 기업의 성장과 사회적 가치의 창출이 통합된 모습을 잘 보여주고 있다.

② 시장으로서의 BoP(BOP: Bottom of the Pyramid)[20] -사회적 가치 창출로서의 BoP

기업은 시장 메커니즘에서 경쟁력을 바탕으로 성장해온 만큼 공공부문에 비해 마케팅 능력이 뛰어나다고 할 수 있다. 그런 의미에서 사회적 가치가 있는 상품을 홍보하거나, 혁신적 방법을 도입해 나가는 데 있어서 공공부문보다 많은 성과를 내는 것이 기대된다. 최근 들어 저개발국 BoP시장에 대한 관심이 증대하고 있는데, 이들 시장에 대한 상품과 서비스의 제공에 대하여, 기업의 마케팅 능력이 사회공동체의 필요와 접목되는 시도로서 이해될 수 있을 것이다. 즉, 그동안 자본주의 경제체제에서 소외되었던 '빈곤층'을 시장으로 바라보면서, 경제발전은 물론 사회 발전을 앞당길 수 있는 새로운 기회들이 늘어나고 있다.

🔎 보다폰(Vodafone)의 '엠페사'(M-Pesa): 지역특성에 기반한 상품과 서비스 혁신

영국의 대표적 이동통신회사 보다폰(Vodafone)이 출시한 M-Pesa는 비즈니스 혁신을 통해, 신규시장을 개척하는 한편, 지역 특성

에 맞는 모델을 통해 지역 경제에 커다란 영향을 끼친 모델이다. 스와힐리어로 M-money라는 뜻을 가진 M-Pesa는, 보다폰의 동아프리카 이동통신사 브랜드인 사파리콤(Safaricom)을 통해 출시한 서비스로서, 금융 인프라가 잘 갖춰져 있지 않은 저개발국에서 휴대폰 SMS를 이용하여 소액결제 서비스 제공하는 상품이다. 2005년 케냐에서 파일럿 서비스를 시작하여, 14개월 만에 270만 명이 이용하기에 이르렀고, 3,000개의 SIM카드 Outlet이 생겨나게 될 정도로 시장은 급속히 확대되었다. 2007년 공식 출범 이후 1년 만에 이집트, 인도, 모잠비크 등 신흥 시장으로 사업이 확대되었고, 2010년에는 개도국 시장에서 휴대폰 기반의 금융 서비스로는 가장 성공적인 사례가 되었다.

2020년 현재, 케냐, 탄자니아, 레소토, 콩고민주공화국, 가나, 모잠비크, 이집트에서 서비스가 운영 중이다. 2019년 기준, 4,150만 명이 사용 중이며, 월 평균 120억 건이 넘는 거래가 이루어진다.[21] 페이팔(PayPal), 웨스턴유니온(Western Union), 알리익스프레스(AliExpress) 같은 금융 중개 업체들과의 협력을 통해 아프리카 외 해외 지역에서도 이용할 수 있으며, 덕분에 한 달 평균 거래액이 140억 달러를 넘어선다. 매년 가입자가 증가하는 덕분에 매출(Revenue) 역시 꾸준히 상승하여, 2020년에는 총 7억 9천만 달러에 달했다.[22] 사회적 영향을 보게 되면, M-Pesa를 이용한 고객들은 5~30%에 달하는 소득의 증가를 가져왔으며, 2013년 기준, 한 해 동안 M-Pesa를 통해 거래되는 자금 규모는 케냐 국내총생산(GDP)의 3분의 1에 육박한다. M-Pesa는 금융 인프라가 갖춰져 있지 않은 저개발국에서 은행을 대신하여 소액 결제를 가능케 함으로써, 지역경제를 활성화하는 데 기여하였고, Vodafone의 입장에서는 이동통신의 부가서비스를 통해 매출 확장은 물론, 이동통신가입자의 충성도를 높이는 효과를 가져왔다.

🔍 톰슨 로이터(Thomson Reuter)의 'Reuters Market Light': 농민 대상 정보 및 자문서비스

금융 분야 정보 제공 기업으로 유명한 톰슨 로이터(Thomson Reuters)는 농업 분야의 정보 불균형과
접근성 제약으로 인해 인도의 많은 농민들이 산출량 저하 및 가격 파동 등 수급 불균형에 따른 피해를 입고 있다는 사실에 주목하여, 자사의 핵심 역량인 산업 및 지역 관련 정보를 활용하여 빈곤과 기아를 해결하고, 농업 분야의 지속가능성을 높이고자 하였다.

농업분야 맞춤형 정보제공 서비스인 "Reuters Market Light"(現 'RML AgTech')는 평균 소득 2,000달러 미만의 농부들을 주요 고객으로 하여, 지역 일기예보는 물론 450종 이상의 작물에 대한 가격 정보와 시장 정보, 종자, 비료, 관개시설 이용 등의 농사 정보 및 농작법 자문 등의 정보를 가입자가 원하는 조건에 맞춰 제공해 준다. 농부들은 가입비로 분기별 약 4달러만 내고 전화를 통해 원하는 정보를 신청하면, 휴대폰 문자 서비스를 통해 하루 평균 약 4건 정도의 정보 서비스를 받을 수 있다. 2007년 공식 서비스 개시 이래, 꾸준히 서비스를 확대하여, 2015년 기준 인도 18개 주, 5만 개가 넘는 지역에서 170만명에게 직접적으로 서비스를 제공하고 있다. 서비스 가입 이후, 농부들의 소득이 5~25% 가량 증가한 것으로 분석된다.

RML은 개별 농부 대상의 정보 제공 서비스에서 나아가 농업인 대상 대출 은행, 농산물 조달 기업 등 농업 분야 이해관계자들에게 총 450종 이상의 작물 및 1,300개 이상의 시장 정보를 제공한다. 이를 통해 금융 리스크를 줄이고 회계 투명성을 높이는 등 농산물 분야 전반의 질적 성장을 돕고 있다. 인도 전체 인구의 절반 이상이 농업에 종사하고 있는 점을 고려했을 때, 농업 분야 데이터 사업의 성장성은 매우 높고 이를 반영하여 2017년에는 벤처캐피탈(IvyCap Ventures)로부터 400만 달러(약 45억 원)에 이르는 투자를 유치하기도 하였다.[23]

🔍 다농(Danone)의 '그라민 다농(Grameen Danone)': 'Local Community Partnership'을 통한 현지화

세계 최대 유제품 생산 다국적기업인 다농 그룹(Groupe Danone)은 방글라데시 그라민 뱅크(Grameen Bank)와의 파트너십을 통해 빈곤층 아동을 대상으로 하는 유제품 기업 '그라민 -다농'을 설립했다.

그라민-다농 설립 이전, 방글라데시 아동의 영양실조는 전체 아동의 50%에 이를 만큼 심각한 상황이었다. 다농은 자신의 핵심역량인 유제품 생산능력을 활용하여 필수 영양소가 담긴 요구르트를 생산하고, 빈곤 지역 주민들과 어린이들에게 이를 매일 공급하는 것을 미션으로 삼았다.

그라민-다농은 지역사회의 신뢰와 네트워크를 기반으로 사업모델을 수립하였다. 지역 농부를 통해 우유를 공급받고, 요구르트 생산은 현지 공장에서 현지인들을 고용하여 진행하였다. 제품 판매 또한 '다농 레이디'(Danone Lady)라 불리는 현지 여성들을 통해 진행된다. 전체적으로 생산과 판매, 소비가 해당 지역에서 완결되는 근접 비즈니스 모델을 구축한 것이다. 다농은 '그라민-다농' 요구르트 생산을 통해 자사 제품에 대한 수요가 높지 않았던 서남아시아 지역에서 브랜드 인지를 높일 수 있었고, 방글라데시는 빈곤 지역 아동들의 영양 상태를 개선하는 것은 물론 현지 고용을 통한 소득 증대의 효과까지 창출하는 등, 지역사회 기반의 공유가치창출의 좋은 사례가 되고 있다. 2006년 설립한 '그라민-다농'은 사업이 꾸준히 확장되어 2010년에는 제2공장이 출범하였다.

2020년 기준, 그라민-다농의 연 매출은 210만 유로(약 28억 원) 규모이고, 요구르트를 통해 13만 명에 달하는 어린이들이 영양 보충 등의 혜택을 보았다. 우유 납품 및 요구르트 판매 등 그라민-다농의 공급망 사슬에 참여하는 310명 이상의 농부와 200명 이상의 다농 레이디, 117개의 이동판매상이 지속가능한 소득원을 확보할 수 있게 되었다.[24]

③ 사회문제 해결과 연관된 가치사슬의 재구성

기업의 가치사슬은 천연 자원과 수자원 이용, 보건 및 안전, 근로 조건, 직장에서의 차별 철폐 등 다양한 사회적 이슈와 연관되어 있다. 대개의 사회적 문제는 가치사슬을 관리하는 데 있어서 기업의 비용을 증가시킨다. 기업의 입장에서 보면, 비용구조에 영향을 끼치는 사회문제를 해결하고자 하는 과정에서 가치사슬을 합리화하여 비용을 절감할 수 있고, 다른 한편으로 사회와 산업에 긍정적인 영향을 끼칠 수 있다. 예를 들어 협력업체로부터 구매가 이루어지는 과정에서 기업의 기술을 공유하고, 자금을 지원하게 되면, 협력업체의 입장에서는 판매 물품의 품질과 생산성을 개선하게 되고, 기업의 입장에서는 개선된 생산성을 기반으로 질 좋고 풍부한 물량을 공급받는 경로를 확보한 셈이 된다.

🔍 네슬레(Nestle)의 '지속가능성 품질관리 프로그램'
: 커피 공급망 혁신과 지역사회 개발

세계 최대식음료 다국적기업인 네슬레(Nestle)
는 '네스프레소(Nespresso)'를 출시하면서 양질
의 커피 원두를 확보하기 위해 전사적인 차원의

Good Food, Good Life

조달체계를 정비하였다. 네슬
레는 전 세계 대다수의 커피농
가가 불안정한 원두 시장 상황
과 영세한 농장 경영, 열악한 노

동조건에 시달리고, 이로 인해 고품질의 원두를 안정적으로 생산하기가 어
렵다는 현실에 주목했다. 2003년 네슬레는 지속가능한 방식으로 양질의 원
두를 확보하는 한편, 커피 농가의 생산성 향상과 안정적인 소득 보장, 환경
보전을 동시에 이룰 수 있도록 '열대우림협회'(Rainforest Alliance 열대우림
유지를 목적으로 하는 국제적인 NGO)와 함께 'AAA 지속가능한 품질 프로
그램'(AAA Sustainable Quality program)을 시작했다.

이 과정에서 커피 재배지에 농업기술, 재무, 물류 기능을 수행할 업체
를 설립하여, 현지에서 생산된 커피의 품질 및 생산 효율성 개선을 위한 지
원을 회사가 직접 수행하게 된다. 예를 들어 농부들에게 선진 농작법을 전수
해주고, 모종 작물과 살충제, 비료 등의 자원을 안정적으로 확보할 수 있도
록 은행 대출을 보증해주기도 하였다. 또한 '열대우림협회' 등 환경 관련
NGO들과 함께 "지속가능 품질평가 기법(Tool for Assessment of Sustainable
Quality, TASQ)"을 개발하여 농부들로 하여금 보다 친환경적인 커피 농사
를 짓도록 교육하고 있다.

'AAA 지속가능한 품질 프로그램'을 시작한 2003년 이래 꾸준히 활동을 확대하여, 2019년 기준, 전 세계 14개 국가에서 11만 명 이상의 농부들이 참여하고 있으며 이 중 2만 명 가량의 농부들이 'Rainforest Alliance', 'FLO', 'Fairtrade USA' 같은 친환경 분야 인증을 획득하였다. 네스프레소는 필요한 전체 원두의 95% 이상을 이 프로그램에 참여하고 있는 농부들로부터 공급받았다.[25] 이를 통해, 네슬레의 입장에서는 원두의 품질 향상을 가져와 양질의 원두를 안정적으로 공급받을 수 있게 되었고, 공동체의 입장에서는 농지당 생산량의 증가로 농가 수입이 증대하고 환경오염이 감소되게 되었다.

🔍 디아지오(Diageo)의 '카메룬 수수 프로젝트'
: 안정적 공급망 확보와 지역경제 활성화

영국의 기네스(Guinness) 맥주 제조업체로 널리 알려진 글로벌 주류 브랜드 디아지오(Diageo)는 1990년대부터 아프리카 지역에서 사업 현지화를 수행해 왔는데, 수급 불균형으로 인해 맥주의 원료인 보리의 세계 시장 가격이 폭등하면 비싼 보리를 수입해야 하는 문제에 직면한다. 보리는 온대성 작물로 아프리카 대륙에서는 재배가 쉽지 않았다. 디아지오는 원료공급 문제를 현지에서 해결할 수 있는 대안으로 보리의 대체 작물인 수수를 주목하고, 카메룬 현지 생산법인인 Guinness Cameroon SA (GCSA)와 함께 수수의 현지조달 체계를 구축하기 위해 '카메룬 수수 프로젝트'(Cameroom Sorghum Project)를 추진하였다.

프로젝트 추진을 위해 디아지오는 국제 농업개발 분야 NGO인 '윈록'(Winlock International)과 파트너십을 맺고, 당시 카메룬에서는 널리 보급되지 않았던 수수의 재배를 확산시키기 위해 농부들의 협력을 확보해 나갔다. 농민 협동조합과 연계하여 우수 농부를 물색하고 선진 농법을 교육하는 한편, 비료, 창고와 교통 수단 등을 제공하고, 지역 은행 및 수수 수매자인 Guinness Cameroon SA(GCSA)과의 네트워크를 연결해 줌으로써, 신용 제공과 고정 거래처를 확보해 주었다.

'카메룬 수수 프로젝트'를 통해 농민들은 안정적인 수입원을 확보하고 협동조합을 통해 가격 협상력(Bargaining power)을 높이는 등 소득 증대의 계기가 되었고, 디아지오로서도 원료의 안정적인 현지 조달 비율을 높이면서 불확실한 세계 보리시장의 여파를 최소화할 수 있게 되었다. Guinness Cameroon SA(GCSA)는 2016년 3월~2017년 1월 기간 동안, 총 2,000톤 규모의 수수를 수매하였고, 이는 약 660만 달러(약 74억 원)에 달하는 규모였다. 덕분에 이 지역 협동조합의 사업 규모는 국제적 수준으로 성장할 수 있었다.[26]

④ **사회적 가치 창출과 연관된 산업 클러스터 구축**

오늘날의 기업 경영은 '개별 기업간' 경쟁이 아닌 '기업 생태계간' 경쟁으로 생존의 법칙이 빠르게 변화하고 있다. 생존하기 위해 우수한 생태계를 창출하거나, 그러한 생태계에 포함되는 것은 기업의 중요한 전략적 의제이다. 전자산업뿐만 아니라 전통적인 제조업체들도 글로벌 공급사슬(Global Supply Chain) 또는 글로벌 산업 생태계(Global Business Ecosystem)간의 경쟁 양상으로 진입하고 있다. 이러한 현상은 자동차산업에서 먼저 시작되어 최근에는 화학 산업과 철강업종까지 넓게 확산되는 추세를 보이고 있다. 단말시장의 경우도 구글의 안드로이드와 애플 간의 경쟁구도로 양분되어 왔으며, 아마존은 콘텐츠 시장에서의 영향력을 바탕으로 전자책 단말기 킨들파이어(Kindle Fire)를 출시하였고, 삼성은 MS와 제휴를 추진하고 있다. 기업 경영이 개별기업의 경쟁력으로만 살아갈 수 있는 것이 아니고, 산업의 클러스터(Cluster)를 통해 생존하고 경쟁한다고 했을 때, 이해관계자의 지지와 협력, 상생은 중요한 기업의 생존 전략이라고 할 수 있다.

비즈니스의 사회적 영향을 논함에 있어, 연관 산업의 클러스터 구축은, 경영자의 시야를 개별 비즈니스에서 지역과 산업 전체로 옮겨갈 것을 요구한다. 미국의 실리콘밸리와 같은 산업 클러스터는, 기업과 관련 협력업체, 서비스업체, 물류 인프라가 지리적으로 한 곳에 집중되면서 상호 지원 환경을 이루게 된 것을 의미한다. 또한, 클러스터는 기업뿐 아니라 학계나 무역협회, 표준설정업체, 대학, 청정수자원, 공정거래법안, 품질표준, 시장 투명성 등과 같은 포괄적인 공공자산을 활용하게 되는 것을 의미한다. 개별 기업의 입장에서 보면, 기업이 주요 활동 지역에서 클러스터를 구축하는 과정에서 해당 기업과 공동체의 관계가 확대되고, 기업의 성공이 곧 사회의 성공으로 이어지게 되는 효과를 가져오게 된다.

🔎 앵글로 아메리칸(Anglo American)의 'Anglo Zimele Community Fund': 산업 클러스터 형성과 지역경제 자립 체계 구축

앵글로 아메리칸(Anglo American)은 영국 국적의 남아프리카 공화국 소재 광산업체로서, 1990년대부터 "Anglo Zimele Community Fund"를 통

해 광산지역 주변의 낙후된 지역 개발과 지역민들의
경제적 자립을 통한 빈곤 해소에 기여하고 있다. 사
업 전담 회사인 "Anglo American Zimele"을 통해,
남아공 각 지역에 8개의 'Small
Biz Hub'을 설립하였고, 이들의 활
동 네트워크를 통해 Community
Fund를 운영하고 있다. 기존 은

행권에서는 대출을 거부하는 지역의 영세 소상공인들에게 총 1,440만 달러
(2009년 기준)에 달하는 사업자금을 지원해 주었고, 이 과정에서 경영 컨설
팅과 다양한 창업 지원 프로그램을 제공함으로써 사업의 지속가능성과 성장
가능성을 높이는 데 성공하였다. 또한 각 Hub당 흑인의 경제적 자립 강화에
기여할 수 있는 신규 투자 아이템을 매년 발굴해냄으로써, 신규 일자리 창출
에도 많은 기여를 하고 있다.

　　2021년 현재, Anglo American Zimele의 활동은 크게 소규모 창업
및 스케일업 지원을 위한 '사업개발 프로그램'(Enterprise Development
programme), 앵글로 아메리칸 본사 공급업체들의 장기 파트너십 역량 강화
지원을 위한 '공급사업 개발 프로그램'(Zimele Supplier Development
programme), 지역 청년들의 창업 육성 및 고용 역량 강화를 위한 '청년역량
개발 프로그램'(Zimele Youth Development programme)을 중심으로 진행
되고 있다.

　　남아공 지역사회의 입장에서 보면 Anglo American Zimele의 활동을
통해 2019년 기준 총 2,300개 이상의 소규모 사업체들이 지원을 받았고, 5
만 개 이상의 일자리를 창출하여, 지역사회의 빈곤을 퇴치하는 데 상당한 공
헌을 하였다. 투자한 사업의 20% 정도가 건설, 건물관리, 교통 등 광산업과

관련된 공급망을 이루는 것들이어서, 결국 Anglo American이 광산업을 수행하는 데에 효율성을 제고하게 된다. Anglo American이 남아공에서 확인한 이와 같은 성공 모델은 브라질, 칠레, 베네수엘라까지 확대되어, 해당 지역의 신규 일자리 창출에 기여하고 있다.[27]

⑤ 사회적 가치 기반 마케팅: 코즈 마케팅

기업에 대한 사회적 가치 창출이라는 기대가 커져가는 가운데, 오늘날의 소비자는 사회적 의식을 가지고 소비와 사회적 기여를 동시에 추구하는 존재로 변화하고 있다. '코즈 마케팅(cause marketing)'은 이러한 소비 트렌드를 마케팅적 시각에서 개념화한 것으로서, 소비자들의 의식적 소비행태를 적극적으로 마케팅에 활용하고자 하는 움직임이다. 소비활동이 필요 충족의 수단을 넘어서 개인의 가치를 표현하는 수단으로 발전하고 있고, 이에 따라 마케팅의 패러다임도 진화하고 있다.

마케팅은 제품의 품질, 기능, 가격에 기반한 경쟁이(마케팅 1.0), 감각적인 광고와 제품디자인 등에 의해 형성되는 브랜드 이미지를 중시하는 경쟁으로 옮겨갔고(마케팅 2.0), 현재는 브랜드가 제공하는 사회적, 정신적 가치가 차별화의 원천인 '가치 중심'으로 변화(마케팅 3.0)하고 있다.[28]

프랑스 철학자 장 보드리아르(Jean Baudrillard)는 "고도의 소비사회에서 소비활동이란 나 자신이 누구인지를 드러내는 거울이다"라고 하였으며,[29] 나이키 CEO인 필 나이츠(Philip Hampson Knight)는 "이제 소비자들은 품질을 평가하는 것과 같은 비중으로 인간의 삶에 끼친 영향에 대해서도 평가한다"라고 하였다.[30] 마케팅의 구루(Guru) 필립 코틀러(Philip Kotler)는 "훌륭한 상품을 제공할 뿐만 아니라 더 나은 세상을 위해 기여할 때 소비자는 이것을 위대한 브랜드로 평가한다"라고 하였다.[31] 이렇듯 오늘날 소비의 형태가 '가치중심'으로 변화하고 있다는 통찰에 대하여, 마케팅의 변화가 조응하게 된 것이 '코즈 마케팅'이라고 할 수 있다.

기업이 진행하는 사회공헌 활동과 코즈 마케팅은 언뜻 보아서는 잘 구분이 안 되기도 하는데, 코즈 마케팅이 기존의 사회공헌과 다른 점은 기업의 실질적 성과를 창출하는 것을 목적으로 하는 마케팅 활동에 사회적 가치를 결합해나간다는 점이다.

코즈 마케팅의 확산에 기여하는 사회현상으로서 '사이버 오블리주'(Cyber Oblige)를 들 수 있는데, 이는 온라인에서 일어나는 집단적 공익추구 현상을 의미하는 신조어로, 애국, 환경, 봉사 등의 도덕적 삶을 지향하며 소비에 있어서도 착한 이미지를 추구하는 사람들이 증가하는 트렌드를 반영하고 있다. 즉, '선함'과 '특별함'이라는 감성적 만족에 기반한 소비형태이다. 사이버 오블리쥬는 뉴미디어의 발달에 따라 누구나 쉽게 사회적 이슈 해결에 참여하게 되면서 발견되는 현상으로서, 코즈 마케팅 확산에 기여하고 있다.

🔍 유니레버(Unilever)의 '샥티 프로그램'
: 'local entrepreneur' 개발을 통한 마케팅 혁신

생활용품을 판매하는 다국적 기업 유니레버(Unilever)는 2001년부터 인도자회사인 힌두스탄레버를 통해 '샥티프로그램'을 진행하고 있다. '샥티 기업가'(Shakti Entrepreneur) 프로그램을 통해 농촌마을에서 여성기업가를 선발하여 훈련시키고, '샥티 암마'(Shakti Amma, 힘있는 엄마)로 불리는 이

들은 담당지역에서 제품유통, 판매, 소비
자 교육을 담당하여 월 평균 최대 3,000루
피아(약 50달러)의 소득을 창출하게 된다.
회사는 이들을 통해 담당지역의 시장정보
를 수집하고, 제품 개선이나 개발에 활용
하는 한편, 저렴하고 고품질 세제를 판매

하는 직판망을 개발하여 유통비용을 절감하게 된다. 뿐만 아니라 2010년부
터는 부인이 '샥티 암마'로 활동하는 남편에게 자전거를 제공해 주는 '샥티
만 이니셔티브'(Shaktimaan initiative)를 시행하고 있는데, 남편이 부인의
제품 판매를 도울 수 있는 모델을 만듦으로써 '샥티 프로그램'의 소득 증대
효과를 보다 강화하고 있다.

한편, 사회적으로는 교육과 소액대출을 병행하여 2021년 기준, 인도의
18개 주에서 14만 명의 여성들이 '샥티 암마'로 활동 중이다. 또한, 위생품의
보급으로 전염병을 예방하게 되는 효과도 거두게 된다. 농촌 지역 소득 증대
및 위생 개선뿐만 아니라 유니레버의 매출 증대에 기여하는 가시적인 성과
덕분에 '샥티 프로그램'은 파키스탄과 방글라데시, 스리랑카, 콜롬비아 등 많
은 개발도상국으로 확대되고 있다. 유니레버는 이처럼, BoP마켓을 개척하는
과정에서 지역사회의 비영리단체 등과 협업을 하게 되고, 이 과정에서 기업
의 시각으로 발견하기 어려운 새로운 시장기회와 고객의 요구를 발견하게
된다.

이처럼 소비자가 사회참여를 염두에 두고 소비 활동을 한다는 것은, 이
윤추구를 최우선의 가치로 둔 일반 기업에게, 기업 경영과 마케팅에 있어서
'사회적 가치'를 돌아보게 하는 계기가 되고 있다. 이는 동시에 '사회적 기업'
도 자신이 최우선으로 추구하는 '사회적 가치'를 적극적으로 제품과 서비스

마케팅에 활용할 수 있는 시대가 되었음을 의미한다.

◎ 국내 대기업의 공유가치 창출 사례

국내 대기업 중 CJ는 '즐거운 동행'이라는 협력사와의 상생프로그램 운영을 통해 중소기업인 협력업체의 성장과 경쟁력 확보를 돕고 있다. 지역 전통식품 보존 및 육성이라는 사회적 가치와 함께 자사의 사업 포트폴리오 확장과 매출 성장이라는 경제적 가치를 함께 창출하고 있다. 또한, CJ대한통운은 실버택배를 운영하여 노인 일자리 문제를 해결하면서 동시에 사업효율성을 제고하고 있다.[32]

유한킴벌리는 한국 사회의 고령화 사회로의 이행에 주목하고 '액티브 시니어' 사업을 통해 시니어의 일자리를 창출하는 한편, 시니어를 새로운 고객으로 확장해나가는 데 있어 성과를 거두고 있다. 시니어 산업 관련 소기업들과 협력 네트워크를 구축하여 비즈니스 파트너를 육성하는가 하면, 시니어 일자리 창출을 위해 55세 이상의 노인 세대를 고용하고 있다. 2020년 기준 38개의 시니어 비즈니스 소기업 육성과 함께 700개 이상의 시니어 일자리 창출, 시니어케어매니저 육성을 통한 165개 시설, 누적 210,380명에 대한 치매예방/위생교육 제공 등의 성과를 이뤄왔다.[33] 이렇듯 기업들은 공유가치 창출 추구 과정에서 다양한 사회혁신을 통해 사회혁신 생태계를 풍부하게 하고 있으며, 생태계의 다른 파트너 즉, 사회적 기업들에 대한 지원과 협력을 통해 그 자체 생태계 발전을 추동하는 세력이 되어 주고 있다.

다. 일반기업 – 사회적 기업의 협력

◎ 일반기업에게 사회적 기업은 어떤 의미인가?

기업들이 사회적 가치를 비즈니스 모델 상에서 구현하는 일은, 아직은 일반적으로 행해지기보다는, 몇몇 대기업들에 의해 시도되고 있는 정도이다. 이러한 가운데 사회적 가치를 최우선으로 하는 '사회적 기업'이 새로운 경제 주체로 부상하고 있는 현실은 대기업에게 어떤 의미인가?

사회적 기업은 사회적 가치의 실현을 표방하는 기업 조직으로서 현재는 비주류의 흐름 속에 있으나, 사회적 기업이 활성화되고 성장하면서, 미래에는 기존 기업과 시장에서 경쟁하는 대상이 될 수 있다. 동시에 모든 기업은 사회공동체의 가치 추구가 기대된다는 점에서, 일반기업이 사회적 기업과 어떻게 관계를 맺을 것인가는 중요한 의제이다. 사회적 기업은 일반 기업에게는 익숙하지 않을 수 있는 사회적 가치에 기반한 사업 기회를 기존 기업보다 먼저, 명확히 포착해내는 성과를 거두고 있다는 점에서 대기업은 사회적 기업으로부터 혁신적 아이디어를 얻을 수 있다. 나아가 가치사슬의 혁신을 추구하여 지역사회와 협력 체계를 구축하는 과정이나, 특정 사회문제 해결에 기여하는 과정에서, 사회적 기업은 중요한 파트너십의 대상이 되기도 한다.

사회적 기업은 대기업 중심의 비즈니스 환경에서 추구되어 온 '효율'과 '경쟁'의 가치에 대하여, 혁신성과 사회성이라는 새로운 미래의 가치를 제시한다. 즉, 오늘날 자본주의 사회의 위기를 맞아 끊임없이 제기되는바, 과연 기업의 본질은 무엇이며, 어떻게 변화하여야 하는가라는 질문에 대하여, 사회적 기업은 미래의 기업이 지향할 바에 대한 모색의 과정에서 새로운 가능성을 보여주고 있다.

 ## 사회적 기업가 인터뷰

> ### ✔ 히즈빈스의 비즈니스 모델은 무엇이며, 스스로 생각하는 혁신성은 무엇입니까?
>
> 대한민국의 모든 기업은 전 직원의 3%를 장애인으로 고용해야 하는 의무가 있습니다. 그러나 기업들은 누구를 어떻게 교육하고 고용해야 할지 알지 못합니다. 그래서 히즈빈스는 기업의 상황과 문제를 분석하고, 그 문제를 해결하는 비즈니스를 장애인들이 할 수 있도록 돕는 컨설팅을 진행합니다. 그리고 그에 맞게 커피, 음식, 인쇄, 출판, 청소 등의 비즈니스를 설계하여 기업 소속으로 장애인들이 안정적으로 일할 수 있도록 위탁운영하고 있습니다. 장애인 고용 문제의 원인
>
>
>
> 임정택(히즈빈스 대표)
>
> 을 파악하고 기업과 장애인들에게 윈윈이 될 수 있는 전략을 만들어 이를 확산할 수 있는 비즈니스 모델을 만든 것이 혁신이라고 생각합니다.

사회적 기업은 정부, 시장, 시민사회가 사회문제를 해결하는 데 있어서 그간의 한계를 보완하는 방안으로서, 또한, 오늘날의 자본주의가 지속가능한 성장을 할 수 있을까에 대한 대답으로서 부상하고 있다. 세계경제포럼(World Economic Forum: WEF)에서는 일찌감치

사회적기업가정신에 대한 담론이 공유되어 왔고, WEF의 창시자인 클라우스 슈왑(Klaus Schwab)은 슈왑재단(Schwab Foundation)을 설립하여 사회적 기업가를 지원하면서, WEF를 위해 모인 대기업들과 사회적 기업의 파트너십을 연계해오고 있다. 오늘날의 비즈니스 환경에서 대기업이 사회적 기업에 관심을 기울이고, 파트너십을 맺는 것은 기업의 방식을 통한 사회적 가치 창출을 실현하고 있는 사회적 기업으로부터 그 방법을 배우고, 또, 현재 시장 중심의 사회에서 대기업이 누리는 지위에 대하여, 사회적 기업과 기꺼이 함께 하겠다는 의지의 표명이기도 하다.

요컨대, 사회적 기업과의 협력은 기업의 공유가치 창출과 ESG 경영의 훌륭한 방법이 될 수 있다.

◉ 일반기업과 사회적 기업의 협력 사례에는 어떤 것들이 있을까?

🔎 보잉(Boeing)은 Pioneer Human Services와 협력, 부품을 공급받고 경영자문 제공

파이어니어 휴먼 서비스(Pioneer Human Service)는 1963년, 잭 달튼(Jack Dalton)이 워싱턴(Washington) 주 시애

틀(Seattle)에서 설립한 회사로서, 약물 중독자, 전과자를 고용하여 상담, 건강관리, 직업훈련, 주거제공 등을 통해 전과자의 사회 정착을 돕고 있다. 1966년, 항공기 제작회사인 보잉(Boeing)의 사회사업 '보호작업장 프로그램' 참여를 시작으로 부품을 공급하고, 케이터링(Catering), 포장, 택배, 건축

등을 수행하면서 보잉(Boeing)과 밀접한 관계를 맺으며 성장하였다.

2019년 한 해 동안 파이어니어가 보잉사를 비롯하여 다양한 제조업체에 납품한 부품은 160만 가지가 넘으며, 식품 가공 사업에도 진출해 일평균 1,000개 이상을 생산할 수 있는 제조 역량을 확보하고 있다. 수입은 9,100만 달러가 넘는 규모로($91,113,130, 한화 약 1015억 원 이상), 전액 사회사업과 직원 훈련 등에 재투자된다. 다양한 자활 교육과 서비스 덕분에 파이어니어에 들어온 이들의 96%가 재범 발생 없이 새로운 인생을 꾸려 나가고 있다. 뿐만 아니라 파이어니어는 지역 사회를 바탕으로 출소자들에 대한 사회적 편견 해소를 위한 인식 개선과 권익 옹호 운동을 적극적으로 전개하고 있다. 또한 약물중독자나 노숙인들이 우발적 행동으로 인해 수감 등 형사 처벌을 받는 일이 발생하지 않도록 다양한 범죄 예방 활동도 함께 한다. 파이어니어는 혁신적인 사업모델뿐만 아니라 지역 사회 내 다양성과 포용성을 강화하기 위한 진정성 있는 활동의 성과를 인정받아 2021년 3월 미국의 대표적인 벤처형 자선기관인 REDF(Roberts Enterprise Development Fund)로부터 30만 달러(한화 약 3억 3400만원)의 기금을 지원 받았다.[34]

🔍 벤엔제리(Ben & Jerry)는 Scoop shop을 프랜차이즈로 제공하여 비영리기관의 교육사업 지원

미국의 아이스크림회사인 벤앤제리(Ben & Jerry)는 1995년부터 '파트너샵'(Partner Shop)시스템을 도입하여, 실업자, 청소년, 장애인을 대상으로 직업 훈련을 제공하는 비영리 기관에 프랜차이즈를 제공하고 있다. $30,000의 프랜차이즈 수수료(Fee)와 3%의 로열티(Royalty)를 면제해

주고, 경영노하우 등을 지원한다. 대표적으로 청소년 직업 훈련 기관인 '쥬마 벤처스'(Juma Ventures) 등과 협력하여 소외계층을 위한 직업훈련 기회를 제공하였다. 2004년 포틀랜드 지역 홈리스 청소년들의 사회 정착을 돕는 지역의 비영리단체 '뉴 애비뉴 포 유스'(New Avenues for Youth)를 통해 첫 프랜차이즈를 열었고, 2005년 디트로이트 지역 장애인들의 경제적 자립을 지원하는 비영리단체 '굿윌 인더스트리 오브 그레이터 디트로이트'(Goodwill Industries of Greater Detroit)에서도 프랜차이즈를 운영하였다. 비영리단체 프랜차이즈 사업 지원을 포함하여 벤앤제리 재단(The Ben & Jerry's Foundation)이 지역 사회 고용 창출을 위해 지원한 금액은 2019년 기준 300백만 달러(한화 약 33억 5천만 원 이상)에 이른다.[35]

🔎 실리콘밸리의 소셜벤처네트워크(Social Venture Network, SVN)는 Give Something Back(GSB)의 사무용품 판매 주요 판매망 제공

실리콘밸리의 기업, 비영리기관, 투자자들의 커뮤니티인 '소셜벤처 네트워크'(Social Venture Network)는 상호 네트워크를 통해 소셜벤처를 지원해 오고 있는데, 사무용품 판매업체 'Give Something Back'(GSB)의 주요 판매망이 되어주고 있다.

1991년 설립된 GSB는 B2B 시장에서 '수익 전액 기부' 모델(all profits for charity model)로 사무용품 판매로 얻어진 수익을 지역사회 내의 비영리기관에 기부하는 기업이다. 고객들은 GSB로

부터 사무용품을 구매하여 지역사회의 비영리기관을 간접적으로 지원하게 된다. 소셜벤처 네트워크의 참여 기관(기업)들은 GSB를 사무용품 조달업체

(Office Supplier)로 선정하여 필요한 구매 물품들을 조달함으로써, 사회적 기업을 커뮤니티의 구매 가치사슬 속에 편입시키고 있으며 이를 통해 '기업 Community-사회적 기업'의 협력 모델을 구현하고 있다.

GSB 입장에서 본다면, 사회적 기업으로서 훌륭한 제품과 서비스로 경쟁력을 갖춘 한편으로 실리콘밸리의 대기업 커뮤니티(Community)를 최대한 활용하여 판로를 개척한 것으로 볼 수 있다. 2013년 기준, 총 6백만 달러 이상을 기부하였고, 17,000여의 고객 기반을 가지고 있으며, 3개 도시에 40개의 유통 센터를 설립하였다. 2018년 지역의 사무용품 공급 기업인 '블레이즈델'(Blaisdell)과 합병하였으며, 합병 후에도 비영리단체 지원 사업('Nonprofit Choice Awards')을 꾸준히 진행하고 있다. 2020년에는 푸드뱅크, 국립공원 보존, 가족 및 어린이 돌봄 서비스, 아동학대 예방, 노숙인 자활 지원 등 총 5개 단체에 각 100만 달러(한화 약 11억 원 이상)씩 후원하였다.[36]

◉ 한국사회에서 대기업의 사회적 가치 창출에 대한 기대와 사회적 기업과의 협력의 의미

글로벌 수준의 거대한 도전인, 기후변화, 자원고갈, 양극화, 고령화 등의 사회문제들에 대응하는 과정에서 자본주의의 새로운 변화가 고민되고 있으며, 지속가능한 경제체제와 사회혁신에 대한 담론이 활발해지면서 사회적기업가정신은 빠르게 확산되고 있다. 이러한 맥락을 공유하면서도, 한국사회에 등장하고 있는 동반성장, 친환경 녹색성장, 삶의 질에 대한 가치, 사회 통합, 공생 발전 등의 담론은 그 역사적인 뿌리가 특별하다.

그 뿌리에는, 지난 산업화 과정에서 세계 경제의 틀 안에서 선진국에 대한 빠른 추격을 통해 성장을 견인했던 시스템이 있다. 즉, 급속한 경제성장을 이뤄온 이면에, 빠른 성장을 위한 대기업 위주의 자원 집중, 빠른 의사결정을 위한 수직적 위계와 효율성의 가치가 있었고, 이러한 시스템의 주요 액터(actor)로서 대기업이 자리하고 있다는 한국 사회 발전의 특수성이라는 흐름이 있다. 자본주의 위기의 시대, 전세계적으로 기업의 사회적 역할이 강조되고 있는 가운데, 한국사회의 대기업에게 요구되는 사회적 역할은, 성장 동력의 원천으로서 특혜와 보호를 받는 존재가 아닌, 기업간 양극화, 경제 양극화를 해소하는 명제에 대하여 적극적으로 해결해 나가는 것이라 할 수 있다.

그간 기업의 역할이 커진 데 비해, 기업이 사회 전체의 이익을 추구하기보다는, 이윤만을 추구하는 것에 대한 실망감이 한국사회의 반기업 정서를 키워온 경향이 있다. 이러한 대기업에게, '사회적 경제'라는 상생과 협력의 경제 활동은 사회참여의 통로이자 도전이다. 사회적 경제는 기존의 효율과 경쟁의 이데올로기 대신에 상생과 연대의 가치를 받아들일 것을 요구한다는 점에서 도전이며, 사회적 기업과의 협력과 연대는, 사회적 가치 실현의 테스트 베드(Test Bed)가 되어줄 수 있다는 점에서, 효율적으로 사회적 가치를 창출할 수 있는 방법이다. 또한, 사회적 기업은 대기업에게 시민사회와의 연대와 소통을 가능케 하는 통로가 되어줄 수 있다.

대기업은 실제 영향력에 걸맞은 국가적 차원의 안목과 책임 있는 사업 전개가 필요하며, 그 속에서 시민사회와의 협력과 지지를 얻어나갈 수 있다. 이러한 실천은 기존의 기업 관행과 관점을 바꿀 것을 요구한다. 영리와 비영리, 민간과 정부의 경계를 허무는 통찰력이 필요하며, 기존의 사회공헌이 일정한 액수를 기부하는 정도였다면, 외부의 이해관계자와 협력하고 실천하는 하부 조직이 필요하고, 이들을 통해 그 동안의 관행과는 다른 새로운 형태의 협력체계가 필요하다. 그리고 이 과정에서 심지어 경쟁 업체 간에도 협력을 해야 할 수도 있다.

자본주의가 위기를 맞고 있는 오늘날, 사회적 가치 창출을 통한 공동체와의 연대와 협력은 기업의 경영혁신과 성장의 열쇠로 제시되고 있으며, 기업의 성공이 사회공동체의 이해와 연계되어야 한다는 점에 대해 기업은 새롭게 인식해나가야 한다. 기업이 모든 사회문제를 해결하지는 못한다고 하더라도, 기업은 발달된 조직체로서, 선진 기술과 자원 역량을 개별기업의 이해가 아닌, 사회 발전을 이끌어내는 데 활용할 필요가 있다. 이러한 과정에서 기업은 기업시민으로서의 역할을 재정립해나가고, 사회 공동체로부터 신뢰와 존경을 얻게 될 것이다.

— 주 —

1) 본 내용은 강민정. 2018. 사회혁신 생태계의 현황과 발전 방안. 경영교육연구. 33(1): 97-123과 강민정 외. 2015. 『소셜이슈 분석과 기회탐색』. 에딧더월드의 내용을 바탕으로 새로운 연구와 시각을 더하여 쓰여졌다.

2) Mulgan, G., Tucker, S., Ali, R. and Sanders, B. 2007. Social innovation: What it is, why it matters and how it can be accelerated. *Working Paper of Skoll Center for Social Entrepreneurship.* Oxford Saïd Business School.

3) Young Foundation은 초기 사회혁신론의 확산을 주도한 Michael Young이 세운 조직으로서(1954), 영국의 사회적 경제 발전에 사상적, 실천적 기반을 제공해오고 있으며, 사회적 경제 조직의 중간지원조직으로의 역할도 해오고 있다. Young Foundation이 주도한 사회혁신론의 주요 내용은 Mulgan et al.(2006), Young Foundation: www.youngfoundation.org/참조.

4) NESTA(National Endowment for Science, Technology and the Arts)는 Young Foundation의 전통을 딛고 1998년에 새로 설립된 영국의 사회혁신 활동을 지원하는 중간지원조직으로서, 오늘날 영국의 사회적 경제 발전에 있어 가장 영향력이 큰 조직이기도 하며, 전 세계적으로 사회혁신의 방법론을 확산하기 위한 연구, 출판 활동을 활발하게 전개하고 있다.

5) '사회혁신기업'은 사회적 기업, 소셜 벤처, 사회혁신기업 등의 용어가 사회적으로 통일되지 않은 가운데, 한국의 제도적 의미에서의 '사회적기업'을 넘어서, 사회적 가치 창출을 최우선으로 하는 기업에 대하여 '사회혁신기업'이라는 용어가 쓰이고 있음을 고려하였다. 본서에서 '사회적 기업'은 사회혁신기업과 맥락을 같이 하며, 사회적 가치와 경제적 가치를 동시에 추구하면서도, 사회적 가치 창출을 최우선으로 하는 기업을 지칭한다. 한편, 사회적 기업 관련 연구자와 실천가들 사이에서는, 제도적 차원에서 인증된 사회적 기업은 '사회적기업'(띄어쓰기 없음), 사회적 가치를 창출하는 것을 최우선으로 하는 기업은 '사회적 기업'(띄어쓰기 있음)으로 쓰임새를 다르게 하여 쓰기도 한다. 이 책에서는 맥락에 따라 '사회적기업', '사회적 기업', '사회혁신기업', '소셜 벤처' 등이 혼용될 것을 미리 밝혀둔다.

6) 리빙랩(Living lab)은 도시교통, 노인돌봄 등 사회문제 해결에 있어 집단 지성과 실험을 통한 사회혁신의 방법을 모색하는 시도로서 '사회혁신'의 전형적인 모습이면서, 정책과 자원배분, 집단지성과 같이 관심과 분석의 단위가 일정 규모를 전제로 하는 경우가 많다(송위진 외, 2015).

7) 사회적기업가정신의 정의와 발전 과정에 대하여는 Bornstein and Davis(2010)를 참조하기 바란다.

8) Dees, J. G. 1998. "The meaning of social entrepreneurship"; Nicholls, A. and Cho, A. "Social entrepreneurship: The structuration of a field". In Nicholls, A. (Ed.). 2008. *Social entrepreneurship: New models of sustainable social change.* OUP Oxford.

9) 라준영. 2013. 사회적 기업의 기업가정신과 가치혁신. 한국협동조합연구. 31(3): 49−71.

10) 본 내용은 강민정. 2018. 사회혁신 생태계의 현황과 발전 방안. 경영교육연구. 33(1): 97−123과 강민정. "비즈니스와 사회혁신", 심상달 외. 2015. 『사회적 경제 전망과 가능성』. 에딧더 월드의 내용을 바탕으로 새로운 연구와 시각을 더하여 쓰여졌다.

11) Mackey, J. 2007. "Conscious Capitalism− Creating a New Paradigm for Business".

12) 2008년 Davos Forum 연설 中

13) Hollamder, J. and Green, B. 2010. *The Responsibility Revolution.* Fletcher & Company (손정순 역. 2011. 『책임혁명』. 프리뷰).

14) Kaletsky, A. 2011. *Capitalism 4.0 The Birth of a New Economy in the Aftermath of Crisis.* Public Affairs. (위선주 역. 2011. 『자본주의 4.0 신자유주의를 대체할 새로운 경제 패러다임』. 컬쳐앤스토리).

15) Bishop, M. and Green, M. 2008. *Philanthro−Capitalism: How Giving can Save the World.* A&C Black.

16) 2010년 11월 한국일보와의 인터뷰("글로벌·현지화 동시추진이 경쟁력의 비결" (한국일보, 2010.11.12.)).

17) Porter, M. C. and Kramer, M. R. 2011. "Creating Shared Value". *Harvard Business Review.* 89(1/2):62−77.

18) 사례 정리를 위해 참조한 사이트는 다음과 같다.
http://www.mit.edu/~tavneet/M−PESA.pdf (Jack, William & Suri, Tavneet. MIT Sloan. 2010)
http://www.reuters.com/article/2014/03/31/vodafone−money−idUSL5N0MS2SG20140331
http://www.businesscalltoaction.org/wp−content/files_mf/bctavodafonecasestudyforweb96.pdf
http://www.businesscalltoaction.org/wp−content/files_mf/bctareutersmarketlightcasestudyforweb47.pdf
http://www.idgconnect.com/abstract/5995/indian−startups−rml−helps−rural−farmers−via−sms;
http://www.reutersmarketlight.com/

http://www.danonecommunities.com/en/project/grameen－danone－foods－ltd
http://www.nespresso.com/ecolaboration//medias_dyn/articles/8/article/attac
hment－2.pdf
http://community.businessfightspoverty.org/m/blogpost?id＝2014886%3ABlog
Post%3A170783;
http://www.businesscalltoaction.org/wp－content/files_mf/bctadiageocasestu
dy.forweb.pdf

19) GE는 2010년 관련 R&D에 18억 달러를 투자하여 180억 달러의 수익을 내고 있
으며, 2005년 Ecomagination을 시작한 이래로 2010년까지 850억 달러의 매출
을 올렸다.

20) 사회기저층(BOP: Bottom of the Pyramid)은 연소득 $1,500 이하, 혹은 일소득
$5 이하의 저개발국 40억 명에 해당하는 인구를 지칭한다. 이들에 대한 교육,
의료, 삶의 질과 기회를 확장하는 상품과 서비스의 가치가 주목을 받으면서 새
로운 비즈니스 혁신 영역으로 부상되었고, 이들의 구매력은 약 5조 달러에 이르
는 것으로 추산된다(Prahalad, C. K. 2012. Bottom of the Pyramid as a Source
of Breakthrough Innovations. *Journal of product innovation management.*
29(1): 6－12).

21) https://www.vodafone.com/what－we－do/services/m－pesa

22) https://techpoint.africa/2020/07/10/safaricom－owns－half－of－mpesa/

23) https://rmlagtech.com/

24) https://www.gca－foundation.org/en/organisation/grameen－danone－foods
－ltd/, https://www.danone.com/integrated－annual－report－2019/sustainable
－projects/danone－communities－grameen.html

25) https://www.sustainability.nespresso.com/aaa－sustainable－quality－program

26) https://www.worldbank.org/en/news/feature/2017/05/19/finding－ways－to
－shift－from－subsistence－agriculture－to－agribusiness－in－cameroons
－far－north－region

27) https://www.news24.com/citypress/special－report/25_reasons_to_believe/
mining－human－potential－going－beyond－the－mine－to－improve－live
s－20190726

28) Kotler, P. 2010. *Marketing 3.0: From Products to Customers to the Human
Spirit.* Wiley.
Gilmore, J. H. and Pine, B. J. 2007. *Authenticity: What consumers really
want.* Harvard Business Press.

29) Baudrillard, J. 1970. *Société de consommation: Ses mythes, ses structures* (Vol.
53). Sage (이상률. 1992. 소비의 사회: 그 신화와 구조. 문예출판사).

30) Knight, P. 2016. *Shoe dog: A memoir by the creator of Nike.* Simon and Schuster(안세민 역. 2016. 나이키 창업자 필 나이트 자서전. 사회평론).

31) Kotler, P. 2010. *Marketing 3.0: From Products to Customers to the Human Spirit.* Wiley.

32) 유창조·이형일. 2016. CJ 그룹의 CSV 경영: 현황과 미래과제. Korea Business Review. 20(4): 155−181.

33) "유한킴벌리 공유가치창출(CSV) 모델, '임팩트 피플스' 출범"(소비자경제, 2020. 8.12.)

34) https://pioneerhumanservices.org/

35) https://vermontbiz.com/news/2020/october/03/ben−jerrys−brings−justice−back

36) https://blaisdells.com/about/givingback/nonprofit−choice−awards/

CHAPTER 02

사회혁신 생태계와
임팩트 투자

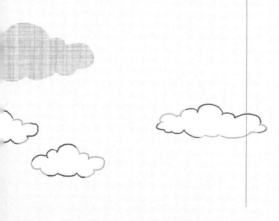

가. 사회혁신 생태계의 개념

사회적기업가정신의 접근을 통해 사회적 기업가들의 혁신적 활동에 주목하는 것도 중요하지만, 실제 사회적 기업가 개인의 혁신적 사고나 창의성에 의해 일으킬 수 있는 사회적 변화는 제한적인 경우가 많다. 사회적기업가정신을 통한 미시적 수준의 접근을 넘어, 사회혁신이 과학기술 분야 등 타 분야의 혁신들과 결합되면서 거시적 수준의 시스템 전환에 기여하는 방안을 모색할 필요가 있다.

사회혁신 생태계 접근은 개인과 조직 단위의 사회적기업가정신을 사회구조적인 차원의 혁신과 결합하는 시도이다. 또한, 사회혁신 생태계를 통해 제안되는 혁신 창출 시스템을 통해 과학기술계와 일반 기업 등 전사회적인 차원의 혁신 요소들이 사회적 기업의 혁신 활동에 활용될 수 있는 방안을 구체화할 수 있다.

사회혁신 생태계와 유사한 개념으로서 '사회혁신 산업 클러스터'는 미국의 실리콘밸리를 중심으로 등장한다. 사회혁신기업의 전형적 모습인 소셜 벤처 또한 2000년대 초반 실리콘밸리에서 등장하는데, 이들 소셜 벤처들은 실리콘 밸리의 비즈니스 혁신을 가능케 한 벤처 클러스터를 기반으로 조성된 사회혁신 클러스터와 함께 성장한다. 사회혁신 클러스터는 소셜 벤처와 지원조직, 투자기관, 연구기관 등을 포괄하는 조직적 축적(organizational accumulation)이며, 소셜 벤처의 성장을 위한 중요한 요소가 되어 주고 있다. 한편,

실리콘 밸리에서 성장해 온 신세대 기업가들의 기업가정신과 이들의 강력한 자금력이 결합한 벤처형 자선[2]은 임팩트 투자의 초기 형태로 사회혁신 클러스터의 중심축을 이루는데, 기업이 사회적 가치를 추구하는 방식으로서 사회공동체와의 연대를 실천한다. '소셜 벤처 네트워크'는 실리콘밸리를 기반으로 1987년 설립된, 기업, 비영리기관, 투자자들의 커뮤니티로서, 내부의 네트워킹 파워를 통해 구매, 투자지원 등의 방식으로 소셜 벤처를 지원한다. 2018년 투자자 모임인 '인베스터스 서클'(Investor's Circle)과 합쳐 '소셜 벤처 서클'(Social Venture Circle, SVC)로 명칭을 바꾸었고, 2020년 9월에는 미국의 '지속가능한 기업 위원회'(The American Sustainable Business Council, ASBC)와 전략적 동맹 관계를 체결하였다. SVC를 통해 사회적 가치 창출에 관심 있는 기업가 및 비영리기관 등의 네트워크를 꾸준히 확대하는 한편, ASBC를 통해 기후변화 대응, 순환 경제(circular economy) 정착 등 지속가능한 경제 환경을 조성하기 위한 정책 개발 등을 활성화하기 위함이다. 2021년 기준 두 개 단체에 가입하여 활동하고 있는 기업은 총 25만 여 개에 이른다.[3]

오늘날의 사회적 기업이 사회혁신에 대한 지향성을 사업모델에 담아내고 질적으로 진화하기 위해서는 무엇이 필요한가? 사회적 기업 생태계는 사회적 기업이 활동하는 현장 내에서 다른 이해관계자들과 맺는 관계를 구조화하고 제도적, 산업적 발전 방향을 설정하는 데 유용하다. 사회혁신 클러스터가 사회혁신기업에 영향을 미치는 조직들의 형성에 관한 논의라면, 사회혁신기업의 성장과 발전에 대해 보다 통합적이고 구조적인 이해를 가능하게 하는 관점이 사회혁신 생태계라 할 수 있다.

TEPSIE(the Theoretical, Empirical and Policy foundation for building Social Innovation in Europe)가 정의한 사회혁신은 유럽을 중심으로 발달한 사회혁신론의 연장선상에 있으나, 수요와 공급, 그리고 중간지원조직 등에 대한 분석 내용을 통해 전 사회에 걸친 사회혁신의 자원을 적극적으로 활용할 것을 제안하고 있다. EU가 추진한 TEPSIE 프로젝트는, 사회혁신의 실천적 의미를 넘어 이론화 작업의 일환으로 추진된 것으로서, 일반 기업을 포함한 전사회적인 차원에서의 사회혁신의 자원을 사회혁신 생태계로 포괄하여 이해하는 분석틀이 되어 준다는 점에서 유용하다.

[그림 3-1] TEPSIE의 '사회혁신 생태계'

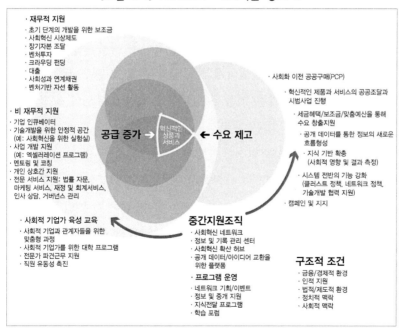

자료: TEPSIE 2014. *Social Innovation Theory and Research: A Guide to Researchers.* 25

TEPSIE가 정의한 사회혁신은, '사회적 필요에 대응하기 위한 새로운 접근으로서 그 목표와 수단이 사회적'인 것이다. 사회혁신의 수혜자(시민사회)가 혁신 활동에 참여하고 조직되면(mobilize), 수혜자의 자원에 대한 접근성과 영향력을 향상시켜 사회관계를 변화시킨다. 사회혁신은 '새로운 사회적 니즈를 구체화하고 기존에 인지되지 않았던 니즈를 발굴하는 데 도움을 준다'. 이러한 사회 혁신은 사회혁신을 지원하는 조직들과 하부구조로 구성된 사회혁신 생태계를 형성하는 것이 필요하다.

<그림 3-1>에 보여지듯이 TEPSIE가 정의한 사회혁신 생태계는 각종 요소와 기능들을 구조적 조건, 중간지원조직, 혁신의 공급 측면, 혁신의 수요 측면의 네 가지로 분류하고 있다. 먼저, 구조적 조건은 경제적 환경, 인적 자원, 법·제도적 환경, 정치·사회적 맥락 등의 내용을 담고 있다. 중간지원조직은 각종 프로그램과 네트워크를 통해 사회혁신 생태계의 공급과 수요 측면 모두의 요소에 필요한 내용을 제공하는 기능을 담당하고 있다. 혁신의 공급 측면은 사회혁신 활동에 대한 재무적 지원이나, 혁신 창출 시스템과 같은 비재무적 지원, 사회혁신을 담당할 인력 육성 등의 내용을 담고 있다. 혁신의 수요 측면은 사회혁신에 대한 사회적인 수요를 이끌어 줄 다양한 요소들을 들 수 있는데, 예를 들어 정부의 공공구매나, 윤리적 소비에 대한 사회의 인식, 세제 혜택 등의 정부 정책적 요소, 사회적 가치에 대한 측정 가능성 등이 그것이다.

나. 한국 사회혁신 생태계의 현황

◎ 구조적 조건

■ 정치 · 사회적 맥락

한국 사회에서 사회혁신의 담론이 본격화된 것은 사회적 경제와 그 구성요소로서의 사회적 기업이 제도적 힘을 얻게 되면서부터이다. 2003년 참여정부는 IMF 이후 실업 대책으로 나온 공공근로 사업의 일회성을 극복하고 지속가능성을 확보하기 위한 방법으로, 사회적 일자리 사업을 전개하고, 이 과정에서 유럽의 사회적 경제 모델과 그 구성요소인 사회적 기업에 주목하였다. 또한 국민의 복지수준 향상을 위하여 사회 서비스 분야를 확충하고자 하는 정책적 목표가 존재하면서, 여기에 사회적 일자리를 결합하는 전략을 동원하게 되는데, 이로써, 고용노동부를 중심으로 한 사회적 일자리 사업이 사회적기업의 모습으로 등장하게 된다.

「사회적기업 육성법」은 2006년 말 국회를 통과하여 2007년에 본격적으로 시행되는데, 초기 사회적기업 출발의 배경이 사회서비스 확충과 그 속에서의 일자리 공급이 주 내용을 이루게 되면서 혁신을 통한 사회문제 해결, 즉 사회혁신의 담론을 담아내지 못하게 된다. 2007년 이후 설립된 초기 사회적기업들은 대다수 일자리 사업의 본질을 벗어나지 못하면서, 사회문제 해결을 위한 사회혁신을 추구하는 기업들은 사회적기업으로 인정받기 위해 무리한 고용모델을 도입하거나, 혹은 제도 밖에서 소셜 벤처 혹은 사회혁신기업으로서의 정체성을 강조하면서, 일자리 중심의 제도권 사회적기업과의 차별성을 강조하는 아이러니를 낳았다.

사회적 기업이 사회혁신에 대한 열망을 담아내기보다는 취약계층 고용과 사회서비스의 틀에 갇혀 있는 동안, 한국에 사회혁신의 담론이 확산되고, 사회혁신 생태계가 본격적으로 조성된 데에는 서울시가 중요한 역할을 하였다. 서울시는 기존의 취약계층 일자리 창출의 패러다임을 '시민주도의 사회혁신'과 '사회적 경제 활성화'로 바꿔내고, 도시재생, 청년 주거 등 서울시의 핵심 과제를 해결하는 데 있어 사회혁신을 적극적으로 활용하는 정책을 펼쳤고, 이 과정에서 청년 사회혁신가들의 참여와 실험의 장이 다양한 방식으로 열리게 되었다.

2017년 새롭게 출범한 정부는 사회적 경제 활성화를 위해 「사회적경제기본법」 등을 마련하기로 하고, 그동안 사회적 경제계에서 꾸준히 제기되었던 사회적 경제 조직을 위한 판로개척과 공공조달, 자금 및 세제, 인재양성 등 초기지원 강화를 위한 사회적 경제 활성화 방안을 제시하였다. 사회서비스는 물론 문화예술, 도시재생 등 우리 사회의 오랜 문제들을 혁신적으로 해결하는 데에 사회적 경제 조직이 진출하면서, 자연스럽게 사회혁신의 담론과 방법론이 사회적 경제와 결합되는 과정이 본격화될 것으로 보인다.

▪ 한국 사회혁신 생태계 발전과 법·제도적 환경

한국의 사회혁신 생태계를 이해하기 위해서는 제도적 정의로서의 '사회적기업'이 사회혁신 생태계와 맥락을 달리하며 성장해온 점이 고려되어야 한다. 한국의 사회적기업은 2007년 「사회적기업육성법」 시행으로 인증제가 도입된 이후 양적으로는 지속적인 성장을 거듭해왔으나, 사회적기업과 그 생태계의 지속성에 대하여 꾸준한 우려가 제기되어 왔고, 영업 손실 기업의 증가, 연평균 매출과 당기 순이익의 감소 등, 경영상의 효율성이나 생존과 지속성에 대한 지적들이 계속되어 왔다. 2007년 이후 매년 100~300개 정도의 사회적기업이 정부로부터 인증을 받고 있으며, 2021년 3월 기준, 정부의 인증을 받은 국내 사회적기업 수는 총 3,368개에 이른다. 이러한 양적 성장에도 불구하고, 현실의 대다수 사회적기업은 사업 규모의 영세성과 정부 재정지원에 대한 높은 의존도로 인해 지속가능한 성장에 있어 회의적이고, 사회적 가치 창출에 있어서도 그 영향력을 찾아보기 힘든 경우가 많다.[4]

이렇듯 사회적기업이 영세성을 벗어나기 힘든 이유는, 사회적기업이 대부분 고용 창출에 초점을 두고, 실업 대책과 취약계층을 위한 정부 정책의 산물로서 성장해오는 가운데, 혁신성을 놓치고 있다는 데 있다. 한편, 사회적기업의 약 46%(2019년 기준)가 영업 손실을 내고 있음에도 불구하고(<그림 3-2> 참조), 2019년 기준, 인증 이후 3년 이상 활동하는 사회적기업의 '3년 생존율'은 90.5%로 일반 기업 3년 생존율 41.5%('16년 말 기준)에 비해 두 배 가량 높은 편이다. 육성사업 창업기업의 5년 생존율 역시 52.2%로 일반 창업 기업(28.5%)보다 약 2배 높은 것으로 나타났다.[5] 이는 사회적기업이 기업가의 헌신성을 기반으로 운영되면서 열악한 경영환경에도 불구하고 사업을 지속해나가는 현상으로 해석할 수 있다.

한편, 제도권과 상관없이 인증을 받지 않고 일반 벤처의 형태를 통해 다양하고 혁신적인 방법으로 사회적 가치를 추구하는 소셜 벤처 형태의 사회혁신기업들이 점차 증가하고 있고,[6] 이들을 지원

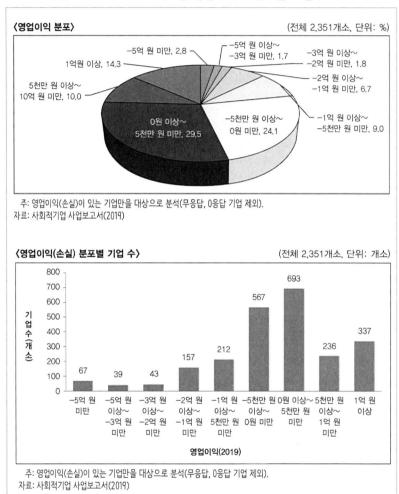

[그림 3-2] 국내 사회적기업 영업이익과 분포별 기업수(2019)

〈영업이익 분포〉 (전체 2,351개소, 단위: %)

주: 영업이익(손실)이 있는 기업만을 대상으로 분석(무응답, 0응답 기업 제외).
자료: 사회적기업 사업보고서(2019)

〈영업이익(손실) 분포별 기업 수〉 (전체 2,351개소, 단위: 개소)

주: 영업이익(손실)이 있는 기업만을 대상으로 분석(무응답, 0응답 기업 제외).
자료: 사회적기업 사업보고서(2019)

출처: 2019 사회적기업 성과 분석(고용노동부 · 한국사회적기업진흥원)

하는, 민간에 의해 자생적으로 이루어진 생태계가 점점 영향력을
확대하고 있다. 사회혁신 생태계는 국내 사회적기업의 제도적 한계
에 따른 자생적 돌파구로서의 소셜 벤처의 발생과 성장을 포섭해나

가고 있으며, 기존 사회적기업에 혁신성을 접목하는 변화를 이끌고 있다. 실제 인증 사회적기업 중에서도 고용 모델을 넘어 사회문제 해결을 위한 소셜 벤처가 점차 늘어나는 경향이다.

사회적 기업의 조직 형태는, '사회적 목적을 수행하는 조직임을 확실히 하면서도 동시에 경제적 가치를 추구하는 데 있어 제한을 두지 말아야 하며, 또한, 경제 조직으로서 자본 조달을 하는 과정에서 투자자의 경제적 가치 추구가 보호되면서도 동시에 사회적 목적 추구가 제한을 받지 말아야 한다.'[7] 비영리조직이 사회적 기업을 설립할 경우 자본 시장에서 자본을 조달할 수 있도록 길을 열어주어야 하는 한편, 회사 형태를 도입한 사회적 기업의 경우도, 혼합가치(blended values)를 추구하는 기업으로서의 특수성을 반영한 법적 지위를 부여받을 필요가 있다.

국내 「사회적기업육성법」상의 사회적기업이 특정한 기준에 따른 인증을 통해 법적 지위가 부여되는 것과는 달리, 영국의 CIC (Community Interest Company, 공동체이익회사), 미국의 L3C(Low-profit Limited Liability Company, 저수익 유한책임회사)는 인증에 따른 법적 지위이기보다는 사회적 목적을 가진 기업들이 스스로 활동의 편의나 투자 유치의 필요성을 위해 선택 가능한 법적 장치이다. 영국의 CIC는 2005년 회사법 내에 도입되어 사회적 기업의 법적 지위를 마련하였는데, CIC는 공동체 이익 검증(community interest test)을 통과하여야 하며, 해산 시에는 자산분배가 금지되어 있고, 주식 배당은 자본금의 20%로 상한선을 두었다. 또한 차입시 성과변동형 이자 지급이 10% 한도에서 가능하고, 배당 가능 이익의 35% 이내에서 이익을 배당할 수 있도록 하고 있다.

미국의 경우 사회적 기업이나 소셜 벤처들이 취하는 일반적인 법적 형태는 유한책임회사(LLC: limited liability company)인데, 점차 사회적 기업으로서의 특수성을 표방하는 형태로 진화 중이다. 사회적 목적을 가진 회사로서 저수익 유한책임회사(L3C)의 법적 지위가 그것인데, 기존 유한책임회사와 차별화된 사회적 목적의 영리기업임을 표방함으로써, 투자자가 투자시 저수익 회사임을 인식하여 혼선이 없도록 하는 장치이다. 이러한 조직 형태를 취함으로써, 사회적 목적을 달성하면서 동시에 수익모델을 추구하고, 또 투자 유치에 도움이 된다고 판단하면, 자발적으로 간단한 절차를 통해 신고하면 된다. 국내의 경우도, 혼합가치를 추구하는 기업이라면 여타의 기업과는 다른 보호를 받을 수 있는 법적 장치를 마련할 필요가 있다.

요컨대, 영국의 CIC와 같이 특정한 법적 지위를 부여하되, 사회적 기업의 정의를 보다 광범하게 재정의함으로써, 혁신을 통해 비즈니스의 방식으로 사회문제를 해결하고자 하는 다양한 주체들이 사회적 기업이라는 정체성을 대내외에 명확히 소통할 수 있고, 세제 혜택, 공공구매 우선혜택 등을 누릴 수 있도록 하는 것이 필요하다.

◉ 중간지원조직

▪ 중간지원조직의 정의

사회혁신 생태계의 중간지원조직은 사회적 기업에 필요한 자본, 유·무형의 자원, 전문성, 네트워크, 시장 등을 연계하는 조직으로서, 사회혁신 생태계가 작동하는 촉매제의 역할을 수행한다. 네트워크, 혁신, 마케팅, 성과평가, 금융 등의 분야에 전문 중간지원조직들이 다양하게 존재한다.

국내에는, '함께일하는재단', '희망제작소', '하자센터' 등과 '한국사회적기업진흥원'에서 지정하는 전국의 권역별 중간지원조직들이 있으나, 정부 주도로 추진되다 보니 사회적 기업 전반에 대한 자원 연계의 허브 역할보다 정부정책의 전달체계의 성격이 짙다. 그리고 정부예산을 쓰는 중간지원조직은 사회적기업 인증과 맞물려 교육과 지원이 이루어지고 있는 곳이 대부분이어서 사회혁신 생태계의 중간지원조직으로서는 일부의 기능을 담당하고 있다고 볼 수 있다.

▪ 임팩트 투자 활성화를 위한 금융 중간지원조직

금융 중간지원조직(finance intermediaries)은 임팩트 투자의 인프라이자 투자활동을 연계하는 활동을 종합적으로 수행하는 플랫폼이다. 사회혁신기업이 초기 집중적인 투자와 경영지원을 통해 어느 정도 궤도에 오른 후에는, 사회적 목적에 투자하고자 하는 일반투자자들도 자유롭게 투자할 수 있도록 기반이 마련되어야 한다. 즉, 투자행위를 위한 인프라가 조성되고, 사회혁신기업에 투자자의 관심과 실질적인 투자가 이루어질 수 있도록 연계하는 일이 필요하다. 임팩트 투자의 활성화를 위해, 사회혁신기업에 대한 성과평가체계와 세무와 회계 등 투명성 확보가 이루어져야 하고, 투자자에게 사회혁신기업에 대한 정보가 제공되어야 하는데, 금융 중간지원조직을 통해 이러한 기능이 이루어질 수 있다.

국내에서 민간을 중심으로 시작된 임팩트 투자는 광범위한 사회혁신기업을 발굴하고 자금지원과 경영컨설팅을 수행해온 바, 아직은 손에 꼽을 정도의 투자기관이 활동하는 초기에 불과하나, 이들은 사회혁신을 이뤄나가는 기업들이 좁은 의미의 사회적기업에 머물지 않고 사회혁신기업으로 성장해나가는 데 중요한 역할을 해오고 있다. 에스오피오오엔지(SOPOONG)는 국내 최초의 임팩트 투자기관으로서 2008년에 설립되어, 사회혁신기업에 대한 인큐베이팅·투자 회사로 아이디어 단계부터 창업교육, 비즈니스 컨설팅, 투자 등을 진행한다. 또한 대기업 사회공헌 재단인 SK 행복나눔재단은 2013년부터 임팩트 투자 대상 기업 발굴, 육성, 투자의 전 과정을 진행해오고 있다. 크레비스(Crevisse Partners)와 디쓰리쥬빌리(D3 Jubliee)는 사회혁신기업에 투자와 컨설팅을 제공하는 투자회사이자 동시에 그 자체가 사회혁신기업으로서 민간 중심 임팩트 투자의 모범적 형태이다. 루트임팩트(Root Impact)는 성수동 소셜 밸리 생태계 조성 과정에서 사회혁신 생태계의 대표적인 임팩트 투자기관으로 자리 매김하였고, MYSC는 프랑스의 사회적 기업 그룹 Groupe SOS와 국내 회계법인 삼정 KPMG 등과의 파트너십을 활용하여 설립된 국내의 대표적 임팩트 투자 기관이라고 할 수 있다. 2015년에 설립된 KAIST 청년창업투자지주는 소셜 벤처와 기술벤처에 대한 투자를 진행하고 있다.

- **■ 서울시 중간지원조직과 혁신 공간**
  – 서울혁신파크, 서울창업디딤터

서울시는 사회혁신도시를 실현하는 조직으로 '서울특별시 사회

적경제지원센터'를 설립하여 활동해 왔고, 서울혁신파크는 청년 사
회혁신가들의 실험의 장이자 동시에 중간지원조직으로서, 지리적
근접성을 함께 하는 지역기반 생태계를 형성하게 되었다. 서울혁신
파크는 서울시가 은평구에 조성한 공간으로서, 2013년부터 청년허
브와 서울특별시 사회적경제지원센터가 입주하였고, 3만평 부지에
32개의 건물 전체가 사회혁신의 대표적인 상징이 되도록 사회혁신
기업들과 관련 지원 조직들의 활동 공간으로 쓰이고 있다.

서울혁신파크 내의 '사회혁신리서치랩'은 사회혁신 관련 연구를
수행하여 사회혁신 관련한 담론을 꾸준히 재생산하고 있다. 시민과
함께 사회혁신의 확산을 위해 필요한 연구를 수행하기도 한다.

한편, 노원구에 위치한 서울창업디딤터도 청년들의 사회혁신
에 기반한 창업 활동을 돕는 공간으로 다양한 프로그램을 제공 중
이다.

■ 민간 중심 중간지원조직과 공간 – 루트임팩트와 성수동 소셜밸리

성수동 소셜 밸리는 실리콘밸리의 사회혁신 클러스터를 연상
케 하는 현상인데, 성수동은 1980~1990년대 수제화 산업의 중심지
로 발전해왔던 준 공업 지대이다. 기존 산업이 쇠퇴하면서 주거환
경과 생활기반시설이 낙후된 상태로 이어져오다가, 2010년대 들어
저렴한 임대료로 인해 예술인들과 청년 사회혁신기업가들이 유입
되었다. 다양한 분야의 사회혁신기업들이 공간을 공유하는 과정에
서 생태계가 활성화되었으며, 새로운 사업기회를 발견하고 협력할
수 있는 기회가 생겨나게 되었다.

성수동 소셜 밸리가 자생적 사회혁신 클러스터로 단기간에 성

장한 데는, 루트 임팩트(Root Impact)가 민간의 중간지원조직으로서 중심적인 역할을 하였고, 여기에 초기 사회혁신기업계의 리더 기업가들의 호응이 있었다. 루트임팩트는 성수동에 본격적으로 공간을 조성하고 청년 사회혁신기업가들을 초청했는데, 2013년 1월 임팩트 비즈니스 엑셀러레이터이자 컨설팅 회사인 임팩트스퀘어(Impact Square)와 임팩트 허브(IMPACT HUB)가 옮겨오고, 2014년 공동주거공간인 디웰하우스8)를 오픈한 이후, MYSC, 크레비스 파트너스 등 임팩트 투자기관들이 합류하게 된다. 루트임팩트가 2017년 6월에 오픈한 헤이그라운드는 500여 명이 함께 일할 수 있는 코워킹 스페이스(coworking space)로서 다양한 분야의 사회혁신기업가들이 한 공간에서 일하고 있다. 2019년에는 사업을 확장하여 성수동 인근 옛 에스콰이어 사옥을 리모델링하여 '헤이그라운드 서울숲점'을 오픈하였다. 2019년 기준, '성수시작점'에는 총 67개사가 입주해 있고 총 483명이 멤버로서 활동하고 있으며, '서울숲점'에는 총 41개사, 480명이 멤버로 활동 중이다.

　　루트 임팩트를 비롯한 중간지원조직들은 직접적으로는 사회혁신기업들에 대한 투자와 공간 제공, 경영 서비스의 지원과 연계를 통해 사회혁신기업가들의 활동과 성장과정을 돕는다. 크레비스(Creviss Partners)는 투자 대상 소셜 벤처들과 공동업무 공간에서 일하면서 밀접하게 지원하고 있으며, SOPOONG은 투자 활동을 하면서 '카우앤독'이라는 코워킹 스페이스를 제공한다. 그 밖에 성동구와 문화예술 비영리단체인 아르콘(ARCON), 롯데면세점이 공동 협약을 통해 서울숲 진입로에 조성한 '언더스탠드 애비뉴'는 사회혁신기업가 및 예술가들을 위한 마케팅 채널과 초기 창업가들을 위한 팝업 공간을 제공하고 있다.

▪ 민간 중심 중간지원조직 - SK행복나눔재단

SK행복나눔재단은 2009년 이래로 혁신적 방법으로 사회문제를 해결하는 사회혁신기업의 설립, 지원, 투자 등의 활동을 꾸준히 진행해왔다. 대기업 사회공헌 활동의 일반적인 모습인 일회적인 자선 활동을 넘어 국내 사회혁신 생태계 조성을 위해 다양한 프로그램을 진행해왔는데, 사회혁신기업가를 위한 교육 프로그램 제공, KAIST 와의 협력을 통한 사회적 기업가 MBA 프로그램 개설과 국내 대학의 관련 인재육성을 위한 석사과정 개설 시 장학금 제공 등이 있다. 또한, 세상 컨테스트와 세상 임팩트투자 공모전을 통해 사회혁신기업가를 발굴하였는데, 2010년부터 2016년까지 총 1,231개의 기업이 공모전에 지원하였고 그중 69개의 기업을 선정하여 지원금과 경영지원 활동을 전개하였다. 한편, SK행복나눔재단이 임팩트 투자 활동을 통해 성장기 사회혁신기업에 투자한 것은 2016년 말까지 총 18개 기업이며, 투자 규모는 38.5억 원에 이른다.

◎ 공급 측면

▪ 재무적 지원

사회적 기업을 위한 재무적 지원을 살펴보면, 정부 중심으로 이루어지는, 특히 청년 실업 문제의 해결책으로서 내놓고 있는 창업 지원이나, 사회적 기업 창업 지원이 모두 창업의 수를 늘리는 데 맞춰져 있다. 하지만 창업 이후 지원체계가 부족하여 사업을 중단하는 경우가 많이 발생하는 등, 전반적으로 불안한 상태이다. 사회적 기업의 경우 특히 다양한 기관에서 상금을 주고 있지만 그것이 육성으로 이어지지 않는가 하면, 청년 창업가들이 불안한 자금 사정을 각종 경진 대회들의 상금을 통해 해결하고 있는 모습도 나타나고 있다.

[표 3-1] 국내 임팩트 투자 기금/펀드 현황

1. 사회가치기금	5년 내 3,000억 원 마련. 민간의 자발적 기부 출연 중심(세제혜택 제공), 민간 재원 이내 정부 출자
2. 중소벤처기업부 산하 한국벤처투자 모태펀드	연내 1,000억 원을 정부기금으로 마련. 소셜 벤처에 집중 투자
3. 금융위원회 산하 한국성장 금융투자운용 성장사 다리펀드	민간은행과 주요 대기업이 출자 참여. 사회적 기업 투자 부문 100억 원, 임팩트 투자 부문 200억 원
4. 서울시 사회투자기금	현재 약 600억 원 규모의 기금 마련해 사회적 기업에 사업 자금을 투자, 융자하고 있음
5. 국내 첫 사회적 기업 전문사모펀드(PEF)	SK행복나눔재단(40억 원), IBK투자증권(60억 원), KEB하나은행(10억 원)이 공동 출자한 '사회적 기업 전문 사모투자신탁 1호'

출처: 한국일보 (2018)

사회적 기업에 대한 투자를 '임팩트 투자'라고 하는데, 이에 대하여는 '2. 사회적 기업과 임팩트 투자'에서 상세히 살펴보기로 한다.

▪ 비재무적 지원

혁신 창출 시스템

사회적 기업 대부분이 규모가 작고 자본이나 기술력이 취약한 상황에서 흔히 소셜 벤처라 불리고 있으며, 이들이 새로운 혁신적 비즈니스 모델이나 사업 아이템을 개발하여 경쟁력을 가질 수 있도록 하기 위해서는, 특별한 혁신 창출 시스템이 필요하다.

소규모 주체들 간의 협력이 자발적으로 이루어지기 힘든 상황에서, 혁신적인 협업 아이디어를 모집하고, 공동 프로젝트로 이를 수행하면서 조직간 협력 시스템을 구축하여 제품과 서비스를 개발하여 상품화하고 이에 대한 사업화 및 성과배분이 이루어지는 일련의 혁신 창출 과정을 만들어낼 필요가 있다. 서울혁신파크나 성수동 소셜 밸리에서는 이와 같은 활동이 실험적으로 이루어진다고 할 수 있으나, 보다 광범한 형태의 혁신 창출 과정이 지역단위, 조직단위 등에서 이루어질 필요가 있다.

예를 들어 사회문제 해결형 과학기술이 사회적 경제 조직을 통해 혹은 사회혁신기업가를 통해 사회혁신 과정에서 구현되기 위해서는 실천적 차원에서 구체적인 협력이 일어나야 한다. 사회혁신기업이 정부 정책에 의해 개발된 과학기술 자원을 활용할 수 있어야 하며, 사회문제 해결형 과학기술 개발에 대한 계획이 수립되고, 연구가 진행되고, 연구 결과에 대한 배분이 이루어지는 과정에서, 사회적 경제 조직과의 협력과 네트워킹이 이루어질 필요가 있다. 그러나 현실의 사회혁신 생태계에서 사회혁신기업과 사회문제 해결형 과학기술은 별개로 존재하고 있는 듯하다. 과학기술학에서 접근하는 사회혁신은 그 학문적 우수성과 실천적 문제의식에도 불구하고, 사회적 경제 조직과의 구체적 협력의 사례를 내고 있지 못하고 있으며, 거꾸로 사회적 경제 조직에서 사회문제 해결형 과학기술을 직접적으로 활용한 사례는 드물다.

과학기술 분야에서 소셜 벤처들을 위한 기술 사업화를 조직적으로 지원한다면, 사회혁신 생태계에 절대적으로 부족한 혁신 창출 시스템을 구축하고, 그 과정에서 과학 기술 분야와의 협력 프로그램들이 만들어질 수 있다. 과학 기술계의 혁신의 내용이 사회혁신기업가의 창업과 경영활동을 통해 실현되어야 하며, 이는 연구 개발의 산출물이 사회혁신기업가들에 의해 활용되는 과정에서 혁신의 내용을 사회적으로 실현에 옮기는 것이기도 하다. 이러한 선순환은 궁극적으로 사회혁신 생태계에 지속적인 혁신을 낳는 새로운 사회혁신엔진으로 작용하게 될 것이다.

'리빙랩(Living Lab)'은 과학기술계의 사회혁신 활동이 사회적 경제계의 혁신창출 시스템으로 전환된 경우이다. 리빙랩은 '살아있는 연구실'이라는 의미로, 사용자들이 생활하는 실제 현장(real life setting)에서 니즈를 반영하여 기술혁신을 수행하는 '사용자 주도형 개방형 혁신 모델'(user-driven open innovation model)을 의미한다. 2006년 유럽연합(EU)에서 시작되어 한국에 도입된 이후 현재 시행 초기 단계로, 그 개념이 폭넓게 해석되고 다양한 실험이 진행되고 있다. 중앙부처, 지자체 등에서 제품·서비스 개발, 공공 인프라 조성, 지역사회혁신 및 지역문제 해결을 위해 리빙랩 방식을 폭넓게 활용 중이다.9)

국내의 대표 리빙랩 사례로 서울 동작구의 성대골 에너지 전환, 종로구 북촌 IoT 사업, 경기도 성남시 성남시니어리빙랩 등이 있고, 강원도의 경우 춘천사회혁신센터에서 다양한 사회문제 해결을 위한 '소셜 리빙랩'을 진행 중이다.

리빙랩은 사회혁신 아이디어를 가진 소셜 벤처가들의 활동을 지원해주는 형식을 넘어, 광범한 사회혁신 프로젝트에 다양한 아이디어를 가진 소셜벤처가들을 초대하여 실험하고 성장시킬 수 있는 플랫폼이 될 수 있다. 다른 한편으로, 리빙랩 프로젝트를 통한 결과물에 대하여 소셜 벤처가들이 사업화하는 과정에서 체계적인 지원과 성과 배분이 이루어지도록 하는 것이 중요하다.

사회혁신 경진대회

사회혁신 생태계가 지속가능성을 가지려면 사회혁신기업가로 성장하고자 하는 유능한 인재들이 지속적으로 나와야 한다. 한국사회에서는 이들이 정부의 각종 지원 사업이나 정부나 민간이 주최하는 경진대회 등을 통해 첫걸음을 떼는 경우가 많다.

소셜 벤처 경연대회는 2009년부터 민간 중심으로 치러졌었는데, 2014년 들어 한국사회적기업진흥원이 지원하게 되면서, 정부가 혁신적인 사회적 기업가 발굴의 장으로 적극적으로 활용하고, 사회적기업의 협소함을 벗어나 사회문제 해결을 위한 혁신성을 포괄해 나가는 모습을 보여주고 있다(<표 3-1> 참조).

[표 3-1] 소셜 벤처 경연대회 참가 추이

연도	2012	2013	2014	2015	2016	2017	2018	2019
참가팀 수	615	1,119	1,294	1,000	940	901	922	903

SK행복나눔재단의 '세상 컨테스트'(2014년 사업 종료), '세상 임팩트 투자 공모전'(2016년 사업 종료), 동그라미재단의 '로컬챌린지프로젝트'(Local Challenge Project)(2019년 사업 종료) 등은 국내 사회혁신기업가를 발굴하고 지원하는 데 커다란 역할을 해온 프로그램들이며, 현대자동차가 주최하는 'H-온드림 오디션'이 민간중심 경진대회로 현재까지 활약 중이다.

한편, 서울시는 2018년까지 130억 원을 투자하여 공공문제 해결에 청년들이 참여하도록 하는 청년 프로젝트 공모전을 열었다. 저성장에 접어든 한국 사회에서 다양한 사회문제를 청년들이 해결하도록 하는 것인데, 혁신사업 확장형, 자원활용형, 집단 프로젝트형, 서비스 프로젝트형 등 다양한 공공 문제를 대상으로 한다. 선정된 20개 팀에게 최대 10억 원이 지급되며, 프로젝트 수행인력 중 50% 이상을 19~39세 사이 청년으로 고용하고 사업이 끝날 때까지 고용 상태를 유지해야 한다. 이는 사회 혁신 분야에서 공공과 민간 공동 운영 사업으로는 최대 규모인데, 민간에 새로운 공공영역 창출 기회를 제공하고, 동시에 청년교육을 촉진하는 효과가 있다.

▪ 사회적 기업가 육성 교육

사회적 기업이 정부 주도 사업으로 시작되면서, 사회적 기업가 육성도 초기에 정부 중심으로 이루어져 왔다. 초기 한국사회적기업진흥원에서 선정한 전국의 지원기관들을 중심으로 창업가 대상의 '창업 준비 상설 아카데미'와 기존 사회적기업 경영자 대상의 '맞춤형 사회적기업가 교육 프로그램'이 운영된 바 있다. 또한, 각 대학의 석사과정 설립을 촉진하기 위해 '사회적기업 리더과정'(2020년

'사회적경제 선도대학'으로 명칭 변경)이 2014년부터 시작되어 매년 3개 대학을 지정하여 1년간 비학위과정으로 진행되고 있다.[10)

한국사회적기업진흥원이 진행하는 '사회적기업가육성사업'은 초기 사회적 기업 창업가들의 등용문으로 자리잡는 등, 사회적경제기업 창업과 성장 지원 분야에서 체계적으로 사회적 기업가를 육성하고 있다. '창업 지원'은 창의적인 소셜벤처 아이디어 발굴 및 혁신적 사회적경제기업 모델 육성을 목표로 하는 '소셜벤처 경진대회'와 우수한 소셜벤처 활동 계획을 보유한 대학의 '소셜벤처 동아리 지원 사업', 사회적경제기업 창업을 준비 중인 팀을 선발하여 사회적 목적 실현부터 사업화까지 창업의 전 과정을 지원하는 '사회적기업 가육성사업'으로 이루어져 있다. '사회적기업가육성사업'의 경우, 지역별·업종별·전문분야별 중간지원조직을 통해 사업을 진행함으로써 사회적기업 친화적 생태계를 조성해 왔다. 한편, '사회적기업 성장지원센터(소셜캠퍼스 온)'는 초기 창업기업이 안정적으로 성장할 수 있도록 입주 공간, 교육 및 멘토링 등을 지원하고 있다.

'성장 지원'은 (예비)사회적기업, (사회적)협동조합, 마을기업, 자활기업, 장애인표준사업장 등 사회적경제조직으로 인정받은 기업들을 대상으로 한 것으로, 크게 판로지원, 경영지원 및 컨설팅, 자원연계를 중심으로 이루어지고 있다. 사회적경제 판로지원 통합플랫폼(e-store36.5)을 통해 사회적경제기업이 생산하는 상품(제품·서비스)의 판매를 지원하고 있으며, 권역별 통합지원기관 담당자가 전문컨설턴트와 협업하여 (예비)사회적기업의 기초적인 경영지원을 상시로 진행하기도 한다. 법률 등 보다 전문성이 필요한 부분은 전문가를 연결해 주는 등, 성장 및 자립 단계의 사회적기업을 대상으로 경영과제를 해결하는 맞춤형 전문컨설팅 제공하고 있다. 나아가 공공·민간기관(기업)의 사회공헌(CSR) 자원, 사회적 금융, 국제협력 자원 등을 효과적으로 연계하고 있다.[11]

한편, 민간 차원에서 이루어진 교육 프로그램들은, 정부 인증과 관계없이 사회적 가치를 창출하는 다양한 형태의 사회혁신기업에 대하여, 사회혁신가의 저변을 넓히고 사회혁신 생태계의 리더로 성장할 수 있도록 하는 통로가 되어주고 있다. SK행복나눔재단은 2009년부터 2012년까지 '세상 스쿨'이라는 교육 프로그램을 통해 사회혁신기업가 육성을 위한 기초 경영교육을 제공한 바 있다. 대학의 경우, KAIST가 2008년부터 사회적 기업가 아카데미 프로그램을 운영해 왔고, 2013년 KAIST-SK의 협력으로 '사회적 기업가 MBA'[12]가 출범하면서 혁신적 창업자이자 경영자로서의 사회혁신기업가 배출이 본격화되었다. 한편, 가천대학교(2009), 한신대학교(2014), 부산대학교(2015), 한양대학교(2015)에 사회적 기업 관련 석사과정이 개설되었고, 2017년 들어 이화여대와 숭실대에 석사과정이 개설되었다.

◉ 수요 측면

사회혁신에 대한 수요 측면은 일반 소비자의 윤리적 소비 경향, 정부의 민간 위탁을 통한 각종 사업 수행, 일반 기업의 공유가치 창출 실현의 방법으로서 사회혁신기업과의 협력 양상, 사회적 가치 측정 도구를 비롯한 지식 기반 구축 등의 관점에서 살펴볼 수 있다. 여기서는 지식기반 구축의 내용을 살펴보기로 한다.

▪ 사회적 가치 측정

사회혁신은 경제적 가치뿐만 아니라 사회적 가치 창출을 지향하고 있어 두 가치에 대한 적절한 측정 기준의 마련과 평가 시스템 구축은 사회혁신기업의 장기적 성장의 토대를 확보하는 데 중요한 활동이라 할 수 있다. 또한 시기적으로 적절하고, 신뢰할 수 있으며, 비용 효율적인 방식으로, 기업이 창출한 사회적 가치에 대해 측정하는 것은 사회혁신기업의 성공적 성과를 보여주는 동시에, 자본시장에 대해서는 올바른 정보를 제공하고 기업가들에게는 전략적 판단의 실질적 근거를 제공하는 의의가 있다.

기업이 창출하는 사회적 가치 측정에 대하여, GIIN(Global Impact Investing Network)이 개발한 IRIS(Impact Reporting and Investment Standards)가 주목할 만하다. IRIS는 사회적 가치를 창출하는 방법에 대하여, 지식의 생산과 개발, 제품 개발과 판매, 기술 등 역량 개발, 인프라 개발, 정책 개발과 같은 카테고리로 분류하고, 각각의 접근 방법이 가져올 수 있는 사회적 임팩트에 대한 측정 지표들을 개발해서 카테고리별로 정리해 놓고 있다.

사회적 투자회수율(SROI: Social Return On Investment)[13]은 사회적 가치를 일자리 창출로 단순화한다는 단점은 있지만, 그동안 가장 일반적인 사회적 가치 측정 방법으로 사용되어 왔다. SROI는 실리콘밸리의 대표적 벤처형 자선기관인 REDF(Roberts Enterprise Development Fund)[14]에서 개발되었다. REDF는 투자에 대한 의사결정을 할 때, 사회적 가치 창출의 목표와 이를 달성할 수 있는 역량을 평가하는데, 투자 대비 미래에 발생할 수익과 사회적 기여 부분에 대하여 평가한다. 사회적 투자회수율은 오늘날 사회적 가치 평가의 주요 도구로 활용되고 있다.

사회성과 인센티브(SPC: Social Progress Credit)[15]는 SK가 사회혁신기업을 대상으로 하여 사회적 가치 측정을 기반으로 한 인센티브를 제공하는 실험적 프로그램이다. 궁극적으로 기업이 창출해내는 사회적 가치에 대하여 기업 가치의 일부로 인식되도록 하는 것을 목표로 한다. 이를 위하여 사회적 가치를 측정할 수 있는 도구를 개발하는 한편, 이 프로그램에 참여하는 사회혁신기업가들에게 인센티브를 제공하고 있다. 2015년에 시작되어 2019년까지 222개의 사회혁신기업들이 339억 원의 사회적 가치를 창출한 것으로 측정되었고, SK는 사회적 가치 창출에 따라 약속된 인센티브를 제공하였다.[16] REDF가 개발한 SROI가 고용 효과를 보는 한계를 가지고 있다면, SPC는 다양한 사회문제 해결에 있어서 사회적 가치 측정을 시도하고, 이를 결과로 축적해나간다는 데 중요한 의의가 있다고 할 것이다.

▪ 지식 인프라

사회적 기업이 실업문제 해결과 사회복지의 정책 수단을 넘어, 사회문제에 대한 혁신적 해결방안을 제공하는 건실한 기업으로 진화하기 위해서는, 기업의 성장을 유무형으로 지원해 줄 수 있는 다양한 지식과 노하우가 축적되고 공급될 필요가 있다.

이를 위해 정책연구소, 민간 씽크탱크 조직, 인큐베이팅 센터, 대학, 전문교육기관, 지역혁신센터 등이 역할을 하여야 하며, 이들 간의 활발한 상호작용을 통해 사회문제 해결을 위한 아이디어와 지식이 사회혁신 생태계에 지속적으로 공급되고, 다양한 사업화 활동이 조직화될 필요가 있다. 사회혁신과 관련한 연구조직, 공공조직, 시민조직 등이 다양한 형태로 실천적인 지식과 새로운 아이디어를 지속적으로 생산하여 공급할 필요가 있는데, 이를 위한 지식 인프라는 아직 미약하다. 사회혁신기업에 대한 관심을 가진 학자들이 개별 학문영역에서 연구 결과를 내고 있는 경우가 많고, 아직 독자적인 학문체계를 갖추고 있다고 하기 어렵다. 한편, 사회적기업학회가 2014년 설립되었고, 2016년 학술연구재단의 등재학술지가 된 '사회적기업연구'가 전문학술지로 유일하다.

사회적 기업의 혁신적 비즈니스 모델 수립과 관련한 방법론 등을 비롯하여, 사회혁신기업에 특화된 마케팅, 기술경영, 디자인, IT 활용, 인사 및 조직 관리 등 다양한 경영이슈들에 대하여 다양한 사례 연구들을 필요로 하며, 나아가 이를 기반으로 이론적 토대를 정립하는 수준까지 진행되어야 한다. 이를 통해 사회혁신기업이 안고 있는 경영 이슈에 해답을 주는 실질적인 지적 인프라가 됨과 동시에, 사회혁신기업에 대한 연구가 독자적인 학문체계로서 그 모습을 갖춰나가게 될 것이다.

다. 사회혁신 생태계의 이슈와 발전

지금까지 한국의 사회혁신 생태계를 TEPSIE의 분석틀을 활용하여 살펴보았고 그 주요 내용을 요약하면 다음과 같다.

국내의 정치·사회적 맥락 속에서, 사회적 일자리 사업에서 출발한 사회적기업은 사회혁신 생태계의 한계와 현실을 이해하는 중요한 배경이 되고 있다. 혁신을 통해 사회문제를 해결하고자 하는 사회혁신기업들은 인증제에 기반한 사회적기업과 스스로를 차별화해나가는 동시에, 현실 사회적기업들이 일자리에만 머물지 않고 사회혁신의 주체로 나서도록 변화를 추동하고 있다. 정부의 사회적기업 지원체계와는 별개로 민간을 중심으로 등장한 중간지원조직들은 사회혁신기업의 창업과 성장을 돕고 있으며, 사회혁신기업에 대한 임팩트 투자가 형성 중에 있다. 성수동 소셜 밸리는 이러한 모습이 지역적으로 형성된 독특하고 흥미로운 현상인데, 사회혁신기업들과 이들을 지원하는 중간지원조직이자 임팩트 투자자들이 모여 있으며, 그 자체가 사회혁신 생태계를 이루어나가고 있다. 또한, SK가 사회혁신기업에 대한 창업과 투자, 인력육성, 사회적 가치 측정 도구 개발과 인센티브 제공 등의 프로그램을 통해, 사회혁신 생태계 전반에 의미있는 영향을 미치는 활동을 전개해나가고 있다. 국내의 사회혁신 생태계는 아직 공급 중심이며, 일반 소비자와 기업, 정부 모두에서 충분한 수요를 창출하고 있는 상태는 아니지만, 일반 기업의 공유가치 창출을 통한 사회적 가치 창출이 경영활동의 영역으로 인식되면서, 수요측면에서 사회혁신 생태계의 성장을 추동하고 있다는 점은 주목할 만하다. 한편, 사회적 가치 측정 도구 개발 등 지식 기반이 확충되고 이를 기반으로 사회혁신기업의 지속 가능성이 확장되면서 장기적으로 수요가 확대될 것으로 보인다.

지금까지 살펴본 사회혁신 생태계의 현황 분석에 나타난 문제점을 기반으로 개선 방안을 논의하면 다음과 같다.

첫째, 사회혁신기업을 둘러싼 개념과 법적 지위가 보다 개방적인 형태로 정의되어야 한다. 이는, 기존 사회적기업에 대한 법적 정의가 협소한 가운데, 혁신성을 담아내고 있지 못하고 있다는 문제 의식에서 출발한다. 사회적 기업에 대한 다양한 기대와 실천들은 기존의 법적 정의를 이미 뛰어넘고 있다는 점을 상기한다면, 사회 적 기업의 발전을 위한 생산적인 논의의 전개와 정책 수립, 실천의 상황에서 발생할 수 있는 혼선을 방지한다는 점에서, 개념 정의에 대한 합의는 중요하다. 사회혁신 생태계가 정부의 사회적기업 정의 와 별개로 존재하는 현실에서, 사회적 기업에 대한 인증제와 지원 방식이 새로운 정의를 통해 변화하여, 현실 사회혁신기업들을 포함 해나가는 것이 하나의 방법이다. 이를 위해, 협소한 사회적기업이 아닌 사회혁신기업으로 용어와 내용을 재정의할 것을 제안한다.

또 다른 방법은, 사회혁신기업에 대하여 영국의 CIC(Community Interest Company)와 같은 특정한 법적 지위를 부여하고 자율적으로 선택하게 하여, 비즈니스의 방식으로 사회문제를 해결하고자 하는 다양한 주체들이 그 정체성을 대내외에 명확히 소통할 수 있고, 세 제 혜택, 공공구매 우선혜택 등을 누릴 수 있도록 하는 것이다.

둘째, 사회혁신기업가들이 개인적 차원에서 진행하고 있는 혁 신의 과정을 조직 차원, 사회시스템 차원에서 고민하고 확장할 수 있도록 하여야 한다. 먼저, 과학기술의 계획과 개발, 실현 단계에서 과학기술계와 사회혁신기업가들의 협력을 효과적으로 조직할 필요 가 있다. 다음으로는, 일반 기업의 공유가치 창출 활동에 대하여 사 회혁신기업과의 협력을 촉진하여 기업의 혁신 인프라를 사회혁신 기업이 활용할 수 있도록 한다.

사회혁신 생태계에 혁신 창출 시스템을 구축하는 과정은, 그 동안 과학기술과 일반 기업이 사회혁신과 별도의 영역으로 존재하던 것에 대하여, 이들이 사회혁신을 위한 사업화를 지원하고, 또, 사회혁신이 과학기술과 기업의 발전을 추동할 수 있도록 통합적인 혁신 창출 시스템을 구축하는 것을 의미한다. 이를 통해 사회혁신 생태계의 공급 측면을 시스템적으로 보완해나갈 수 있다.

셋째, 사회혁신 생태계의 지속가능한 발전을 위해서 광범위한 민간의 참여를 정착시켜야 하는데, 이를 위해 사회혁신기업에 대한 관심과 투자가 창의적이고 자유로운 환경에서 일어날 수 있는 방향 으로 자본시장이 조성되어야 한다. 이를 위해 금융 중간지원조직 등 투자 플랫폼이 마련되어야 하며, 투자 활성화를 위한 세제 혜택 등 제도적 인프라를 갖춰야 한다.

광범한 민간의 투자 확대가 이루어지기 위해서는 사회적 가치 측정이 선행되어야 하는데, 지금까지 이루어지고 있는 사회적 가치 측정을 위한 노력들을 표준화하여 사회혁신기업이 창출해내는 사 회적, 재무적 가치를 통합적으로 측정할 수 있어야 한다. 이를 통해 사회혁신기업의 기업 가치에 대하여 사회적 가치가 포함되고, 이를 통일된 언어로 소통할 수 있어야 한다.

넷째, 사회혁신기업가에 대한 비전과 역량을 가진 인력이 육성 되도록 사회혁신기업가 교육이 활성화되어야 하며, 이는 새로운 교 육 과정을 만드는 것에서부터, 기존 교육에 사회혁신기업가가 청년 들의 커리어의 대안으로 고려될 수 있도록 하는 다양한 방법들이 고안되고 실험되어야 한다.

다섯째, 사회혁신기업의 지속가능성을 지원하는 지적 인프라가 구축되어야 한다. 다양한 형태의 사회혁신기업들이 자생력과 지속 가능성을 갖춰나가기 위한, 사회 경제적, 환경적 요소와 경영요소들에 대하여 연구가 뒷받침되어야 한다. 사회혁신기업에 특화된, 신제품 및 신규 서비스 개발, 마케팅 전략의 수립, 직원 교육, 성장전략 수립, 노동환경 등 사회혁신기업의 현실상의 경영 이슈를 직접적으로 다루는 다양한 연구들이 보다 활발히 진행되어야 할 것이다.

02 사회적 기업과 임팩트 투자[17]

가. 사회적 기업에 대한 자본시장과 임팩트 투자

혁신성을 기반으로 사회 문제를 해결한다는 의미에서의 사회적 기업(social enterprise)은 소셜 벤처(social venture)라고도 하는데, 이는 실리콘밸리에서 그 연원을 찾을 수 있다. 실리콘밸리에서 소셜 벤처가 등장하게 된 배경에는, 이들의 성장을 지원하는 벤처형 자선(venture philanthropy)의 존재가 있는데, 이들은 오늘날의 사회영향투자 혹은 임팩트 투자(impact investment)의 원형이라 할 수 있다.[18] 여기에서 임팩트 투자란 사회적 가치와 경제적 가치를 동시에 추구하는 사회적 기업에 대한 물질적, 경영적 지원 활동을 이른다.

한국의 사회적 기업들은 그간 고용 창출과 복지서비스의 대체 형태로 나타나면서, 지속가능성, 시장경쟁력 확보, 민간 투자 활성화 방안 등에 관한 논의는 저조한 편이다. 사회적 기업이 어떻게 자본조달을 할 것인가, 특히 민간 투자가 어떠한 역할을 할 것인가에 대한 논의가 저조한 것은, 사회적 기업의 저수익 구조를 고려할 때, 투자보다는 지원의 시각이 지배적인 데 기인한다. 이러한 가운데 최근의 임팩트 투자에 대한 관심은, 사회적 기업에 대한 시각이 지원의 관점에서 투자 관점으로 옮겨가고 있음을 보여주고 있다고 할 수 있다. 사회적 기업에 대하여 사회혁신을 추구하는 주체로서의 관심이 고조되고 있으며, 이러한 사회적 기업의 광범한 확산을 위해서는 사회적 기업이 추구하는 혼합가치(blended values)[19]에 공감하는 민간의 투자 활동을 활성화시키는 것이 중요하다.

사회적 기업은 2007년에 「사회적기업육성법」이 제정된 이후 발전을 거듭해왔음에도, 여전히 정부의 지원 체계 안에 머물고 있는 경우가 많다. 사회적 기업에 대한 광범한 민간 투자가 가능한 구조가 만들어진다면, 사회적 기업은 저성장 시대로 접어든 한국 경제에 지속가능한 발전의 대안이 될 수 있다. 사회적 기업이 창출하는 사회적 가치에 주목하여, 수익성보다는 사회적 가치를 기준으로 투자 방법을 고려할 필요가 있다는 주장도 제기되고 있는데,[20] 이는 사회적 기업에 대한 특수성에 대한 고려라는 점에서 임팩트 투자가 기존의 투자 방식과 어떻게 달라야 하는가에 대한 논의를 심화시킨 것이라 할 수 있다.

영국에는 2019년 현재 10만 개의 사회적 기업이 활동하고 있으며, 600억 파운드(약 한화 95조 2,700억 원)에 달하는 경제적 부가가치를 창출하고 있다.[21] 영국의 사회적 기업이 오늘날 성공적으로 정착하게 된 강력한 힘은 정권에 관계없이 지지를 받으면서, 침체된 영국 경제를 성장시키는 주요 대안으로 인식되고 있다는 점이다. 이러한 성장의 배경에는 몇 가지 정책적 계기들이 등장하는데, 그 중에서도 2014년 실시된 사회투자 세제혜택(social investment tax relief)은 사회적 기업에 대한 민간 투자를 활성화시켜 사회적 경제가 성장하는 데 결정적 역할을 한 것으로 평가되고 있다.

현재 사회적 기업은 협력과 연대를 본질로 하는 경제 영역인 사회적 경제의 주체(actor)로서 주목받고 있으며, 이에 대한 정책적 지원과 자본시장을 통한 임팩트 투자는 보다 구체적인 형태로 다루어질 필요가 있다. 이번 장에서는 임팩트 투자의 의의와 생태계를 현 시점에서 재조명하고, 임팩트 투자 활성화를 위한 정책 제안의 방향을 제시하고자 한다. 본 장은 선행 연구인 "사회적 벤처와 사회적 영향투자 활성화 방안"[22]과 "자본시장을 통한 임팩트 투자 활성화에 관한 연구―KONEX 시장 활용가능성을 중심으로"[23]의 후속 연구의 내용을 담고 있다.

먼저, 임팩트 투자에 대한 개념과 생태계를 소개하고, 일반적인 차원에서의 임팩트 투자 활성화를 위한 정책적 요소들을 다룬다. 이어서 임팩트 투자 활성화를 위한 획기적인 계기로서 사회적 증권거래소의 도입 필요성을 제기한다. 또한, 오늘날의 변화한 환경 속에서 사회적 기업에 대한 민간 투자를 활성화시키기 위한 정책 수단으로서 세제 혜택에 대하여 다룬다. 임팩트 투자 활성화를 위한 정책 가운데에서도 세제 분야는 사회적 기업에 대한 민간 투자, 그 중에서도 개인 투자를 활성화시킬 수 있는 강력한 정책 수단이 될 수 있다. 여기서는, 사회적 기업에 대한 투자와 관련하여 세제 혜택에 초점을 맞추어 해외 사례, 그 중에서도 영국의 사례에 초점을 맞추어 이에 대한 국내 적용 방안을 검토하고 있다.

나. 임팩트 투자의 생태계와 현황

◉ 임팩트 투자의 의의

임팩트 투자는 사회적 기업에 대한 물질적, 경영적 지원 활동으로 정의된다. 임팩트 투자는 사회적 기업의 생애주기에 따라 자금과 경영 컨설팅을 제공하는 일련의 활동을 포괄한다. 벤처기업이 성장과정에서 맞이하게 되는 죽음의 계곡(death valley)[24]은 사회적 기업에게도 해당되며, 사회적 기업이 죽음의 계곡을 넘어가는 단계에서 전폭적으로 지원하는 투자자가 필요하다. 이를 성장 자본이라고 하며 사회적 기업 창업 후의 지속적인 성장을 위한 지원과 투자를 연결하게 된다. 국내의 경우 창업 초기에 각종 자금과 지원이 집중되어 있음을 고려할 때, 사회적 기업의 성장 단계를 지원하는 조직과 자금, 프로그램 등이 필요하다.

한편, 사회적 기업이 효율적이고 효과적으로 사회문제를 해결하고 있다면, 당장의 수익성과 관계없이 성장 자본을 통해 사회적 기업의 규모 확대와 확산을 도울 필요가 있다는 주장이 제기되고 있다. '보조금 연계형 사회혁신투자'는 기부금과 보조금, 장기저리의 투자 상품 등을 활용하여 사회적 기업에 대한 성장자본을 제공하는 것을 의미한다. 사회적 기업이 정부, 시장, 여타의 비영리조직에 비해 적은 자원으로 사회문제를 해결하고 있다면, 사회적 기업의 규모가 커짐에 따라 효율성이 개선되어 적자폭도 줄어들고 수익성도 점진적으로 개선될 수 있을 때까지 인내자본을 활용하여 성장자본의 투자가 이루어지도록 할 필요가 있다는 주장이다.

임팩트 투자와 유사한 개념으로서, 사회책임투자(SRI: Socially Responsible Investment)는 일반 기업에게 적용되는 개념으로서 경영 활동의 부정적 영향을 최소화하기 위해 노력하는 기업에 대한 투자 활동을 의미한다. 이에 비해 임팩트 투자는 사회적·환경적 영향을 창출하고 사회 진보를 위한 적극적인 투자 활동이라 할 수 있다.

◉ 임팩트 투자 생태계의 구조와 형성과정

▪ 임팩트 투자 생태계의 구조

[그림 3-4] 임팩트 투자 생태계[25]

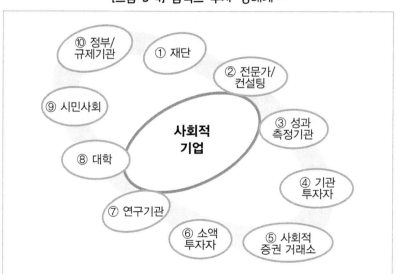

임팩트 투자 생태계는[26] 먼저 투자자와 피투자기관이 있고, 이들을 중심으로 투자자의 투자 활동을 지원하는 조직과, 피투자기관인 사회적 기업이 수익모델을 갖추어 투자가 가능하도록 지원하는

조직들로 이루어져 있다. <그림 3-4>에서 먼저 중앙에 위치한 사회적 기업은 피투자기관으로서 개별 사회적 기업으로 존재하기도 하지만, 사회적 경제 기업 등이 연합해서 만든 공제 사업 조직(예를 들어 한국사회적기업중앙연합회 공제사업단, 혹은 다수의 자활공제조합)이나 연합 기업의 형태로 상호간에 투자가 이루어지거나, 조직 자체가 투자 대상이 되기도 한다.

① 재단, ④ 기관투자자, ⑥ 소액투자자는 투자자로서 이 중에서 ④ 기관투자자는 소액투자자에게 투자 컨설팅을 제공하거나 투자 펀드에 참여하도록 하는 등 투자자이자 투자 지원 기관의 성격을 모두 가지고 있다고 할 수 있다. 또한, 최근 들어서는 크라우드 펀딩과 P2P(person to person)거래가 발달하면서 개인 소액투자자가 증가하고 있으며 임팩트 투자의 형태에도 변화가 일어나고 있는 중이다.

② 투자전문가/컨설팅, ③ 성과측정기관 등은 투자를 돕는 조직이다. 이들은 사회적 기업에 대한 투자를 위한 인프라를 조성하고, 투자자의 관심이 실질적인 투자로 이어질 수 있도록 연계한다. 성과평가체계를 수립하고, 세무와 회계 등에 있어 투명성을 확보하고, 이를 통해 투자자에게 사회적 기업에 대한 투자 정보를 제공한다. 한편, 이러한 일을 종합적으로 수행하는 조직을 금융 중간지원조직(finance intermediaries)이라 한다.

금융 중간지원조직은 임팩트 투자에 대한 전문성과 자원이 필요한 만큼 국제적으로 공동으로 설립하여 인프라를 공유하려는 움직임이 나타나고 있다. GIIN(Global Impact Investing Network)은 임팩트 투자를 위한 민간-공공 파트너십 기관으로서 임팩트 투자자,

중간지원조직 등이 참여하여 투자의 플랫폼을 구축하고 성과측정 방법에 대한 R&D를 수행한다.

⑤ 사회적 증권거래소(social stock exchange)는 중간지원조직이자 투자회수 기능을 결합한 조직이다. 민간의 임팩트 투자가 활성화되기 위해서는 자유로운 투자금의 회수가 가능하여야 한다. 지금까지 나타난 사회적 증권거래소는 일반화된 거래의 형태를 구현하는 것은 아니며, 사회혁신 활동에 대한 투자의 필요성을 제기한 이들에 의하여 실험적인 형태로 등장하였다. 브라질에서 2003년 BVS&A(Brazil's Environmental and Social Investment Exchanges)가 공식 증권거래소 내에 설립되었고, 남아프리카공화국에는 SASIX(the South African Social Investment Exchange)가 있다. 2013년에는 영국의 SSE(Social Stock Exchange)가 출범하였고, 싱가포르에는 IIX Asia(Impact Investment Exchange in Asia)가 2011년부터 활동을 전개하고 있다.

⑦ 연구기관과 ⑧ 대학은 사회적 기업의 경영과 정책 등에 대한 연구와 사회적 기업가 육성을 위한 교육[27]을 담당한다. ⑨ 시민사회는 사회적 기업의 사회문제 해결에 대한 통찰을 제공하며, 사회적 기업에 대하여 지지 기반이 되어줄 수 있다. ⑩ 정부와 규제기관은 임팩트 투자가 정착될 수 있는 제도적 환경을 담당한다.

▪ 임팩트 투자 생태계의 형성 과정

혁신성을 기반으로 사회문제를 해결하는 사회적 기업의 전형적 모습인 소셜 벤처는 2000년대 초반 미국의 실리콘밸리를 중심으로 등장한다. 이들 소셜 벤처들은 실리콘밸리의 비즈니스 혁신을 가능케 한 벤처 클러스터를 기반으로 형성된 사회혁신 산업 클러스터(social innovation industry cluster) 안에서 성장한다. 실리콘밸리를 중심으로 형성된 벤처형 자선기관(venture philanthropists)은 사회혁신 산업 클러스터의 핵심으로서, 소셜 벤처의 사회적 가치 창출과 경제적 자립을 지원하였다. 이들은 기부금이 아닌 투자의 형태로 소셜 벤처의 경영에 적극적으로 관여하면서도 투자이득은 취하지 않는다. REDF(Roberts Enterprise Development Fund)[28]로 대표되는 벤처형 자선의 특징은, 명확한 사회적 성과를 요구하며 이를 위해 사회적 투자회수율(SROI: social return on investment)을 활용하여 성과를 측정하고 이에 대한 보상을 실시한다. 투자처의 이사회에 참여하는 등 경영에 깊숙이 관여하고, 목표한 성과를 달성한 이후 투자를 종료한다.

벤처형 자선과 비슷한 개념으로서 자선형 투자자(philanthropist investors)는, 펀드에 대한 투자자들은 투자 수익을 가져가지 않지만, 펀드 자체는 일정 정도의 투자 수익을 통해 펀드를 지속 발전시킨다. 미국의 아큐만 펀드(Acumen Fund)[29]와 오미디야르 네트워크(Omidyar Network)[30] 등이 여기에 해당한다.

임팩트 투자는 초기 벤처형 자선, 자선형 투자와 같이, 사회적 문제를 혁신적으로 해결하고자 하는 조직에 대한 자금과 경영지원의 형태로 시작되어, 경제적 투자가치를 고려하는 등 투자자의 스펙트럼이 확장되고 있는 중이다. 소셜 벤처가 사회문제를 해결하는 과정에서 경제적 수익을 창출하는 경우가 생겨나게 되었으며, 여기에 관심을 갖는 투자자들이 나타나게 된 것이다.[31]

세계적인 수준에서 임팩트 투자의 규모는 2019년 기준 2,280억 달러에서 최대 5,020억 달러에 달한다.[32] 이는 임팩트 투자가

상대적으로 새로운 개념이어서 아직 그 정의와 범위가 분명히 합의
되지 않은 상황에서, 조사 기관마다 수치가 다르게 나타나기 때문
이다.

◉ 국내 임팩트 투자 현황

■ 정부 중심으로 이루어지는 임팩트 투자 현황

정부 중심으로 이루어지는 사회적기업 창업 지원이 대개 창업
의 수를 늘리는 데 맞춰져 있고 창업 이후 지원체계가 부족하여 국
내에는 사회적 기업을 위한 성장자본이 부족한 편이다. 그간 정부
가 조성한 자금은 주로 인증 사회적기업을 대상으로 하고 있다. 고
용노동부가 조성한 모태펀드인 사회적기업 투자조합은 모두 6개로,
2011~2020년 사이에 결성된 것들인데 그 규모는 340억 원(정부
215억 원)/민간 125억 원)에 이른다(<표 3-2> 참조).

미소금융 중앙재단의 대부사업은 서울과 경기 지역에서 2008
년~2015년 기간 동안 264억을, 2016년 한 해에는 9.5억 규모로 운
영되었다. 2018년에는 정부의 사회적 경제 육성 정책에 발맞춰 사
회적기업에 대한 신용대출사업을 연 50억~80억 원까지 대폭 확대
하기도 했다.[33] 중소기업진흥공단은 중소기업정책자금을 사용하여
직접 대출 또는 금융회사의 신용·담보부 대출을 운영하기도 하였
다. 서울시 사회투자기금은 사회적 경제 기업에 투·융자하기 위해
2012년에 조성된 임팩트 금융 펀드로서, 2020년 기준 전체 사업 기
금은 1,159억 원(시 792억 원, 민간 조성 367억 원) 규모이고, 2020년
예산은 총 240억 원에 달한다.

　　서울시와 경기도는 각각 11억과 18.7억 규모로 사회성과 연계채
권(SIB: Social Impact Bond)에 대한 시범사업을 2016년에 시작하였다.
사회성과 연계채권은 사회혁신기업이 사회적 영향력에도 불구하고

[표 3-2] 정부 주도 사회적기업 투자조합 현황

펀드명	기금조성 및 운용(단위: 원)	
사회적기업 투자조합 1호(2011)	42억	・고용노동부 25억 ・SK 5억, 현대 5억 ・미래에셋 7억 ・운용사: 미래에셋
사회적기업 투자조합 2호(2012)	40억	・고용노동부 25억 ・SK 5억 원, 삼성화재 5억 ・포스위드(포스코 자회사) 2억 ・미래에셋벤처투자 2억 ・포스플레이트(사회적기업) 1억 ・운용사: 미래에셋
사회적기업 투자조합 3호(2013)	60억	・고용노동부 25억 ・SK 10억, 삼성 10억 ・우리은행 8.5억, 포스코 6.5억 ・운용사: 포스텍 기술투자
사회적기업 투자조합 4호(2015)	40억	・고용노동부 25억 ・민간 15억 ・운용사: 쿨리지코너 인베스트
사회적기업 투자조합 5호(2018)	108억	・고용노동부 75억 ・우리은행 15억, 포스코기술투자 17억 ・포스코휴먼스 1억 원 ・운용사: 미확인
사회적기업 투자조합 6호(2020)	58억	・고용노동부 40억 ・민간 18억 ・운용사: 임팩트스퀘어

자료: 고용노동부 발표 자료를 기반으로 작성

경제적 수익성이 높지 않은 점을 고려하여 사회문제 해결에 책임이 있는 정부가 채권을 발행해 민간자본을 조달해주는 방식이다.

한편, 2017년 10월 발표된 문재인 정부의 사회적 경제 활성화 방안에는 1,000억 원 규모의 임팩트 투자 펀드 조성 계획이 포함되어 있는데, 중소기업벤처부에서 주관한 모태펀드(80%)와 민간출자(20%)로 펀드를 구성하거나 민간 엔젤 투자에 대한 매칭 펀드로 구성되었다.

▪ 민간 중심으로 이루어지는 임팩트 투자 현황

민간 중심의 임팩트 투자 현황을 보게 되면, 2003년에 발족된 사회연대은행이 자생적으로 등장한 최초의 민간 투자기관이라 할 수 있다. 사회연대은행은 자활공동체와 사회적 기업 등 2,500개 업체에 500억 원을 들여서 사업을 진행해 왔으며(2020년 현재), 이후 임팩트 투자로 그 영역을 넓혀나가고 있다.[34]

2010년 전후로 나타난 민간 임팩트 투자자는 사회혁신을 구현하는 사회혁신기업들의 성장에 중요한 역할을 하게 된다. 이들은 사회혁신기업을 발굴하고, 인큐베이터, 엑셀러레이터의 성격을 입체적으로 갖춘 투자자의 모습을 띄고 있다. 2008년에 설립된 SOPOONG은 아이디어 단계부터 창업교육, 비즈니스 컨설팅, 투자 등을 진행한다. 또한 대기업 사회공헌 재단인 SK 행복나눔재단은 2013년부터 임팩트 투자를 본격적으로 시행하고 있다. 디쓰리쥬빌리(D3 Jubliee)와 크레비스(Creviss Partners)는 소셜 벤처를 발굴하고 투자와 경영 지원을 제공하는 투자회사로서 그 자체가 사회혁신기업이라고 할 수 있다. 루트임팩트(Root Impact)는 사회혁신 생태계의 대표적인 임팩트 투자기관으로 성수동 소셜 밸리 생태계 조성[35]의 중심 역할을 담당하였고, MYSC는 투자는 물론 교육 프로그램 제공과 다양한 임팩트 투자 생태계 조성 사업을 전개하고 있다.

2015년에 수행된 한 연구조사 결과,[36] 국내에 활동하고 있는 임팩트 투자기관은 모두 11개로 나타났다.[37] 이 중에서 한국사회투자, 쿨리지 인베스트, 포스코 기술투자, 미래에셋은 서울시로부터 위탁받은 기금을 운영하고 있다. 이들 11개 기관의 총 자산 규모는 539.2억 원으로 나타났는데, 서울시 투자기금을 운용하는 한국사회투자의 359억 원, 정부의 모태펀드를 운용하는 미래에셋의 42억 원이 큰 비중을 차지하고 있으며, 기타 기관은 평균 22억 원 수준의 순수 민간 자금을 운용하고 있는 것으로 나타났다. 또한, 국내 투자 프로젝트 건수는 총 184건이며 건당 투자 규모는 2.9억 원이다. 정부를 중심으로 한 투자가 초기 창업 자금에 집중되어 있는 국내 현실에서, 민간 중심의 임팩트 투자기관들은 성장자본에 대한 갭(gap)의 일부를 메워주고 있다.

임팩트 투자 기관은 꾸준히 성장하여, 국내 사회적 금융 기관 협력 네트워크인 '사회적금융포럼'의 가입 회원사 중 22개 조직의 2020년 현재 총 운용자산은 약 1조 3,124억 원이고, 2020년 한해 금융 공급액은 약 1,213억 원 규모이다.[38]

▪ 임팩트 투자계의 변화: 개인투자자의 등장과 사회적 경제 내부 시장의 형성

인터넷 환경의 발전에 따라 새로운 금융 거래의 형태가 나타나는 가운데 임팩트 투자 분야에도 새로운 모습이 나타나고 있다.

2016년 초부터는 크라우드 펀딩이 가능해지면서 사회적 기업들이 개인 투자자로부터 자금을 조달하는 방식으로 활용되고 있다. 또한 최근 급속도로 늘어난 P2P(Person to Person) 거래는 중간기관을 거치지 않는다는 점에서 금융 거래의 탈중앙화를 촉진하고 있는데, 임팩트 투자도 이런 흐름의 영향을 받고 있다.

2016년에 임팩트 투자계에 등장한 비플러스(B-Plus)는 P2P 거래의 플랫폼으로서 투자자와 사회적 기업을 연결해주는 소셜 벤처이다. 개인간 거래인 P2P를 연계하는 과정에서 사회적 가치와 재무건전성 등을 평가하여 투자 대상을 추천하고, 회원으로 가입한 소액투자자들이 1만 원부터 500만 원까지 투자할 수 있다. 투자자들은 투자를 통해 사회적 기업들에 대한 지지를 보내고, 5~6% 정도의 이자, 그리고 사회적 기업들의 제품을 리워드로 제공받는다. 2018년 6월까지 46차례에 걸쳐 15억 원이 넘는 대출을 진행했으며, 2021년 3월 기준, 누적 대출액은 83억 원 이상에 이르고, 총 207건의 거래가 이루어졌다.[39]

임팩트 투자가 벤처형 자선(venture philanthropy)으로부터 출발하게 된 배경에서 알 수 있듯이, 사회적 기업이 창출하는 사회적 가치에 대한 객관적인 측정을 위해 최선의 노력을 기울이는 한편으로, 측정되지 않는 가치에 대한 투자자의 공감과 지지는 여전히 중요한 투자의 동기이자 특성이라고 할 수 있다. 탈중앙화된 P2P거래의 편리성과 크라우드 펀딩이 가진 공감과 지지의 요소가 결합되어 사회적 기업에 대한 소액투자가 가능한 플랫폼이 만들어진 점은 흥미로우며, 임팩트 투자는 앞으로도 다양한 형태로 발전될 것으로 보인다.

한편 사회적 경제 조직 내에서 상호 부조의 형태로 이루어지고 있는 투자의 형태도 주목할 만하다. 이들은 자금조달을 위해 서로 연합해서 공제사업을 추진하거나, 협동조합과 연합 기업 등을 조직하여 상호 투자 활동을 전개하기도 한다. 한국사회적기업중앙협의회 공제사업단(현 재단법인 밴드)의 경우에는 사회적 기업이 납부하는 공제부금, 한국수출입은행 출연금, 기금운용수익금 등을 자금원으로 하여 사회적 기업 상호간에 대출이나 사업자금을 지원하고 있다. 2021년 3월 기준, 약 140억 원 규모의 공제기금을 조성하였고, 기업 대상 대출 규모는 150억 원에 달한다.[40]

이들 연합기업들은 생태계의 경제 흐름을 자산화, 유동화하여 구성원들 간의 기여 분에 따라 이익을 나누거나 투자분을 관리하는 등, 안정적인 투자 형태를 보여주고 있으며, 점차로 투자대상을 확대하면서 향후 성장가능성도 보여주고 있다. 이들은 투자에 있어 상호 투자대상으로서의 내부시장을 형성하기 때문에 별도의 투자회수를 위한 플랫폼이 필요하지 않을 것으로 보인다. 사회적 경제 내부에서 자생적으로 이루어지고 있는 이와 같은 투자의 형태는 연대와 상호 호혜에 기반을 둔 개인 소액 투자를 안정적으로 늘려갈 수 있는 방식으로서 임팩트 투자의 맥락에서 인식할 필요가 있다.

지금까지, 발달된 인터넷 환경으로 가능해진 P2P 투자나 사회적 경제의 구성원으로서의 상호 부조형 투자에 참가하는 개인 혹은 기관투자자들의 등장에 대하여 임팩트 투자계의 주목할 만한 현상으로서 간략히 조망하였다. 향후 임팩트 투자 활성화를 위한 정책적 고려, 예를 들면 투자시 세제 혜택 등의 대상에서 이렇듯 새롭게 등장하는 개인투자자들에 대한 고려가 필요하다.

◉ 임팩트 투자 활성화를 위한 기반 조성-사회적 가치 측정

임팩트 투자는 사회적 기업이 창출해내는 사회적·재무적 가치 즉, 혼합가치(blended value)에 대하여 측정하고, 이를 통일된 언어로 소통하여 기업 가치에 반영할 수 있을 때 비로소 힘을 받을 수 있다. 사회적 가치 측정은 사회적 기업의 발전과 임팩트 투자 활성화를 위해 중요한 의제임에도 불구하고, 아직까지 합의된 기준이 존재하지 않는다. 그간 실리콘밸리의 REDF(Roberts Enterprise Development Fund)가 일찍이 도입하여 현재까지 가장 많이 쓰이고 있는 SROI(social return on investment), 사회적 가치 측정의 국제적 표준을 모색한 결과인 IRIS(Impact Reporting and Investment Standards) 등이 사회적 가치 측정을 위한 방법들로 제안되었다.

IRIS[41]는 GIIN(Global Impact Investing Network)[42]이 개발하여 보급하고 있는 사회적 가치 측정 도구로서, 투자의 신뢰성과 투명성 제고를 위해 사회적, 환경적, 경제적 가치를 측정하고 평가할 수 있는 지표이다. IRIS는 지식의 생산과 개발, 제품 개발과 판매, 기술 등 역량 개발, 인프라 개발, 정책 개발과 같은 카테고리로 사회적 가치 창출 분야를 분류하고, 각각의 접근 방법이 가져올 수 있는 사회적 임팩트에 대한 측정 지표들을 제시하고 있다. 다만, 구체적인 측정 방법에 대하여는 측정 당사자들의 자율성에 맡겨놓음으로써 실용적 측면에서 아쉬움이 있다.

사회적 투자회수율(SROI: social return on investment)은 고용 창출로 사회적 가치 창출을 단순화시키는 단점에도 불구하고 지금까지 가장 널리 쓰이고 있다. 실제로 REDF는 SROI를 통해 투자 대비 미래에 발생할 수익과 사회적 기여 부분에 대하여 평가하여 투자를 위한 의사결정을 내리고 있다.

국내에서는 임팩트 스퀘어가 KIIA(Korea Integrated Impact Analytics)라는 컨설팅 조직을 통해 사회적 가치 측정을 시도해왔으며, SK는 그간 국내외에서 이루어진 사회적 가치 측정 방법들에 대한 연구와 실험을 거듭하면서, 2015년부터는 사회성과 인센티브(SPC: Social Progress Credit)[43]를 통해 실제 적용하고 있다. SPC는 사회적 가치 측정을 기반으로 사회혁신기업에게 인센티브를 제공하는 실험적 프로그램이다. 2015년에 시작된 SPC는 2019년까지 222개의 사회혁신기업들에 대하여 사회적 가치 창출에 따른 인센티브를 제공하였는데, 이들은 총 339억 원의 사회적 가치를 창출한 것으로 측정되었다. REDF가 개발한 SROI가 사회적 가치를 고용 효과에 제한하고 있다면, SPC는 다양한 사회문제 해결에 있어서 사회적 가치 측정을 시도하고, 이를 데이터로 축적해나가는 데 의의가 있다고 할 것이다.

한편, 문재인 정부의 사회적 경제 육성 기조에 따라 '공공기관의 사회적 가치 실현에 관한 기본법안'(사회적 가치법) 제정을 앞두고 사회적 가치 측정에 대한 구체적 논의가 활발해지고 있다. 그동안 사회적 가치 측정을 위해 노력해 온 민간 임팩트 투자자들의 실험적 노력들과, 공공부문에서 다양하게 진행되어 온 사회적 성과 측정 방법들이 통합적인 기준으로 정리된다면 임팩트 투자의 발전이 앞당겨질 수 있을 것이다.

다. 영·미의 임팩트 투자 활성화를 위한 정책과 세제 혜택

◉ 영국 사회적 기업 활성화의 정책적 계기

영국에서 사회적 기업이 발전하게 된 주요 정책적 계기들을 살펴보면, 먼저 UnLtd를 설립하여 사회적 기업에 대한 지원 체계를 갖추게 된다. UnLtd는 임팩트 투자, 네트워킹 및 멘토링 서비스 등을 제공하는 전국 규모의 사회적 기업 지원기관으로서, 약 100만 파운드의 복권수익금을 지원받아 기금을 조성하였다(2000년). 이후 CIC(Community Interest Company)법을 제정하여 사회적 기업에 대한 법적 지위를 부여하였다(2005년). 2009년에는 국민건강서비스(National Health Service, NHS)를 민영화하면서 직원들의 사회적 기업 설립을 유도하여 NHS 직원들이 사회적 기업을 설립하게 되면 3년간 지원을 받게 해 주었고, 이를 계기로, 공공서비스 분야를 꾸준히 사회적 기업화하는 정책을 펴고 있다. 2012년에는 사회적 기업을 위한 국가 차원의 자본 시장을 조성하기 위해 빅 소사이어티 캐피털(Big Society Capital)[44]을 설립하였는데, 영국 각지에 흩어져 있는 10여 개의 투자전문기관을 통해 투자 활동을 전개하고 있다. 또한 같은 해에 공공서비스법 (Public Service (Social Value) Act)의 제정으로 공공 우선 구매가 가능하도록 하였으며, 2014년에는 민간의 사회적 기업에 대한 투자 활동을 촉진하기 위해 사회투자 세제혜택(Social Investment Tax Relief, 이하 SITR)을 도입하여 투자금액의 30%에 대하여 소득공제가 가능하도록 하였다. SITR은 영국의 사회적 기업이 정책적 지원의 대상을 넘어 개인의 삶과 밀착되는 기업 활동으로 전환시키는 계기가 되고 있다.

◎ 영·미 사회적 기업의 법적 정체성과 세제혜택

2005년에 영국은 공동체 이익회사(Community Interest Company, CIC)를 회사법상에 도입하여, 사회적 목적을 가진 회사들이 일반 자본시장에서 뜻있는 투자자들로부터 자본조달이 가능하도록 하였다. CIC는 사회적 기업으로서 법적 구조를 갖추기 위해 '공동체 이익 검증'(community interest test)을 통과하여야 하며, 해산 시에는 자산분배가 금지되어 있고, 출자액의 20%로 주식 배당에 대한 상한선을 두었다. 또한 차입 시 이자지급은 성과 변동형으로 그 한도가 10%이며, 배당 가능 이익의 35% 이내에서 이익을 배당할 수 있도록 하고 있다. CIC 제도를 통해 영국은 사회적 기업에 대하여 일정 정도의 투자를 유인하면서 동시에 사회적 목적을 우선하는 기업으로서의 특수성을 고려한 장치들을 두고 있다.

영국에는 사회적 목적을 가진 단체나 기업이 세제 혜택을 받을 수 있도록 한 제도가 이미 존재하고 있었는데, SITR은 사회적 기업에 대한 중요성이 커짐에 따라 세제 혜택 확장에 대한 논의가 이루어지면서 2014년 이와 별도로 도입되었다.[45]

SITR이 도입되기 전 사회적 기업이 활용할 수 있는 제도로서, 지역사회 투자 세제 혜택(CITR: Community Investment Tax Relief) 제도가 있는데, 소외지역에서 활동하는 개인과 법인을 지역개발금융투자자(CDFI: Community Development Finance Investors)로 정의하고 5년간 투자금액의 5%까지 세금을 감면해 주는 제도이다. 지역개발을 목표로 한 사회적 기업이라면 이 제도를 이용할 수 있다.

한편, 기존의 벤처 투자자를 위한 세제 혜택을 살펴보면, EIS (Enterprise Investment Scheme)에서는 투자금액의 20%를 소득세에서 감면해 준다. VCT(Venture Capital Trust)는 투자금액의 30%를 소득세에서 감면해주고, 수입 배당금에 대한 소득세를 감면해준다. CVS(Corporate Venturing Scheme)는 투자금액의 20%까지 법인세를 감면해준다.[46]

SITR은 이와 같이 기존의 벤처와 지역사회 개발과 같은 분야에 대한 세제 혜택이 존재함에도 불구하고, 사회적 기업에 대한 민간투자를 활성화시키기 위해 도입되었다. 즉, 세제 혜택을 통해 개인 투자자들의 사회적 기업에 대한 관심과 투자 활동을 촉진하면서, 지역사회 문제 해결에 지역 주민들의 참여를 유도하고 있는 것이다. SITR 제도 하에서 투자자는 투자 금액의 30%에 대하여 투자 당해년도나 혹은 이전 해의 소득세에 대하여 감면 혜택을 받게 되며, 이를 위해 최소 3년간 투자를 유지해야 한다.

이러한 세제 혜택은 특히 개인 투자자들의 투자를 촉진하기 위한 것인데, 개인 투자자는 한 개 이상의 사회적 기업에 투자가 가능하며, 최대 1,000,000파운드(한화 약 15억 4천만 원)까지 투자할 수 있다. 한편, 투자 대상 사회적 기업에 대해서는 요건을 명확히 하여 투자자들로 하여금 투명한 투자 활동이 가능하도록 하였다. SITR의 적용을 받기 위해서는, CIC, 지역단체, 자선단체 등 사회적 목적을 수행한다고 정의된 단체 중에서, 고용인원 250명 이하, 매출 1,500만 파운드(한화 약 231.5억 원) 이하의 조직이어야 한다. 또한, SITR로 투자 유치가 가능한 기관이라는 허가를 사전에 받아서 공지하여야 한다. 이렇게 SITR로 투자가 가능한 사회적 기업은 3년 간 최대 150만 파운드(한화 약 23억 원)까지 투자 유치가 가능하며, 영업을 시작하고 7년까지 최초의 투자를 유치하여야 한다. 또한, 사 회적 기업은 SITR하에서 받은 투자금을 여타의 대출금을 갚는 데 사용할 수 없도록 규정하고 있다.[47]

한편, 영국에서는 사회성과 연계채권(SIB: Social Impact Bond) 프로그램을 시행하고 있는데, SITR을 SIB에도 적용함으로써 SIB에 대한 개인투자자의 참여의 통로를 열어놓았다. 또한, 소셜 벤처 투자 기금(SVCT: Social Venture Capital Trust)은 기존 영리 기업을 대상으로 한 벤처투자기금(VCT: Venture Capital Trust)과 유사한 내용을 사회적 기업에 적용한 것으로, 이 역시 투자시 30%의 소득세를 감면해준다.

미국의 경우 그간 사회적 기업들이 유한책임회사(LLC: Limited Liability Company)의 법적 형태를 취해오던 것이, 저수익 유한책임 회사(L3C: Low Profit Limited Liability Company)라는 법적 지위를 통 해 사회적 기업으로서의 특수성을 표방하게 되었다. 이로써, 기존 유한책임회사와 차별화된 사회적 목적의 영리 기업임을 표방하게 되어, 투자자가 사회적 목적을 우선으로 하는 저수익 회사임을 인 식하도록 하고 있다.

유한책임회사(LLC)와 저수익 유한책임회사(L3C)의 사회적 가치 창출 활동에 대한 투자는 세제 혜택을 받을 수 있다. 비영리·영리기 업 모두 사회적 목적의 서비스를 제공하는 '프로그램 연계 투자'(PRI: Program Related Investments)를 시행할 경우 세제 혜택을 받을 수 있 다. PRI에 의한 세제 혜택을 위하여는 소득발생이나 재산증식을 목 적으로 하지 않을 것, 로비를 목적으로 투자하지 않을 것 등의 요건이 충족되어야 한다. PRI에 해당하는 단체에 대하여는 세제 혜택과 투자 금액의 5%에 해당하는 부분에 대하여 일부 상환을 해준다.

라. 임팩트 투자 활성화를 위한 정책 방안

◎ 임팩트 투자의 발전 단계

[표 3-3] 임팩트 투자의 발전 단계

	1단계: 사회적 벤처 투자자(Social Venture Capital)	2단계: 펀드 조성	3단계: 투자회수(Exit) 체계
투자 형태	• 사회적 기업의 선별적 투자 및 육성	• 사회적 기업 투자 포트 폴리오 펀드 조성	• 합병 혹은 지분 양도
투자 플랫폼 (platform)	• 투자 의사결정을 위한 평가기준 개발 • 성과관리 체계 개발 • 투자 연계를 위한 네트 워킹	• 모니터링/회계 등 투명 성 확보 지원/평가시스 템 구축 • 투자처 경영 컨설팅 • 투자대상자 평가 공개 /피드백	• 중간지원기관(Interme-diary)로 거래 지원 　1안) 정보제공형 　2안) 사회적 자본시장형 　　(Social Capital 　　Market) 　e.g. 사회적 증권거래소 　　(Social Stock 　　Exchange)
파트너십	• Platform 구성에 대한 자문 및 벤치마킹 수행	• 기관투자자와 협력 • 투자처 발굴을 위한 사 회적 기업 관련 기관들 과의 협력	
정책 이슈	• 세제혜택(Tax Incentive) 등 정책 사항 고려	• 세제혜택(Tax Incentive) 등 정책 사항 고려	• 중개기능 도입 시, 자본 시장법상 금융투자업 규 제 가능성

임팩트 투자 생태계는 투자 활동이 일어나도록 플랫폼이 조성되고, 이를 위한 다양한 파트너십이 작동하면서 일정한 단계를 거쳐 형성된다. 임팩트 투자의 초기 단계에서는 사회적 기업에 대한 육성과 선별적 투자가 이루어지게 되고(1단계), 다음 단계에서 민간을 중심으로 한 펀드 조성이 이루어질 수 있고(2단계), 장기적으로는 민간의 사회적 기업에 대한 투자 활동이 합병 또는 지분 양도가 자유롭게 이루어져 투자 회수(exit)가 가능한 형태가 되어야 할 것이다(3단계). 각 단계별 투자 활동, 플랫폼과 파트너십, 그리고 이를 가능하게 하는 정책 과제를 정리하면 <표 3-3>과 같다.

1단계는 사회적 기업에 대한 선별적 투자와 육성이 이루어지는 단계로서, 이를 위한 플랫폼의 요소로서는 투자 의사결정을 위한 평가기준과 평가의 체계가 마련되어야 하며, 투자 연계를 위한 파트너십 활동이 주요 활동으로 일어나게 되고, 정책적으로 세제 혜택 등의 제도가 마련되어야 한다. 현재 국내 상황은 여기에 해당한다.

2단계는 사회적 기업에 대한 민간 투자가 본격화되는 단계라고 할 수 있는데, 투자 포트폴리오를 구성한 펀드가 조성되면 일반투자자도 펀드를 통해 투자에 참여할 수 있게 된다. 사회적 기업 펀드를 조성하고자 할 때, 단독으로 출자하거나, 전문투자자와 공동으로 출자하거나, 일반투자자가 참여하는 공모 형태를 모두 생각해볼 수 있는데, 현 단계에서는 전문투자자와 공동으로 출자하여 사모형의 펀드를 만드는 것이 현실적인 방법으로 제시되고 있다.[48]

사모펀드는 투자자와 투자규모가 제한적이어서, 사회적 기업과 같이 명백한 목적을 공유하는 투자자들, 즉, 저수익·고위험 구조를 감수하겠다는 뜻있는 소규모 투자자가 투자 활동을 하기에 적합한 방식이라 할 것이다. 공모펀드의 경우, 일반투자자가 참여하게 되면서 투자자 보호를 위한 제반 법적 요건들, 예를 들어 편중투자 금지, 준법 감시인의 존재와 같은 제도 등이 자유로운 투자 활동에 제한이 될 수 있다.

이를 위한 플랫폼의 요소로서는 투자처의 회계 투명성을 확보하고 평가와 모니터링 시스템 등이 구축되어야 한다. 이 단계에서는 펀드에 투자할 기관투자자들과의 협력은 물론 투자처 발굴을 위한 사회적 기업 관련 기관들 간의 협력이 필요하다. 제도적으로 여전히 세제 혜택 등이 이슈가 될 수 있다.

3단계는 투자 활성화를 위한 마지막 단계로서 투자 회수에 대한 길이 마련되어야 한다. 플랫폼은 금융 중간지원조직으로서의 역할을 종합적으로 수행하며, 사회적 증권거래소의 형태를 상정해 볼 수 있다. 한편, 사회적 증권거래소는 자본시장법상 금융투자업에 해당되어 각종 규제가 적용될 수 있는데, 임팩트 투자의 특성을 반영한 규제가 도입되도록 정책적 노력을 기울일 필요가 있다.

◎ 임팩트 투자 활성화를 위한 정책 방안

▪ 자본 조달이 유리한 사회적 기업의 조직 형태

사회적 기업의 조직 형태는, "사회적 목적을 수행하는 조직임을 명백히 하면서도 동시에 경제적 가치를 추구하는 데 있어 제한을 두지 말아야 하며, 또한, 경제 조직으로서 자본 조달을 하는 과정에서 투자자의 경제적 가치 추구가 보호되면서도 동시에 사회적 목적 추구가 제한을 받지 말아야 한다."[49]

국내 사회적기업 중 회사 형태는 인증기관의 42%에 불과하며 이들은 기존 자본시장에서 자금을 조달할 수 있는 조직형태를 갖추고 있다. 그러나 이들도 사회적 가치 창출에 대한 특수성을 투자자들이 인식할 수 있는 법적 지위가 필요하다. 앞서 살펴보았듯이 영국의 CIC, 미국의 L3C는 기업들 스스로 사회적 목적 활동에 대한 편의나 투자 유치를 용이하게 하기 위하여 법적 지위를 선택하며 간단한 절차를 통해 신고하면 된다. 국내의 사회적기업 인증제도 자율적 등록제로 전환할 필요가 있다.

요컨대, 사회적 기업의 정의를 보다 광범하게 재정의하고 이들 사회적 기업에 대하여 영국의 CIC와 같이 특정한 법적 지위를 부여함으로써, 사회혁신을 추구하는 다양한 주체들이 사회적 기업이라는 정체성을 가지고 공공구매 우선 혜택과 세제 혜택 등을 누릴 수 있도록 하는 것이 필요하다.

▪ 임팩트 투자자를 위한 세제 혜택: 한국형 SITR 도입

세제 혜택은 특정 분야의 활성화를 위한 목적 달성에 유효한 정책 수단이다. 현행 「사회적기업육성법」을 살펴보게 되면, 투자자에 대한 세제 혜택이 마련되어 있지 않다. 첫째, 비영리법인에 기부하는 경우에 대하여만 법인 소득의 5%에 대하여 손금산입을 할 수 있도록 하고 있지만, 주식회사 형태의 사회적기업에 투자하는 경우에 대한 세제 혜택은 마련되어 있지 않다. 둘째, 사회적 기업은 이익의 2/3 이상을 재투자하여야 하므로 배당이 제한적이라고 할 수 있는데, 사회적기업에 대한 투자 활성화를 위하여는 세제 혜택을 통해서 제한적인 배당과 투자 손실 부분을 일정 정도 보전해줄 장치가 필요하다. 셋째, 사회혁신기업 등 인증제도 밖의 소셜 벤처에 대한 임팩트 투자에 대하여도 세제 혜택이 주어질 수 있도록 「사회적기업육성법」과는 별도의 제도적 장치가 필요하다.

한편, 창업투자조합 형태의 벤처투자회사를 설립하고, 사회적 목적을 명백히 하고 있는 기술 중심의 벤처에 투자함으로써,50) 「중소기업창업지원법」과 「벤처기업지원육성법」상의 조세특례를 활용할 수 있다. 2011년 7월에 개정된 「중소기업기본법」 개정안에는 기술 혁신 기반 사회적 기업의 상당수가 중소기업에 포함될 수 있게 되었다. 그러나 「벤처기업지원육성법」이 벤처 투자를 활성화하기 위해 생겨났듯이, 사회적 목적을 가진 영리기업에 대하여 투자를 촉진하는 임팩트 투자자에 대한 조세 특례가 마련된다면 임팩트 투자에 대한 영역을 새롭게 인식하고 투자를 활성화하는 계기가 될 수 있다. 합리적으로 설계된 세제 혜택 제도를 통해 민간 자본을 광범하게 유치할 수 있다면, 임팩트 투자는 사회적 기업을 독자적인 산업의 영역으로 발전시킬 수 있는 기제가 될 수 있다. 이를 위해, 영국의 SITR과 같이 사회적 기업에 대한 투자를 촉진하기 위한 소득세 감면 혜택을 도입할 필요가 있다. 이때, 사회적 기업이 창출해내는 사회적 영향(social impact)에 대하여 인센티브를 부여할 수 있도록 투자수익에 대해서도 감면 혜택을 부여하는 것이 바람직하다.

한국형 SITR이, 발달된 인터넷 환경을 배경으로 임팩트 투자계에 새롭게 등장한 개인투자자와 사회적 경제 조직간, 구성원간의 상호 부조 형태의 투자에 적용된다면, 개인투자자들의 임팩트 투자에의 참여를 획기적으로 높이는 동시에 사회적 경제에의 참여 기회를 제공하는 계기로 작용하게 될 것이다.

▪ 사회적 증권 거래소 조성

임팩트 투자는 사회적 기업과 투자자들 간의 간극을 메워주는 금융전문 중간지원조직의 역할이 필수적이며, 사회적 증권거래소는 이와 같은 중간지원조직의 가장 발달된 형태이다.

사회적 증권거래소 설치와 관련하여서는, 사회적 기업에 대한 투자회수의 방법으로 현재 금융투자협회가 운영하고 있는 프리보드(free board)의 이용이 제안되기도 하였고,[51] 국내 사회적 기업의 특성을 고려하여 자금조달 방안을 마련하는 차원에서 한국형 사회적 기업 거래소 설립이 제안되기도 하였다.[52] 또한, 혁신형 사회적 기업을 대상으로 하여 투자 가능한 사회적 기업부터 사회적 증권거래소의 상장 대상으로 할 것과, 현존하는 KONEX 시장을 적극적으로 활용할 것이 제안되기도 하였다.[53]

사회적 증권거래소는 임팩트 투자 활성화의 마지막 단계에 해당하는 투자회수 기능을 갖춘 기관이라는 점에서, 사회적 기업의 규모가 충분히 성장했다는 것을 전제로 설립을 고려하기도 하지만, 임팩트 투자 활성화를 위해 선제적으로 도입되어 임팩트 투자 활성화를 촉진할 수 있다. 즉, 사회적 기업의 활성화와 투자 촉진을 위해, 먼저 플랫폼을 만들어 민간 투자자들 간의 거래가 원활히 이루어지도록 각종 시스템과 제도를 마련해나간다는 데 의의를 둘 수 있다.

마. 임팩트 투자 활성화를 위한 연구 방향

지금까지 사회적 기업에 대한 자본 시장 활성화를 위한 정책적 대안을 모색하기 위해, 임팩트 투자의 생태계 현황을 살펴보고, 자본시장 발전단계를 제시하였으며, 민간 투자 활성화를 위한 정책과 세제 혜택에 대하여 해외 사례를 살펴보고 국내 적용 방안을 검토하였다. 이를 기반으로 사회적 기업에 대한 투자가 용이한 조직형태의 제도적 마련, 민간 투자 활성화를 위한 세제 혜택 도입, 사회적 증권거래소 조성을 정책 방안으로 제시하였다.

현 단계에서 그간 임팩트 투자를 진행한 기관들의 투자 의사 결정기준, 투자 방법, 경영지원 방법 등에 대한 심층적인 연구가 필요하다.

다음으로, 영국에서 SITR이 도입된 이후, 민간 투자가 얼마나 활성화되었는지에 대한 조사와, 관련 제도를 전개하는 과정에서 나타는 문제점과 교훈 등을 조사하여 국내 도입 시 활용할 수 있어야 한다. 아직까지 SITR이 도입된 이후 충분한 시간이 흐르지 않아서인지, 구체적인 성과가 정리되고 공개되지 않은 상태에서, 여기서는 SITR을 소개하고 도입의 필요성을 논의하는 데 그치게 되었다. 앞으로 심층 자료 조사 혹은 정책 담당자나 임팩트 투자자들과의 인터뷰 등을 통해 그 성과를 추적해나갈 필요가 있다.

마지막으로 임팩트 투자 초기 시장을 끌어온 투자자들의 사회적 기업의 창업과 성장을 추동해온 성과에 대하여 연구하고, 이를 근거로 광범한 민간 중심의 임팩트 투자가 일어날 수 있는 실천 방안에 대하여 다양한 접근이 고안될 필요가 있다. 여기에서 다루어진 세제 혜택은 광범한 민간투자를 가능하게 하는 최소한의 정책적 수단에 대한 것이며, 실제 민간투자를 일어나게 하는 힘은 사회적 가치 창출과 관련하여 일반인들의 다양한 관심과 참여의 통로가 조직됨으로써 가능하다.

임팩트 투자 활성화를 통해 국내 사회적 기업의 지속가능한 생태계가 조성되는 한편으로, 임팩트 투자는 사회적 기업에 대한 광범한 민간의 관심과 참여를 실현시키는 통로로 활용될 수 있으며, 여기에서 다루어진 정책 방안과 세제 혜택의 도입이 그 길을 열어가는 데 기여하게 되기를 바란다.

— 주 —

1) 본 내용은 강민정. 2018. 사회혁신 생태계의 현황과 발전 방안. 경영교육연구. 33 (1): 97-123과 강민정. 사회혁신 생태계의 현황과 과제, 송위진 외. 2018. 사회문제 해결을 위한 과학학술과 사회혁신. 한울을 바탕으로 쓰여졌다.

2) 벤처형 자선기관(venture philanthropists)은, 벤처투자와 같은 방식으로 자선 활동을 전개하는데, 자선가로서 기부금(grant)을 내는 것이 아닌, 투자자로서, 소셜 벤처가 안고 있는 리스크를 인식하고 이를 극복하기 위한 문제 해결에 적극적으로 관여한다. 사회적 영향(social impact)을 달성하는 것을 목표로 하여, 투자이득은 취하지 않는다. 실리콘밸리의 REDF를 대표로 하고 있는 벤처형 자선은 다음과 같은 특징을 보여준다. 첫째, 리스크를 긍정적으로 받아들이고, 명확한 사회적 성과를 요구한다. 둘째, 사회적 투자회수율(SROI: Social Return on Investment)을 통한 성과 측정을 실시하고, 장기적인 성장을 추구하며 보상을 실시한다. 셋째, 투자 대상자와 밀접한 관계를 형성하여, CEO를 선임하는 이사회에 참여하고 사업전략에 대해 공동으로 논의한다. 넷째, 사회적 벤처를 직접 선정하여 투자하고, 필요한 경우 투자 이후 발생하는 비용을 부담한다. 다섯째, 사업이 진행되는 상당 기간 동안 이사회에 참여한다. 여섯째, 사회적 벤처가 목표한 성과를 달성하면, 합병이나 기업 공개를 통해 투자를 종료한다.

3) https://svcimpact.org/about

4) 국내 사회적 기업은 수익성이 여전히 많이 안 좋은 상태에 있으나, 초기에 비해 많이 나아지고 있는 중이다. 2015년을 기준으로, 매출액이 50억 이상인 경우는 4%, 30억 원 이상인 경우는 5%이다. 평균 매출액은 13.5억이며, 영업이익을 내는 사회적 기업의 비중은 23%, 1억 이상의 영업이익을 내는 사회적 기업은 전체 6%에 불과하고, 1억 이상의 영업 손실을 기록한 사회적 기업이 전체 29%를 차지한다(한국노동연구원, 2016)

5) "사회적기업 경영여건 개선…생존율도 높은 수준"(대한민국 정책브리핑: www.korea.kr, 2019.9.26.) 우리나라 기업의 3년 생존율은 스웨덴 75%, 영국 59%, 미국 58%, 프랑스 54% 등보다 크게 낮아 OECD 26개 국가 중 25위에 해당한다. 한편, 4년 이상 생존율은 32%, 5년 이상 생존율은 29%이다(대한상공회의소, 2017).

6) 인증된 '사회적기업'의 명확한 통계가 잡히는 것과 달리, 이러한 종류의 사회혁신기업은 정확히 수를 집계하기 힘들다. 다만, 국내 임팩트 투자 기관이 2015년까지 투자한 건수가 184건 정도로 나타나고 있는데, 사회적 가치와 경제적 가치를 동시에 창출해내는 기업으로서 임팩트 투자자들에게 인정을 받았다는 점에서 사회혁신기업의 규모를 가늠해 볼 수 있는 수치이다.

7) Emerson, J. and Bugg—Levine, A. 2011. *Impact Investing: Transforming How We Make Money While Making a Difference.* Jossey—Bass.

8) 루트임팩트가 설립한 디웰하우스는 소셜 벤처가나 사회적 경제 분야에 종사하고 있는 이들의 셰어 하우스 형태의 생활 공간이다. 2019년 기준, 1, 2호점 누적 72명이 입주하였다.

9) 성지은 외. 국내 리빙랩 현황 분석과 발전 방안 연구. 정책연구. 과학기술정책연구원. 2017.9.

10) 부산대학교, 중앙대학교, 한양대학교, 한신대학교, 서강대학교, 부산가톨릭대학교, 경남과학기술대학교 등이 사회적기업 리더과정을 제공해 왔으며, 실제 석사 과정 설립으로 이어진 경우는 부산대학교와 한양대학교, 한신대학교이다.

11) 이하 한국사회적기업진흥원의 사회적경제기업 창업 및 성장 지원의 상세한 내용에 대해서는 홈페이지 참고(https://www.socialenterprise.or.kr).

12) KAIST 사회적기업가 MBA 설계와 운영에 있어 사회적 기업가 육성과 기존 경영전문대학원 교육의 결합에 따른 이슈에 대하여는, 강민정(2017)을 참조; 또한, KAIST사회적 기업가 MBA의 경험을 바탕으로 한 사회적 기업가 육성을 위한 커리큘럼 제안에 대하여는, 강민정과 강예원(2014)을 참조; 그 밖에 KAIST 사회적기업가 MBA의 졸업생 현황 등에 대하여는, SK사회적기업가센터: sksecenter. kaist.ac.kr를 참조하기 바란다.

13) 사회적 투자회수율(SROI) = 미래 창출 가치(finalcial value + social value-debt)/ 투자(investment)

14) REDF는 자본 투자는 물론, 투자된 자본금이 효율적으로 쓰일 수 있도록 경영 컨설팅을 통해 사회적 벤처를 지원하고 있다. 매년 20~30만 달러 정도를 투자금으로 운용하며, 3~5년간 지원하는 것이 일반적이다. 투자 대상은 연간 100만 달러 이상을 집행하는 비영리단체이면서, 재무적으로 건전하고, 운영효율성이 있는 곳을 택한다. REDF는 전통적 방식의 기부를 벗어나 투자 형태로 지원하는 벤처캐피탈 형태의 접근법을 도입한 만큼, 투자처의 성과 평가가 중요한 작업이 되었다. REDF는 사회적 목적 실현의 평가 도구인 SROI를 만들어낸 기관으로서, 1997년 이래로 사회적 벤처의 성과를 정량적 방법으로 측정하는 SROI 프로젝트를 추진하여 왔다.

15) SPC의 기본 아이디어를 비롯한 사회적 가치 측정과 평가기준에 관한 자세한 논의는 최태원(2014)을 참조하기 바란다.

16) http://www.socialincentive.org/

17) 본 내용은 강민정. 2018. 사회적 기업에 대한 임팩트 투자 활성화 정책. 사회적기업연구. 11(2): 109—132를 기반으로 쓰여졌다.

18) 필자는 선행연구에서 impact investment를 사회적 영향투자로 소개한 바 있으나(강민정. 2012. 사회적 벤처와 사회적 영향투자 활성화 방안. Korea Business

Review. 16(2): 263−281), 이후, '임팩트 투자'로 용어가 수렴되고 있는 상황을 존중하여 본서에서는 임팩트 투자로 통일하여 사용하기로 한다.

19) 사회적 가치(social value)와 경제적 가치(economic value)를 뜻하며, 환경적 가치(environmental value)를 포함하기도 한다.

20) 라준영. 2014. 사회적 자본시장과 성장자본: 보조금 연계형 사회영향투자. 한국 협동조합연구. 33(2): 91−113.

21) https://www.socialenterprise.org.uk/wp−content/uploads/2019/11/Capitalism −in−Crisis.pdf

22) 강민정. 2012. 사회적 벤처와 사회적 영향투자 활성화 방안. Korea Business Review. 16(2): 263−281.

23) 강민정·남유선. 2014. 자본시장을 통한 임팩트 투자 활성화에 관한 연구− KONEX 시장 활용가능성을 중심으로. 증권법연구. 15(1): 401−433.

24) 벤처기업이 초기창업 단계를 지나 4−5년 정도 흐른 후 성장단계(scale up)에 서 필요한 투자 수요가 급격히 늘어나는 시기를 지나게 되며(death valley), 이 시기를 지나 성장궤도에 들어서게 되면 평균 9년 정도 지나 BEP를 달성하게 되 는 경향을 보인다(Shanmugalingam et al., 2011).

25) Shahnaz and Tan(2009)를 참고하여 재구성하였다.

26) 임팩트 투자 생태계에 대하여는, 강민정(2012), pp. 269−271을 참조하여 요약 하였고, 최근의 연구를 더하여 서술하였다.

27) 2013년에 시작된 카이스트 경영대학의 사회적 기업가 MBA의 경험과 성과를 중 심으로 사회적 기업가 육성을 위한 대학교육에서의 이슈에 대하여는 강민정 (2017)을 참조하기 바란다.

28) REDF(Roberts Enterprise Development Fund)는 사회적 기업에 대하여 자본 투자와 경영 컨설팅을 제공한다. 투자금은 매년 20−30만 달러 정도를 3−5년 간 지원한다.

29) 아큐만 펀드(Acumen Fund)는 2001년 설립되어, 아프리카, 인도, 파키스탄 등 저개발국의 BoP(Bottom of Pyramid) 시장에 대한 소셜 벤처에 투자한다.

30) 온라인 상거래 플랫폼 이베이(e−bay) 창업자 피에르 오미디야르(Pierre Omidyar) 가 2004년 설립한 '벤처형 자선회사'로서, 영리기업에 투자 및 대출을 제공하는 오미디야르 LCC와 비영리 단체에 기부금이나 프로그램 연계 투자(PRI)하는 오 미디야르 펀드로 구성되어 있다.

31) 투자자는 대개 20% 정도의 수익률을, 소셜 벤처측은 5% 정도의 수익률을 적정 수준으로 보고 있다는 것이 업계의 평가이다(2011 Skoll World Forum의 "Grants vs. Investment: How to Decide Which is Best?" 세션 토론 중에서).

32) OECD. 2019. *Social Impact Investment*

33) https://kinfa.or.kr/home/introduce/introduce_5.jsp?act＝view&no＝1646&page Index＝1&skind＝&sword＝

34) http://www.bss.or.kr/

35) 성수동 소셜 밸리 등 국내 사회혁신 생태계에 대하여는 강민정(2018)을 참조하기 바란다.

36) 라준영. 2016. 사회영향투자 동향과 전망. KAIST SK사회적기업가센터(미출간 보고서).

37) 한국사회투자, SK행복나눔재단, 루트임팩트, 에스오피오오엔지(SOPOONG), 크레비스, D3 Jubliee, MYSC, KAIST 청년창업투자지주, 쿨리지 인베스트, 포스코 기술투자, 미래에셋

38) https://www.eroun.net/news/articleView.html?idxno＝22266

39) 비플러스 웹사이트 참조: http://benefitplus.kr

40) http://sefund.or.kr/index.php

41) https://iris.thegiin.org/about－iris/

42) http://www.thegiin.org/

43) SPC의 기본 아이디어를 비롯한 사회적 가치 측정과 평가기준에 관한 자세한 논의는 최태원(2014)을 참조하기 바란다.

44) 초기 6억 파운드의 기금으로 시작하여 휴면예금 계좌로부터 받은 4억 파운드, 영국은행이 최초 5년 동안 투자한 5,000만 파운드를 재원으로 하였고 이후 기부금이 꾸준히 증가하고 있다.

45) 관련한 해외연구는 다음과 같다: Emerson, J. and Bugg－Levine, A. 2011. *Impact Investing: Transforming How We Make Money While Making a Difference.* Jossey－Bass; Heaney, V. 2010. *Investing in Social Enterprise: the role of tax incentives.* NESTA, CSFI (Centre for the Study of Financial Innovation). UK; HM Government. 2011. *Growing the Social Investment Market: A Vision and Strategy.* UK.

46) HM Government, 2011.

47) UK Cabinet Office. 2014. HM Revenue & Customs Guidance on SITR, 4 April 2014.

48) 노희진·조영복·최종태·안수현. 2010. 사회적 기업 육성을 위한 자본시장 연구 II. 고용노동부.

49) Emerson, J. and Bugg－Levine, A. 2011. *Impact Investing: Transforming How We Make Money While Making a Difference.* Jossey－Bass.

50) 「벤처기업지원육성법」상, '창업투자회사' 혹은 '창업투자조합'이 비상장 중소기업에 투자할 경우 세제혜택을 주도록 되어 있는데, 주식양도차익 비과세, 투자에 대한 과세 특례, 출자에 대한 소득공제, 배당소득 분리과세, 출자 시 취득한

주권 또는 지분양도 시 증권거래세 면제 등이 그 내용이다. 민간기업으로서는 '창업투자조합'이 등록요건이 유리하다. 창업투자회사의 경우 자본금이 50억 이상이고 2인 이상의 상근 전문 인력 및 전용사무실이 필요하나, 창업 투자 조합의 경우 출자금 총액 30억 이상, 유한 책임 조합원 49인 이하이다(벤처기업육성에 관한 특별조치법 제12조; 중소기업창업지원법 제20−29조).

51) 노희진·조영복·최종태·안수현. 2010. 사회적 기업 육성을 위한 자본시장 연구 II. 고용노동부.

52) 노희진·안수현·조영복. 2012. 사회적 기업 육성을 위한 자본시장 조성방안 연구. 자본시장연구원.

53) 강민정·남유선. 2014. 자본시장을 통한 임팩트 투자 활성화에 관한 연구−KONEX 시장 활용가능성을 중심으로. 증권법연구. 15(1): 401−433.

CHAPTER 03

사회적 기업 창업하기

소셜 미션 수립하기[1]

가. 사회적 기업 창업의 특징과 소셜 미션(Social Mission)[2]

사회적 기업 창업가들이 사업을 준비하는 과정이나 진행하면서 가장 많이 듣고 답하게 되는 것이 '소셜 미션'에 관한 것이다. 소셜 미션은 사회적 기업을 준비하고자 하는 사람들에겐 익숙한 단어이지만, 대부분의 사람들에겐 무척 생소하고 낯선 단어일 것이다. 사회적 기업에게 소셜 미션은 우리 기업이 세상에 존재해야 하는 근본 이유이며, 창업팀이 주목하는 사회적 문제와 기업가의 열정이 담겨 있으며, 소셜 미션은 일반 영리기업과 사회적 기업을 구분하는 핵심적인 기준이 된다.

- **기업 미션**: 고객(이해관계자)에게 어떤 가치를 제공할 것인가?
- **소셜 미션**: 주목하는 사회적 문제와 실현하고자 하는 사회적 가치가 무엇인가?

사회적 기업의 창업은 '창업'이라는 점에서 여타의 창업이 거쳐야 할 과정을 모두 거치게 된다. 사업 모델을 수립하고, 시장, 기술, 정책, 경쟁 측면을 포괄한 환경 분석을 통해, 사업모델의 실현 가능성을 확인하며 사업전략을 수립하게 된다. 사회적 기업의 창업이 일반적인 창업 과정과 다른 중요한 차이로서, 사회적 기업의 창업과정에서 사회적 기업가가 만나는 최초의 관문이 '소셜 미션의 명확화'이다.

사회적 기업의 사업계획서는 창업자가 자신의 '소셜 미션'을 대내외에 설득하기 위한 '문제제기'로부터 출발한다. 즉, ① 주목하는 사회문제가 무엇인지 정의하고, ② 정부정책, 시장, 시민운동 등 기존의 접근방식에 대하여 그 성과와 실패원인을 분석하고 ③ '나는 그래서 어떠한 혁신적 아이디어를 가지고 이 문제에 접근하겠다'는 스토리를 제시하여야 하며, 이 내용을 바탕으로 ④ '무엇을 어떤 방식을 통해 변화시켜 어떤 사회적인 임팩트를 낼 것이다'라는 구조의 '소셜 미션'을 간결하고 명확하게 제시하여야 한다. 이렇게 간명하게 제시된 소셜 미션은, 사회적 기업가가 자신의 기업 활동에 대한 의의를 대내외에 소통하기 위한 기업의 정체성을 나타내는 부분으로서, 사회적 기업이 아무리 아름다운 사업 아이템이 있어도 이 부분이 설득력을 잃거나 흔들리게 되면 사회적 기업으로서의 존재가치를 입증하기 힘들게 된다는 점에서 창업과정에서 중요한 요소이다.

요컨대, 사회적 기업가에게 있어서 '소셜 미션'은 사회적 기업 창업을 통해 이루고자 하는 '상(像)'이며, 자신의 사업을 설득하고 소통하는 데 있어서 중요하다. 외부의 자원과 협력을 끌어내는 것이 중요한 사회적 기업가에게 있어, 명확한 '소셜 미션'은 중요한 소통의 도구이다.

🎤 사회적 기업가 인터뷰

✔ 어떻게 해서 지금의 소셜 미션을 가지게 되었습니까?

본인 역시 오랜 기간 우울증을 겪으며 지난 수 년 간 정신건강 서비스 소비자로서 경험했던 기존의 솔루션과 정신건강 문제를 대하는 접근방식에 심 각한 문제의식을 느끼게 되었다. 가장 큰 문제라 고 생각했던 것은 현재 대한민국 정신건강 생태 계에는 소비자 중심의 통합적인 Intake 시스템이 없으며, 그렇기 때문에 통합적 치료 역시 제공될 수 없다는 것이었다. 정신과 의사와 심리 상담가, 운동 전문가들은 철저히 분리되어 각자의 솔루션 만을 어필할 뿐 진정 마음이 아픈 소비자 중심의

장은하(CTOC 대표 및 멘탈헬스코리아 부대표)

통합적인 케어 연계 시스템은 없었다. 그것은 의료계 중심의 철저히 공급 자주의적 접근 방식과 후진적 정책 그리고 여전히 우리 사회는 당당히 자 기 돈을 내고 서비스를 제공받는 '정신건강 서비스 소비자(Consumer)'가 아닌 '아픈 정신과 환자(Patient)'라 낙인찍어 쉬쉬하게 만들기 때문에 소 비자 파워가 성장할 수 있는 기회가 없었기 때문이다. 이에 본인은 더 이상 공급자 중심의 사후 솔루션 제공에서 벗어나 소비자 중심의 통합적인 Intake 시스템과 그에 따른 통합적인 맞춤형 솔루션 제시, 조기치료적 관점 에서의 멘탈헬스케어 서비스가 기하급수적으로 증가하고 있는 정신건강 이 슈로 인한 사회경제적 비용을 줄여나가는 것이 에센스라고 생각하여 CTOC 라는 미래형 멘탈헬스케어 센터를 창업하게 되었다. CTOC(Challenge to Change)는 운동과 심리테라피를 결합한 맞춤형 치유 솔루션으로 우울증 등 정신적 어려움을 호소하는 사람들 및 정신질환의 조기 예방적 차원에서 멘탈헬스케어 서비스를 제공하는 회사이다. 2016년 7월에 법인을 설립하 고 1년 만에 전체 고객의 40%가 부산, 전주, 대구 등 지방에서 찾아오는

> 고객으로 전국에서 찾아오는 센터를 만들게 되었고 전년 대비 매출 역시
> 10배 성장을 기록할 수 있었다.

◎ 소셜 미션은 사회적 기업 창업의 주인공

소셜 미션 수립은 사회적 기업 창업에 있어서 가장 초창기에 이루어져야 할 부분으로서, 사회적 기업가는 주목하는 사회문제에 대한 분석을 수행하고 사업기회를 탐색하게 된다. 이러한 탐색의 과정에서 사회적 기업가는 자신의 소셜 미션을 분명히 하게 되며, 이러한 소셜 미션의 실현을 위해, 시장조사와 환경분석을 진행하고, 사업 모델과 사업 추진전략을 수립하며, 1차적인 계획이 끝나면 이러한 내용을 시제품 개발이나 파일럿 등을 통해 실험하고 자신의 사업모델을 검증해나간다. 이러한 과정의 다른 한편에서 사회적 기업가는 팀을 모으고, 네트워크를 쌓아가게 된다.

사회적 기업은, 다른 창업 기업들처럼 시장에서 사업기회를 먼저 보고, 그 속에서 사업이 갖는 의미를 설득해나가는 것이 아니라, 먼저, 사회적 기업가의 마음을 움직인 이슈에 천착하고, 그것을 어떻게 개선할 것인가에 대한 아이디어를 모색한 후, 그 아이디어가 갖는 시장기회 등에 대해서 검증해나가는 방식을 취하게 된다. 이러한 방식은, 사회적 기업가가 추구하고자 하는 '이상적인 상'(목표)을 먼저 상정하고, 그 목표를 향해 가는 시장 접근 방식을 합리적인 수준에서 검증해나간다는 점에서, 일반 창업에서 요구하는 논리 구조와 많이 다를 수 있다.

최근에 창업 과정에서 많이 쓰이는 린스타트업(Lean Start-up)[3] 방식의 경우, 사회적 기업의 특정 사업 모델을 검증해나가는 과정에서 빠르게 시장을 실험한다는 점에서 훌륭하게 접목이 가능할 것으로 보이는데, 다만, 사회적 기업 창업에 있어서 어떤 소셜 미션을 향해갈 것인가 자체는 '린스타트업'을 통해 검증하기 전에 사회적 기업가 스스로의 깊이 있는 문제의식과 성찰이 동반된 과정으로서 수행되는 내용이다.

사회적 기업의 사업계획서는 '문제제기'로부터 출발하기 때문에 '두괄식'으로 구성된다. 임팩트 투자자가 보통의 투자자와 다른 점이 있다면, 이러한 소셜 미션에 공감한다면, 비즈니스 모델의 합리성 이전에 투자자의 철학이나, 특정 분야에 대한 관심 수준이 투자 의사결정 요소로 작용할 수 있다. 그러다 보니, 일반적인 사업계획서에서 정치, 사회, 경제적인 내용이 사업 환경의 거시적인 '환경' 정도로 취급될 수 있는 데 비해, 사회적 기업의 창업에서는 '소셜 미션'을 설득하는 과정에서 그 자체가 '주인공'이다.

이러한 차이는, 사회적 기업 창업에 일반 벤처 창업의 방법을 적용하는 과정에서 일종의 긴장관계로 이어질 수 있다. 이 때문에 기존 벤처창업계의 자원을 활용하여 사회적 기업 창업을 지원하거나, 임팩트 투자의 의사결정을 함에 있어, 사회적 기업 창업에서 '무엇을' 중요하게 볼 것인가가 다를 수 있다는 점이 이해되어야 한다. 의사결정 또한 사회적 기업 창업의 특성을 충분히 고려하여 이루어지도록, 사회적 기업 창업 과정의 특성에 대한 '이해'와 '용어의 통일'이 필요하다 하겠다.

사회적 기업가 인터뷰

✔ 소셜 벤처 창업을 원하는 청년들이 준비해야 할 가장 중요한 것은 무엇입니까?

소셜 벤처 창업을 준비하고 있다면 가장 먼저 집중해야 할 것은 본인이 주목하는 사회 문제에 대한 깊이 있는 이해를 바탕으로 정확하게 문제를 짚어내고 정의하는 것이다. 문제를 잘 해결하는 것은 먼저 '문제 정의를 어떻게 내리는가'에 달려 있다. 이것은 여러 교육에서 늘 강조되는 사항이지만 정작 생각보다 많은 창업가들이 눈에 보이는 단편적인 문제에만 초점을 맞추어 깊이 있는 이해와 생태계적 관점이 없이 바로 아이템, 서비스 개발에 착수하는 경우를 꽤나 많이 보아왔다. 심지

장은하(CTOC 대표 및
멘탈헬스코리아 부대표)

어 '사회 문제'가 아닌 '창업 아이템/아이디어'에서 출발해 이후 사회 문제를 억지로 끼워 맞추는 식의 창업가들도 존재한다. 물론 하루 빨리 시장에 서비스를 내놓고, 투자도 유치하고, 매출을 발생시키는 것에 몰두해 있는 창업가의 마음은 이해하지만, 그럼에도 불구하고 소셜 벤처 창업에 있어 내가 풀고자 하는 문제에 대한 고민의 과정은 절대 며칠 만에 Lean하게 끝내 버릴 것이 아니다. 무엇이 문제인지도 제대로 알지 못하고 시장에 대한 혜안도 없는 채로 사업을 시작한다면(물론 이런 실수를 저지르는 대부분의 창업가들은 본인이 문제를 정확히 파악하지 못하고 있다는 사실을 모른다는 것이 문제다), 사업을 진행하면서 미션의 수정과 피봇(Pivot)이 계속된다 해도 정작 본질적 문제는 건드리지도 못한 채 사회 문제 겉핥기 식의 소셜 벤처로 남을 가능성이 높다. 이런 경우 외부 이해관계자들은 물론이고 내부 구성원을 포함한 창업가 본인 스스로도 '우리의 사업 활동이 정말 이 사회 문제를 해결할 수 있는가?'에 대한 챌린지를 끊임없이 받게 될 것이다.

우리가 주목하는 사회 문제에 대한 본질적인 문제가 무엇인지 정확히 알고

변화될 사회 모습에 대한 목표를 바르게 정의하고 나면 그것을 효과적으로 달성하는 방법을 찾는 과정이 바로 소셜 벤처 창업의 여정이다. 주변에 누구보다도 강력한 미션을 가지고 사업을 잘 성장시켜 나가는 소셜 벤처 창업가들을 보면 창업가 본인이 직접 경험한 아픔이나 문제에서 시작하여 본인이 지닌 전문역량을 결합하여 창업을 결심한 경우가 많다. "당신은 실험을 통해 경험을 획득할 수 없다. 당신은 경험을 만들어낼 수 없다. 당신은 반드시 그것을 겪어야만 알 수 있다."는 프랑스의 작가 알베르 카뮈(Albert Camus,1913~1960)의 말처럼 창업가가 직접 겪은 뼈저린 경험은 창업가로 하여금 이 문제를 꼭 해결해내고 말겠다는 집념과 의지를 만들어낸다. 또한 본인은 해당 문제를 겪은 당사자, 아픔의 당사자로서 다른 사람들에게는 보이지 않는 문제들까지도 오랜 경험을 바탕으로 한 깊은 통찰을 통해 '진짜 문제'를 발견하고, 이 문제를 해결할 수 있는 사회적으로 정말 가치 있는 서비스를 만들어갈 수 있다.

창업이라는 것은 아직 아무도 가지 않은 길을 스스로 개척해나가야 하는 쉽지 않은 길이다. 더욱이 사회를 변화시키고 싶은 마음에서 시작한 소셜 벤처 창업가라면 본인의 사업 활동을 통한 사회 변화 이론에 대한 확신을 가지고 기존의 생태계 이해관계자들을 설득해나갈 수 있어야 하며 생태계 패러다임의 변화를 주도할 수 있어야 한다. 이는 소셜벤처 창업 관련 책을 몇 권 읽는다고 하루 아침에 생기는 것이 아니며, 이를 위해서는 해당 분야에 대한 깊이 있는 지식과 오랜 경험이 바탕이 되어야 한다.

◉ 사회적 기업 창업의 과정과 소셜 미션의 역할

사회적 기업가는 본인이 선택한 특정 소셜 이슈에 대하여, 그 이슈가 왜 중요하며, 이 이슈를 해결했을 때 어떤 사회적인 임팩트를 창출할 수 있는지를 대내외적으로 설득하여야 한다. 소셜 이슈를 분석하고, 이 속에서 사업기회를 탐색해나가는 과정은, 주목하는 사회문제와 창출하고자 하는 사회적 가치를 명확히 하는 과정이며, 또 한편으로 사회적 기업가의 열정과 삶의 가치, 존재에 대한 의미가 녹아드는 과정이다. 사회적 기업 창업에 있어서 소셜 이슈를 정의하는 과정은, '소셜 미션' 수립 작업과 밀접하게 연관되어 있으며, 소셜 미션 수립과정의 첫 단추를 꿰는 일이다.

사회적 기업가의 소셜 미션이 명확해지는 것은 창출하고자 하는 사회적 가치가 명확해진다는 것이고, 그 부분에 동의가 된다면, 이를 어떻게 비즈니스적으로 구현할 것인지에 대해 고민하게 된다. 사업모델을 수립하는 과정에서, 소셜 미션 자체가 수정될 수도 있지만, 그것은 어떻게 혁신할 것인가의 방법에 대한 것이지, 사회적 기업가가 가지고 있는 이슈 자체가 사업모델 수립 과정에서 변화하는 것은 바람직하지 않다.

학생들 중에는 자신이 중요하다고 생각하는 사회문제를 이야기하지만, 그것이 정책적 노력을 통해 상당부분 해결되고 있음을 발견하고, 다른 사회문제로 옮아가기도 한다. 사회적 기업가가 가진 현실 인식 자체가 천박한 수준이라면, 그것을 위해 기존에 노력했던 많은 정책, 시민운동의 노력들조차 알지 못했을 가능성이 많다. 사회적 기업가는 사업모델을 수립하기 전에 사회적 기업가로서 어떻게 사회를 변화시키고 싶은지, 그리고, 그것으로 인해 어떤 사회적 영향력이 생겨날지에 대해 분명하고 자신있게 말할 수 있어야 하며, 우리는 이를 변화이론(Theory of Change)이라고 부른다.

그 다음 단계로, 사업모델을 수립하는 과정에서 다시 자신의 '소셜미션'을 보다 강화할 수 있다. 사회적 기업가의 소셜 미션은 먼저, 주목하는 사회문제를 정의하게 되는데, 여기서 사회적 기업가는 주목하는 사회문제에 대하여 근본적인 원인을 파악하여 제시할 수 있어야 하며, 최소한 그 분야에서는 전문가와 토론이 가능한 수준의 지식을 보여주어야 한다. 이러한 지식을 기반으로, 자신의 대안이 어떤 의미가 있는지에 대해 설득할 수 있어야 한다.

사회적 기업가는 다양한 소셜 이슈에 대하여 비판적 상상력을 통해 사회 문제를 정의하고 분석하며, 문제 해결을 위한 혁신적 대안과 혁신을 통해 이루어내고자 하는 미래의 상을 설정한다. 또한, 이러한 미래의 상을 달성하기 위한 전략을 수립하게 되는데 이 과정은 혁신적 비즈니스 모델과 밀접한 관계를 지닌다. 혁신적 비즈니스 모델 수립에 앞서 사회적 기업가는 앞에서 진행한 모든 작업을 통합하여 간단하고 명쾌한 '소셜 미션'을 수립하여야 한다.

사회적 기업가의 소셜 미션은 비즈니스 모델로 구체화되어 밀접한 상호 관계 속에 영향을 주고 받는다. 초점이 명확한 소셜 미션은 조직 구성원들의 동기부여에 효과적이며, 창업뿐만 아니라 조직운영과 사업확장 시에 명확한 의사결정 기준을 제공함으로써, 목표 달성을 보다 효율적으로 진행하게 한다.

[표 4-1] 소셜 미션이 중요한 이유

구분	세부내용
의사결정	- 신규 사업 진출 혹은 제품이나 서비스 개발 시 기준 - 이사회 등 경영진 구성 시 소셜미션 관련 이해 관계자 참여
가치와 문화, 동기부여	- 조직 내부의 공통 소통의 도구가 되어 구성원을 한 방향으로 몰입 - 미국 1,000대 기업 경영자가 뽑은 가장 강력한 동기부여 도구
소셜벤처 마케팅	- 정부, 대기업, 공공기관 및 일반 소비자가 공감하는 소셜미션 제시는 강력한 마케팅 도구로 작용
업무 프로세스	- 제조 공정 및 서비스 제공 인력을 사회적 취약계층을 활용하여 운영 - 취약계층 고용, 착한 구매, 기부 연계 마케팅
수익분배	- 발생한 이익의 상당 부분을 취약계층 및 지역사회 분배를 통한 사회 환원

사회적 기업가 인터뷰

✔ 소셜 미션은 소셜 벤처가에게 얼마나 중요한 것이라고 생각합니까?

소셜미션은 소셜벤처 창업가에게 모든 것의 기본이 된다. 신사업 기획, 조직 구성, 팀 구성, 사업 개편 등의 의사결정에서 '영업이익'보다 '미션'을 중심으로 나아간다. 그렇기 때문에 소셜섹터의 창업가에게는 유독 소셜미션 진정성에 대한 챌린징이 많은 것 같다. 창업자 스스로도 미션에 대해 확신이 없고 가슴이 뛰지 않는다면 소셜미션은 어디 지원 사업에 쓰기 위해 한때 작성했던 한 문장일 분 점점 사업에서 멀어져 간다.

장은하(CTOC 대표 및 멘탈헬스코리아 부대표)

회사를 운영하면서 여러 가지 사업 성장의 기회들을 마주하게 된다. 매월 현금이 정기적으로 들어올 수 있는 아이템을 발견하기도 하고, 우리가 가진 아이템을 살짝 변경하여 더욱 매출이 잘 나올 수 있는 시장에 들어갈 수도 있다. 계속해서 찾아오는 유혹의 제안들이 있을 때 그때에 던져야 할 가장 첫 번째 질문은 '우리의 미션을 달성하기 위해 이것이 과연 어떤 의미를 가지는가?'이다. 당장 돈은 되지만, 미션과는 전혀 관계가 없거나 상반되는 사업이라면 의사결정권자는 어렵지 않게 판단을 내릴 수 있는 근거가 되며 내부 구성원들을 설득하고 다시 미션을 향해 정진할 명분이 된다.

🎤 사회적 기업가 인터뷰

✔ 소셜벤처 창업을 원하는 청년들이 준비해야 할 가장 중요한 것은 무엇입니까?

가장 중요하다고 생각하는 것은 해결하고자 하는 문제에 대한 공감과 이를 바탕으로 한 분명한 목적의식입니다. 내가 무슨 문제를 해결하고 싶은지, 어떠한 처지의 사람들을 돕고 싶은지, 그래서 내가 동료들과 함께 만들어가는 비즈니스가 어떠한 변화를 구체적으로 만들기를 바라는지에 대해서 계속해서 생각해보고 이를 자기 언어로 정리할 필요가

허재형(루트임팩트 대표)

있습니다. 특정 시점에 완성된 버전이 있다기보다는 끊임없이 발전시켜나가야 하는 성질의 것입니다.

소셜벤처는 사회문제를 해결하는 기업을 말합니다. 따라서 창업자에게 가장 중요한 것은 어떠한 소셜미션 혹은 비전을 갖고 있는지, 그리고 해결하고자 하는 사회문제를 깊이 있게 이해하고 경험했는지라고 생각합니다. 비전과 사회문제 이해가 충분히 되었다면 이제 그 문제를 해결하기 위해 가장 좋은 툴(도구)이 무엇인지 찾으면 됩니다. 그것이 결국 아이템이 될 것입니다. 그러나 그 아이템은 두 가지의 요건을 충족시켜야 합니

임정택(히즈빈스 대표)

다. 첫 번째는 사회문제를 해결해야 하고, 두 번째는 그 상품이나 서비스를 구매할 고객들이 있어야 한다는 것입니다.

◎ 소셜 미션 수립의 네 가지 오류

소셜 미션을 수립하기 위한 작업을 진행할 때 흔히 저지르기 쉬운 네 가지 유형의 오류에 대해서 알아보자. 첫 번째, 피상적으로 접근하거나, 두 번째, 모호하거나 광범위하거나, 세 번째, 세상의 모든 문제를 고민하거나, 네 번째, 자기중심적인 소셜 미션이 만들어지는 경우이다.

[표 4-2] 소셜 미션 수립의 네 가지 오류

구분	내용
피상적인 접근	- 무엇이 그 문제의 본질인가? - 깊게 파기 위해 넓게 파는 것이지, 넓게 파기 위해 깊게 파는 것이 아니다 - 끊임없이 되물어라
모호하거나 광범위한 접근	- 우리가 정의할 수 있는 용어를 쓰고 있는가? - 그 용어에 대한 우리만의 정의는 무엇인가? - 모호하거나, 포괄적이지 않고 구체적으로 말하고 있는가?
세상의 모든 문제 고민	- 정말 그 문제를 해결할 수 있는가? - 내가 하려는 일에 사회 문제를 끼워 맞추는 것은 아닌가? - 포기할 수 없는 단 하나의 문제는 무엇인가?
자기 중심적인 접근	- 그 문제는 왜 해결되어야 하는가? - 누구를 위해 그 문제가 해결되어야 하는가? - 그 문제가 누구에게 부정적인 영향이 되었는가? - 그들의 문제인가, 내 기준에서의 문제인가? - 일부의 문제를 전체의 문제로 보고 있지 않은가? - 사회와 대중이 그 문제를 공감할 수 있는가?

이와 같은 오류를 피하기 위해 다음에서는 사회적 기업가가 마주하게 되는 성찰적 질문들에 답해보기로 하자.

나. 소셜 미션 수립과정에서의 성찰 질문

◎ 사회문제 해결 vs 대안적 가치 추구

국내 사회적 기업에 대한 일반적 인식은 취약계층에 대한 일자리 창출이라는 다소 협소한 개념이 지배적이어서, '사회변화'에 따라 나타나는 다양한 사회문제를 사회적 기업의 방식으로 풀어내는 혁신적 사업모델을 사회적 기업으로 인식하는 데 있어서, '사회적 가치' 자체에 대한 설득과 합의가 필요한 경우가 많이 있다. 이 책에서 의미하는 사회적 기업은 취약계층 대상의 사회서비스에 초점을 둔 사회적 기업보다는 외연이 넓은 개념으로, 사회적 가치와 경제적 가치를 동시에 추구할 수 있는 혁신적 비즈니스를 가리키고 있다. 한편, 이러한 사회적 기업은 협동조합 등 사회적 경제 섹터 내의 여러 조직들과 협력적 관계를 구축하는 한편, 사회변화에 따른 다양한 문제들을 혁신적으로 해결해나가는 데 기여함으로써, 사회적 경제 조직이 지향하는 대안적 가치들을 공유하고 강화해나가야 하는 과제를 동시에 안고 있다고 할 수 있다. 그렇다면, 사회적 기업가에게 사회 혁신은 어떤 의미인가?

사회혁신은 사회문제의 해결을 위한 새로운 해결책을 제시하거나, 대안적 가치를 제시하는 활동이며, 궁극적으로는 우리 사회에서 살아가는 모든 시민들의 삶의 질을 높이고 행복한 삶을 추구하는 활동이라고 할 수 있다. 여기에서 우리는 종종 사회적 기업가가 추구하는 '사회적 가치'를 무엇으로 볼 것인가에 대한 질문과 마주하게 된다. 즉, 사회적 기업가는 해결하고자 하는 사회문제의 본질에 대해 꿰뚫고 이 분야에서 전문적인 지식과 분석 수준을 가질 것을 요구하며, 그러한 과정에서 기존의 접근 방식은 무엇이고, 다른 접근 방식과는 달리 나의 모델이 갖는 혁신성이 무엇인가에 대하여 대답을 내놓아야 한다.

이 때, 사회적 기업가가 다루는 문제의 성격에 따라 입증해야 하는 수위가 달라진다. 예를 들어, 모든 사람들이 보편적으로 이미 문제라고 생각하는 것들이 있다. 빈곤, 질병 등 우리들 삶의 기본적인 필요에 의한 것, 즉 '고통(pain)'에서 출발한 것들이다. 이러한 필요(necessity)에서 출발한 문제의 경우, 그 자체가 왜 문제인가에 대한 답을 하는 것은 그리 어렵지 않다. 이미 많은 사회구성원들이 문제라는 점을 합의한 상태에서, 사회문제의 분석은 객관화된 지표를 논리적으로 전개하는 정도의 분석을 요구하게 되며, 여기서는 얼마나 혁신적인 방법으로 이 문제를 해결하느냐가 더 중요한 관심이 된다.

그러나, 오늘날의 사회적 기업가들이 다루는 문제들은 필요(necessity)에서만 출발하지는 않는다. 사회적 기업가에게는 설령 그 문제가 개인적인 경험 속에서 출발하였더라도, 문제를 인식하고 해결방안을 제시하는 과정에서는 객관적으로 역사와 사회를 바라보는 '사회학적 상상력'과 통찰력이 중요하다. 즉, 사회의 구성원들이 아직 보편적으로 문제라고 여기지 않은 문제라 할지라도, 그것을 문제라고 여기고, 문제라는 점을 설득하며, 이 문제를 해결하기 위해 새로운 혁신적 대안을 내놓는 것은 오늘날 혁신적 사회적 기업가들이 해주어야 할 중요한 역할이다. 사회 혁신을 시도하는 동기로서, 당면한 사회문제를 새로운 관점과 접근에 의해 해결하고자 하는 문제중심적 접근 외에도, 대안적 가치를 추구하고 다양한 목소리를 존중하며 자신이 원하는 바를 실현시키고자 하는 실험적 노력을 하는 가치 중심적 접근 역시 중요한 혁신이라는 점을 주목할 필요가 있다.

여기서 우리는 앞의 접근을 '사회문제 해결'이라고 칭하고, 후자를 '대안적 가치 추구'라고 이름짓도록 하자. 사회문제 해결이나, 대안적 가치의 추구나 모두 궁극적으로 우리 사회에서 살아가는 시민들의 삶의 질을 높이고 행복한 삶을 추구하는 것이라고 할 수 있다. 오늘날 사회변화에 따른 다양한 가치들이 제시되고, 다양한 문제들이 발생하고 있는데, 혁신적 사회적 기업가에게 더욱 요구되는 안목은 '대안적 가치 추구'의 영역이라고 볼 수 있으며, 오히려 사회적 기업의 '가치'를 논함에 있어 이 부분을 더 주목할 필요가 있다. 그 이유는 사회적 기업가가 기존의 사회문제 해결을 목표로 했을 때보다, 실제로, 그 문제가 왜 사회적 문제이며, 사회적 기업가가 왜 그 문제를 풀어야 하는지에 대한 질문과 도전에 많이 직면하게 되는데, 이 과정에서 젊은 사회적 기업가들이 많은 좌절을 겪기 때문이다.

모두가 문제라고 인식하는 사회문제가 기존의 필요(necessity)에서 출발하여 경제적, 물적 수준의 향상에 초점이 맞추어져 있는 경향이 있다면, '대안적 가치 추구'의 영역은, 우리사회의 사회문화적 억압을 벗어나는 개인의 가치와 선택의 자유 그리고 그 속에서 진정한 행복의 의미를 찾아가는 가치에 대한 이야기이다. 오늘날 탈물질주의가 확산되면서 생태주의 환경운동, 반전 반핵 평화운동 등의 신사회운동이 등장하고 있는 것도 그러한 흐름과 다름 아니며, 사회적 기업가는 이러한 신사회운동의 흐름 속에서 이슈를 발견하고, 이를 기업의 방식으로 풀어내는 역할을 담당한다고 볼 수 있다.

또한, '대안적 가치 추구' 영역은, '사회문제 해결'과 혁신의 과정을 달리한다. 즉, 사회문제 해결의 접근은 문제중심의 탐색을 통해 일어나게 되는데, 실제로 '혁신'은 문제 중심 탐색에 의해서만 일어나는 것은 아니다. 많은 혁신들은 특정한 필요와 상관없이 혹은 우연하게 일어나기도 한다. 또한 혁신을 낳은 새로운 실험과 시도는 특정한 문제에 초점을 맞추기보다는, 다양한 가능성에 대한 관심 혹은 기발한 상상력에서 출발하게 되는 경우가 많다. 이러한 실험과 상상은 직면한 문제를 반드시 해결해야 한다는 긴박한 필요의 압박이 존재하는 것이 아니라, 반대로 그로부터 자유로울 때 더 활발하게 이루어지기도 한다.

따라서, 이러한 상상과 실험의 과정을 거쳐 새로운 대안을 찾게 되고 발명이 이루어지는 것은, 오늘날 많은 사회적 기업들이 진행하고 있는 문제중심적 탐색과는 대비되는 혁신의 동기를 제공한다. 이를 '여유에 기반한 탐색'이라고 부른다. 이러한 여유에 기반한 탐색 혹은 가치중심적 접근이 '행위의 창조성'과 '제도의 경로 창출'과 연결된다.

여기서, '필요'에 의한 혁신과 '자유'에 의한 혁신을 구분해서 보기로 하자. 필요에 기반한 행위는 목적-수단의 틀 안에 머무르는 것이며, 자유를 추구하는 행위는 새로운 목적을 구상하고 찾아가는 것이다. 자유에 기반하여 기존의 틀을 벗어나, 새로운 시도를 하는 행위는 기능적 필요와 제도적 규칙에 구속된 행위와는 다른 상상력의 영역이다. 사회적 기업가가 시스템적인 변화를 추구하는 과정이, 기존 제도의 한계 혹은 문제점에 대한 수동적 대응에서 출발한다면 한계를 가질 수 있는 반면, 오히려 제도를 변화시키는 적극적 행위, 즉 대안적 제도와 경로에 대한 실험과 같은 경우는 자유의 영역에서 나오게 될 가능성이 크다(관련 사례: 리아프 'LIAF')

🔍 사례보기: 리아프 'LIAF'

✔ 리아프 'LIAF'

Life Is A Flower의 첫 글자를 따서 이름 지어진 LIAF(리아프)는 사람들의 삶이 꽃처럼 되기 바라는 마음으로 꽃이 생활 문화로 자리잡게 하는 것을
목표로 하는 기업이다. 꽃과 식물이 사람의 마음을 안정시키고 스트레스와 긴장감을 해소시키는 효과가 있다는 점에 주목하여, 현대사회에 만연한 정서적 결핍과 우울증, 강박증 등의 심리적 스트레스에 대해 과감하게 '꽃'을 그 대안으로 제시한다.
'세계꽃식물원'을 모기업으로 하여 설립된 리아프는 원예전문판매점인 Flower Station을 통해 합리적 가격의 화훼류 판매는 물론, 화훼와 가드닝(Gardening, 원예) 관련 교육과 '액티브 원예 힐링 캠프' 등 원예 관련 다양한 체험 프로그램을 운영함으로써, 일상 생활 속에 꽃이 중요한 구성요소로 자리 잡게 만들고자 한다. 특히 사업 초기에는 한국사회에서 가장 스트레스에 많이 노출되어 있는 중장년 남성의 스트레스 해소를 위한 프로그램을 운영하기도 하였다.

'LIAF'는 오늘날 한국사회에 '꽃'의 가치를 심고자 한다. LIAF의 창업자 남슬기 대표는 어릴 적부터 꽃을 가까이에서 접했고, 꽃의 생육은 물론, 산업에 대하여도 전문가이다. 메마른 사람들을 꽃을 통해 치유하고 행복을 선사하겠다는 그의 가치는 종종 '그것이 왜 사회적 기업이냐'는 도전을 받았다. 그것이 왜 사회적 기업이냐는 질문을 던지는 이는 '사회문제 해결'을 사회적 기업 역할의 전부라고 인식하고 있는 상태이며, 사회적 기업이 새로운 가치를 제안한다는 역할에 대해서는, 접해보지 않았거나 동의하지 않는 경우일 것이다. 오늘날 사회적 기업의 정의에 대해 다양한 의견이 교차하고 있는 상황에서 그것이 왜 사회적 기업이냐에 대한 질문을 공격적으로 하기보다는, 사회적 기업이 사회적 기업일 수 있는 본질이 과연 무엇인가에 대한 성찰이 더 중요하다.

사회적 기업가에게 '혁신'은 '해결하고자 하는 사회문제로부터 출발한다는 점'에 대하여는 사회적 기업계에 종사하는 사람이라면 대부분 동의가 되고 있으나, '추구하고자 하는 대안적 가치에서 출발한다는 점'에 대해서는 아직 많은 이들이 의문을 제기할 수 있다. 사회적 기업가는 과연 우리사회에서 어떤 역할을 해야 할 것인가? 사회적 기업가는 많은 사람들이 문제로 인식하고 있지 않은 문제에 대해서도, 문제라고 말할 수 있는 통찰력이 있어야 하며, 또 문제가 아니라고 하더라도, 사회의 변화에 따른 새로운 대안적 가치를 제시함으로써, 사회 구성원의 삶에 또 다른 가치와 대안을 보여줄 수 있다면, 이 또한 훌륭한 사회적 가치가 될 것이다.

사회적 기업가에게 당신이 해결하고자 하는 사회문제가 무엇인지에 더하여, 당신이 제시하고자 하는 새로운 대안적 가치는 무엇인가라는 질문을 더할 때, 사회적 기업가가 창출할 수 있는 혁신의 범위는 훨씬 넓어질 것이다. 사회적 기업가는 역사와 사회에 대하여 '열린 진보성'을 가져야 한다. 즉, 어느 방향이 진보인지를 미리 정해놓기보다는, 항상 열린 마음으로 역사와 사회에 대한 상상력을 통해 진보의 기준 자체를 의심해볼 수 있는 태도가 중요하다. 이러한 태도를 통해 사회적 기업가는 우리 사회에 대안적 가치를 내놓은 혁신가가 될 수 있을 것이다.

◎ 사회적 기업가의 상상력 vs 주목하는 사회 문제에 대한 객관적 이해

사회적 기업가는 어떻게 사회문제를 선택하게 되는가? 일반적으로 기업이라면 창업을 위해 자본, 인력, 기술, 지식과 같은 자원들을 성공적으로 동원해야 하며, 동시에 시장에서 아직 실현되지 않은 기회를 포착해내는 것이 중요하다. 사회적 기업가는 이에 더하여, 사회적으로 해결해야 할 문제와 그에 대한 해결책을 찾고 또한 사회적으로 실현되어야 할 가치를 발견해야 한다.

사회적 기업가가 사회문제를 인식하고, 이를 소셜 미션화하기까지는 많은 경로를 거칠 수 있다. 대개의 경우 개인의 경험과 신념이 바탕이 되기 쉬우며, 이는 지극히 개인적인 경험 속에서 단초가 되어 신념화되고, 이것을 실현시키는 과정에서 사회 변화에까지 이르는 경우가 많다. 사회적 기업가의 소셜 미션은 지극히 개인적인 경험에서 출발하였다 하더라도, 이것을 문제로 인식하고, 해결방안을 찾아가는 과정은 과학적이고 합리적인 분석을 갖출 것이 기대된다. 사회적 기업가가 사회문제를 인식하는 과정은 지극히 피상적인 수준에서 시작할 수도 있는데, 이것이 왜 문제이며, 어떤 연유

로 시작된 것인가를 파헤쳐나가는 과정에서 사회적 기업가의 사회
문제에 대한 인식수준은 거의 전문가의 수준에 이른다고 해도 과언
이 아니다.

　이는 사회학자가 사회문제를 학문적으로 연구하는 방식과 크
게 다르지 않은데, 사회학자들은 일상적으로 보이는 현상에 대하
여, 그 현상을 나타내게 한 본질이 무엇인가를 파헤쳐가는 과정에
역사적, 사회적 상상력을 펼치게 된다. 한 사회 속의 개인들의 행위
는 자신들에게는 일상적인 행위이지만, 사회적 수준에서 보았을 때
는 단순히 자연스럽고 일상적인 것만은 아니다. 개인들의 일상 속
에서의 행위는 비록 그 자체를 객관적으로 생각하기 어렵거나 너무
자주 일어나는 일이라 무관심해서 그렇지, 상당부분 역사적, 사회
구조적 상황 변화의 산물들이다. 이러한 변화는 특정한 제도나 규
칙들을 내포하는 사회적 관계들(또는 사회구조들) 속에서 이루어지
는데, 이러한 사회적 관계들 및 조건들의 변화는 때로는 직접적으
로 또 때로는 간접적으로, 때로는 느낄 수 있게, 또 때로는 느끼기
힘들게 늘 우리의 일상생활에 영향을 미치고 있다. 그래서 사회가
어떻게 돌아가는지를 이해하려는 사람들은 개개인들의 삶의 모습
에 영향을 미치는 사회역사적 과정에 대한 관계적(또는 구조적)이고
종합적인 사고를 필요로 하는데, 이것을 우리는 '사회학적 상상력'
이라고 부른다.[4] 사회학적 상상력을 통해, 우리는 사회 관계가 특
정한 방식으로 유지되고 변화되는 경향성과 규칙을 파악할 수 있으
며, 사회적 기업가에게 있어 이러한 사회학적 상상력은 중요하다.

　영국의 사회학자 앤서니 기든스(Anthony Giddens)는 사회학적
상상력을, 역사적, 인류학적, 비판적 상상력으로 나누어 설명한다.

비판적 상상력이란, "현재 사회의 모습이 바람직한 것인지, 바람직하지 않다면 어떠한 방향으로 변화되어야 하는지에 대한 판단"이며, 지금까지 당연시되고 정당화되어 왔던 모든 질서들, 가치들, 규범들을 상대화하고 의문시하는 과정을 포함한다. 이러한 비판적 상상력은 역사적, 인류학적 상상력으로부터 생겨난다. 역사적 상상력이란 과거의 물질적, 정신적 유산들이 현재의 사람들의 사고 및 행위 양식들을 형성하는 데 어떠한 영향을 미쳤는지를 파악하는 일이며, 이를 통해 새로운 역사적 변화를 낳고 새로운 미래를 만들어갈 수 있는 가능성을 열어준다. 인류학적 상상력이란, 개인들이 자신의 특수한 삶의 조건들과 경험들 속에서 형성된 가치, 규범, 정서, 감정 등을 사회의 일반화된 기준인 것처럼 생각하는 경향에 대한 반성으로서, 다양한 역사적, 사회적 유산에 따른 다양한 사회의 모습을 인정하는 열린 지성을 뜻한다.5)

사회적 기업가들은 많은 경우 소외와 배타성을 넘어 포용과 화해 협력을 지향하는 경우가 많다. 그들은 사회가 가진 불평등과 부조리에 주목한다. 즉, 사회란 개인들에게 무한정한 기회들을 제공하는 것이 아니며 사회가 전체적으로 허용하는 범위 내에서 제한된 기회들을 제공할 뿐이다. 이러한 기회의 제한은 무엇보다도 자원 총량의 제한과 자원분배가 이루어지는 특정한 관계에 기인한다. 그러므로, 사회와 사회의 개인들을 이해하기 위해서는 개인들의 감정, 의식, 가치, 규범, 의도, 행위, 처지 등이 어떠한 사회적 관계들 및 조건들 속에서 형성되고 또 작용하는지를 생각하는 '사회학적 상상력'이 필요하다고 할 수 있다. 그리고 이러한 사회학적 상상력은 어떻게 하면 사회가 모든 구성원들에게 기회를 공평하게 제공할 수 있으며 나아가 자원과 소득의 공정한 분배를 이룰 수 있을 것인지를 생각할 수 있도록 해준다.

사회적 기업가의 상상력은 '비판적' 상상력이다. 즉, 사회를 바라보는 기존의 눈을 바꾸면서 기존의 사회 형태를 비판하고, 대안적인 미래를 제시하는 것이 사회적 기업가의 소셜 미션 속에서 이루어져야 한다. 사회적 기업가는 이를 위한 현실적인 분석을 수행해야 하며, 이러한 분석이 비판적 상상력을 뒷받침할 때 대안적인 힘을 가질 수 있다. 그러한 의미에서 사회적 기업가에게 있어 리서치, 인터뷰, 사례 연구 등은 중요한 현실 분석의 도구이며, 이러한 현실 분석을 통해 사회문제를 명확하게 꿰뚫고 변화의 대안을 제시하여야 한다. 만약에, 이러한 현실 분석을 수행하지 않는다면, 사회적 기업가는 자의적인 판단에 따라 행동하게 되고, 이에 따른 비판은, 또 다른 고정관념과 편견으로 이어질 수 있는 가능성이 크다.

사회적 기업가는 실천가이다. 그 문제의 전문가로 끝나는 것이 아니라, 실천가이기 때문에 세상에 미치는 영향은 더 크다. 처음에 사회적 기업가의 주목을 끌었을 당시는 지극히 개인적인 경험과 동기에서 출발했을지 몰라도, 그 주제가 사회문제라는 것을 정의하고, 분석하는 과정에서는 전문서적을 읽고, 필요한 데이터를 수집하며, 전문가 인터뷰 등을 통해 이 문제의 본질이 무엇인가에 대하여 객관화된 문제의식을 정립해나가야 한다. 이러한 과정에서 사회적 기업가는 자신이 주목하고자 하는 사회문제를 개인적인 수준에서의 관심이 아닌, 객관화된 사회문제로서 대내외적으로 소통할 수 있게 된다.

🎤 사회적 기업가 인터뷰

✔ 소셜 벤처 창업을 원하는 청년들이 준비해야 할 가장 중요한 것은 무엇입니까?

많은 청년들의 창업을 돕고 심사를 담당하기도 하고 멘토링을 진행해 왔습니다. 이 과정에서 가장 놀라운 점은 많은 초기 창업가들이 고객의 니즈를 충분히 들여다보려 하지 않는다는 점이었습니다. 자신감이라 표현할 수도 있겠지만, 어쩌면 자만감을 넘어 무모함일 수도 있다고 생각합니다. 무엇보다 미래의 고객이 될 분들을 한 분 한 분

이영희(토닥토닥협동조합 대표)

만나서 이야기를 들어보는 것이 매우 중요하다고 봅니다. 저도 토닥토닥을 준비하면서, 6개월 동안 약 500명을 만나서 인터뷰를 했습니다. 문제를 더 구체적으로 인식하기 위해서 말이죠. 처음에는 정신병동 환자를 통해 두리뭉실 들었던 비용이나 편견의 문제가 과연 정말 맞는 것인지를 알고 싶었고, 그래서 많은 사람들을 인터뷰하였는데, 인터뷰를 하면 할수록 제 사업의 그림이 구체적으로 그려졌습니다. 그랬기에 카페라는 공간을 차용하여 문턱을 낮추게 된 것이고, 상담료의 적정한 가격 선도 정할 수 있게 되었습니다. 비즈니스 모델의 해답은 우리의 서비스를 이용할 잠재 고객에게서 찾아야 하는 것입니다.

◎ 사회적 기업가의 가치 관련

사회적 기업가의 상상력이 시작되는 지점에서 우리는 개인적으로 가지는 경험에 대한 이야기를 하지 않을 수 없다. 만약에 정부 정책 담당자가 사회문제를 해결한다고 한다면, 가장 중요한 사회문제가 무엇이냐를 놓고, 우선순위를 정하는 등의 작업이 합리성의 수준에서 이루어질 것이다. '사회적 기업가에게 특정 사회문제가 중요하다'는 것은 무엇을 의미하는가? 그것은 사회적으로 중요하다는 사회적 가치의 객관적인 인정 이전에 왜 그 사회문제가 특정 사회적 기업가에 의해서 다뤄지게 되었고, 왜 그 사회적 기업가가 그것을 잘 할 수 있는가의 문제가 되곤 한다. 사회적 기업가에게 있어서 해결하고자 하는 사회문제를 선택해가는 과정은 단순히, 여러 가지 사회문제를 놓고 어느 것이 중요한가를 객관적으로 선택해가는 과정이기보다는, 지극히 개인적이고 특수한 경험 속에서 시작되었을 경우가 많다.

 사회적 기업가 인터뷰

✔ **어떻게 해서 지금의 소셜 미션을 가지게 되었습니까? 소셜 미션은 소셜 벤처가에게 얼마나 중요한 것이라고 생각합니까?**

디베이트포올은 청소년 교육 격차를 완화하고자 하는 소셜 미션을 갖고 있어요. 토론 교육을 통해 사회경제적 취약 계층의 교육 접근성을 높이고자 해요. 어렸을 적부터 대학 시절까지 다양한 계층의 삶을 경험하며 교육 격차를 직간접적으로 실감하였어요. 그러다 보니 자연스럽게 교육 불평등 문제에 관심을 두게 되었어요. 교육 격차를 줄일 방법이 없을까, 고민하던

이주승(디베이트포올 대표)

중 제가 잘할 수 있는 토론 교육을 통해 교육 격차 문제의 일부는 해결할 수 있다고 보았어요.

> 소셜 미션은 소셜 벤처가를 규정하는 가장 중요한 요소라고 생각해요. 경영 지식, 리더십, 계산된 리스크(risk)를 수반하는 능력, 소셜 미션이 소셜 벤처가에게 필요한 요소라고 한다면, 일반 기업가와 사회적 기업가를 구분하는 것은 창업자의 소셜 미션이라고 생각해요. 소셜 벤처의 정체성이기도 하고요. 수익과 사회적 가치 사이에서 접점을 찾는 과정에서 조직의 목적을 상기해주는 나침반인 것 같아요.
> 동시에 소셜 미션에만 너무 집중한 나머지 적절한 경영 판단을 하지 못하는 경우도 있는 것 같아요. 소셜 벤처가에 있어 사회적 가치와 수익 간 균형을 잡는 건 정말 너무나도 중요한 일 같아요.

여기에서 사회적 기업가의 가치 판단, 가치 관련의 문제가 등장한다. 사회적 기업가에게 있어서 가치판단은, 특정 사회이슈를 선택하는 과정에서 작용한다. 이는 먼저 어떤 대상을 의미있는 변화의 대상으로 삼을 것인가를 선택하고, 사회학적 상상력을 통해서 이 대상의 특정한 인과관계에 주목하고, 어떻게 변화를 이끌어낼 것인지를 선택하는 일련의 과정 속에서 작용한다. 이러한 연유로 사회적 기업가는 왜 그 문제가 중요한지에 대한 끊임없는 외부로부터의 질문에 대답해야 하며, 내가 정말 중요한 사회적 문제를 다루고 있는가에 대한 스스로의 존재에 대한 질문에 답해야 한다.

그렇다면, 정말 객관적으로 중요하다고 인정되는 사회적인 문제는 존재하는 것인가? 특정 사회문제를 선택하고 그것을 어떻게 해결해나갈 것인가를 고민하는 과정은 그 문제가 가진 사회적인 영향력에 대한 객관적인 분석과 설득 작업을 수반한다. 또한 동시에 그 문제를 선택하고 해결해나가는 과정에서 개인의 가치판단의 '의미'를 인정하지 않을 수 없다. 결국, 사회적 기업가가 선택한 사회

문제는 어차피 슈퍼마켓의 진열대에서 상품을 선택하는 것과 같은 과정이 아닌, 스스로에게 정말 중요하다고 느끼는 문제의 '특수한' 경험의 형태임을 존중해야 한다. 또한 사회적 기업가의 개별적인 경험의 형태가 새로운 사회문제 해결방식으로 성큼 다가가게 하는 데 중요한 '혁신'의 고리를 제공하고 있는 것 또한 인정하여야 한다.

사회문제를 해결함으로써 가져오는 임팩트의 객관성을 입증하는 과정과, 지극히 개인적인 경험에서 출발한 통찰력과 특수성이 끊임없이 변증법적으로 상호작용하는 것이 바로 사회적 기업가가 마주할 현실이다.

사회학 연구에서도 이에 대한 논의가 있어 왔는데, 독일의 사회과학자 막스 베버(Max Weber)는 '가치판단은 결코 학문적으로 논증될 수 없는 것이며, 다만 인정될 수 있을 뿐이다'라고 하였다. 가치판단은 어떤 연구대상의 선택에 작용하는데, 먼저 어떤 대상을 의미 있는 연구의 대상으로 삼을 것인가를 선택하고, 이 대상의 어떠한 인과 관계를 연구할 것인지를 선택해야 한다. '사회과학적 현상'이 가지는 성격은 그 자체가 '객관적'으로 주어지는 것은 아니다. 그것은 오히려 우리가 개별적인 사건에 부여하는 특수한 문화적 의미에서 도출되는, 인식에 대한 관심의 방향에 의하여 규정된다. 연구의 대상과 인과관계에 의한 추적의 정도는 학자와 그 시대를 지배하는 가치 이념에 의하여 규정된다는 것이다. 결국 사회현상에 대한 인식은 항상 특수한 관점에서의 인식이며, 따라서 전적으로 객관적인 학문적 분석이란 있을 수 없다.[6] 막스 베버(Weber)의 논의를 통해 해석한다 하더라도, 사회적 기업가의 개인적 경험과 통찰력이라는 부분은 사회적기업가정신의 원동력이라는 점에서 존중되어야 한다.

한편, 사회적 기업가는 외부의 자원과 공감을 얻어나가야 한다는 점에서 자신이 이뤄내는 변화와 임팩트에 대하여 객관적 검증을 해내야 한다. 사회적기업가가 사회문제를 선택함에 있어서 작용하는 가치 관련은, 사회적 기업가의 몰입과 '소명의식'을 불러일으킨다는 점에서 존중되어야 하지만, 특정 사회문제를 해결하는 것이 가져올 사회적 가치가 얼마나 많은 사람들의 공감을 불러일으키며, 얼마나 많은 사회적 영향을 가져왔는지에 대하여 충분히 논의가 가능하다.

그렇다면, 우리는 사회적 기업가가 창출해낸 가치가 얼마나 의미 있는 것인가를 어떻게 설득할 것인가? 즉, 사회적 가치를 어떻게 보여줄 수 있을 것인가?

 사회적 기업가 인터뷰

> ✔ **정말 객관적으로 중요하다고 인정되는 사회적인 문제는 존재하는 것인가?**
>
> Q. 멘탈헬스코리아(Mental Health Korea) 사업을 통해 자살률 1위라는 사회적 문제가 나아질 수 있는가? 근본적인 대책은 아니지 않은가?

우리 사회의 자살률 증가의 근본적 원인은 경쟁 심화, 경제적 양극화, 입시, 취업, 사회안전망의 부재 등 여러 가지 것에 기인한다. 이 사업이 그러한 근본문제를 해결해 줄 수는 없다. 그러나, 이러한 원인들로 인해 스트레스와 정신병리적 심화, 또는 자살까지도 연결되는 악화과정에 우리 사회에서는 시스템적인 (자살로 가는 길의) Gate Keeper가 취약하다. 선진국처럼 직장 안에 카운슬러가 배치되는 정도까지 가기에는 많은 리소스

장은하(CTOC 대표 및 멘탈헬스코리아 부대표)

와 변화가 필요할 것이나, 이 사업이 그때까지 의미있는 보완재 역할을 해 줄 수 있다. 즉, 사회부조리에 따른 정신과 문제는 비영리사업으로 해결하기 어렵지만, 이 사업은 비영리사업으로서 유일하게 Gate Keeper개념을 담은 사업이 될 수 있다.

◎ 사회적 가치 창출의 정의와 평가

사회혁신은 경제적 가치뿐만 아니라 사회적 가치 창출을 지향하고 있어 두 가치에 대한 적절한 측정 기준의 마련과 평가 시스템 구축은 사회적 기업의 장기적 성장의 토대를 확보하는 데 중요한 활동이라 할 수 있다. 또한 시기적으로 적절하고, 신뢰할 수 있으며, 비용 효율적인 방식으로, 기업이 창출한 사회적 가치에 대해 측정하는 것은 사회적 기업의 성과를 보여주는 동시에, 자본 시장에 대해서는 올바른 정보를 제공하고 기업가들에게는 전략적 판단의 근거를 제공하는 데 의의가 있다.

사회적 기업가에게 소셜 이슈는 해결해야 할 사회문제이거나, 새로운 가치를 제안하는 가운데 발견되는 사업기회이기도 하다. 그렇다면, 사회적 기업가에게 특정 이슈가 사업기회로서 인식될 수 있는 객관적 지표는 무엇일까?

사회적 기업가가 창출하는 사회적 가치를 객관적인 지표로 보여주는 것이 가장 손쉬운 방법이리라. 그러나, 사회적 가치를 객관적인 지표로 보여준다는 일 자체가 손쉬운 것이 아니다. 사회적 가치를 어떻게 측정할 것인가는, 사회적 기업가는 물론, 임팩트 투자와 관련하여 기업가치 평가에서도 중요한 이슈이며, 이에 국내외적으로 사회적 기업계가 사회적 가치 측정을 위해 다방면의 노력을 기울이고 있다.

사회적 기업가는 해결하고자 하는 사회문제나 새로운 대안을 추구하는 가운데 발견한 사업기회에 대하여, 사회적 가치를 제시하여야 하며, 이를 사회적 가치와 재무적 가치를 동시에 만족시킬 수 있는 사업모델을 통해 정의하여야 한다. 그리고, 이를 시장에서 실현가능하게 하기 위하여 과학적 분석과 조사를 수행하여야 하며, 이를 바탕으로 시장접근 전략을 포함한 사업전략을 수립하고, 사업에 필요한 다양한 자원을 동원하여야 한다.

사회적 기업가는 여타의 창업 활동에 더하여 '사회적 가치'가 그러한 활동에 어떻게 녹아들 것인가에 대해 고민하여야 한다는 점에서, 일반적인 창업이나 기업경영보다 어려운 과제를 안고 있다. 사회적 가치는 사회적 기업가가 혁신적인 방법을 통해 사회 혁신을 이루어 놓은 다음에 측정될 수 있는 성격의 것이라 할지라도, 사회적 기업가는 특정 소셜 이슈를 선택하여, 그 문제를 해결하기 위한 혁신적인 방법을 제안하는 과정에서 그러한 방법이 가져올 사회적 임팩트에 대하여 가늠해 볼 필요가 있다. 이를 위하여는 사회적 가치를 측정하고 평가할 수 있는 기준과, 측정 결과를 객관적으로 보여줄 수 있는 회계 자료 등이 마련되어야 한다.

그렇다면, 어떤 사회문제가 더 의미가 있고, 또 어떤 방법이 더 의미 있는 사회적 가치를 창출해낼 것인가? 이를 측정하기 위하여는 사회문제의 유형에 따른 측정기준과, 또 사회문제간의 비교가 가능하여야 한다. 사회 문제에 대한 가치 측정은, 각각의 사회문제가 지닌 역사성과 각각의 사회가 처한 현실에 따라 다를 수 있고, 그러기 때문에 일률적인 과학적, 객관적인 잣대를 가져갈 수 없어 상당한 시간과 노력을 들여 사회적 '합의'가 필요한 사항이다.

사회적 임팩트의 가치 평가는 그 자체가 방대한 주제이며, 이 책에서는 CHAPTER 02 사회혁신 생태계와 임팩트투자에서 보다 상세히 다루고 있다. 사회적 기업가가 소셜 미션을 수립해가는 과정에서 자신이 창출해내는 사회적 가치에 대한 객관적인 측정을 위한 노력의 과정을 거친다면, 보다 분명하게 자신의 소셜 미션을 가다듬을 수 있는 계기가 될 수 있음을 인식하고, 소셜 미션 수립 과정에서 사회적 가치 측정 과정을 거칠 것을 제안한다. 그리고, 이렇게 측정된 내용은, 이후 혁신적 비즈니스 모델을 수립하고 재무 전략을 구체화하는 과정에서 지속적으로 재검토가 이루어져야 하며, 이 과정에서 소셜 미션이 보다 단단해질 수 있다.

다. 사업기회 탐색: 어디에 기회가 있는가?

사회적 기업가에게 있어 주목하는 사회문제는, 혁신적 비즈니스 모델을 통해 그 해결 방법을 찾아간다는 의미에서 '사업 기회'로 정의된다. 사회 문제가 사업기회로 정의되는 과정에서 사회적 기업가는 그것이 우리 사회에 의미 있는 변화를 가져오는 데 있어 어떠한 영향력을 가져올 것인가를 고민하게 된다.

사회적 기업가가 주목할 수 있는 소셜 이슈는 빈곤, 보건의료, 에너지 등 다양한 이슈가 있을 수 있다. 그리고, 그러한 이슈는 보편적이기보다는 개별 사회가 처한 역사와 사회적 특성에 따라 중요성이나 문제의 본질이 다를 수 있다. 사회적 기업가는 따라서 해결하고자 하는 사회문제의 깊숙한 역사적 본질을 꿰뚫는 통찰력이 있어야 한다.

때문에, 사회적 기업가들에게 보편타당한 사업기회란 애초부터 찾기 힘든 영역일 수 있다. 여기서는 국내외 사회적 기업과 사회혁신을 다루고 있는 서적, 연구 성과 등을 참고하고, 여기에 한국 사회의 특성을 반영하여, 아홉 가지 소셜 이슈를 분류하였다. 이하에서는 이러한 분류가 나오기까지, 사회적 기업가의 사업 기회에 대해 접근한 몇 가지 내용들을 소개하기로 한다.

◉ 사회변동으로부터의 기회

영국의 영파운데이션(Young Foundation)은 오늘날 사회가 변화함에 따라 새롭게 등장하는 다양한 사회문제에 주목하는 가운데, 필요한 사회혁신의 영역을 다음과 같이 제안하고 있다.[7]

① 기대수명 향상으로 인한 연금, 주거, 도시계획, 노인돌봄서비스 분야

② 기후 변화에 따른 탄소배출 감소를 위한 도시, 교통, 주거환경 등에 대한 재조직의 필요성

③ 국가와 도시 단위에서 급증하는 다양성(diversity)으로부터 비롯되는 학교, 언어교육, 주거 등의 분야에 대한 재조직의 필요성

④ 불평등의 심화로 인해 발생하는 폭력, 정신질환 등 사회적 질병을 해결해야 하는 필요성

⑤ 장기질병 발생률의 상승 – 아토피, 우울증, 암, 심장 관련 질병 등 새롭게 등장하는 의학적, 사회적 지원 모델의 필요성

⑥ 풍요함에서 비롯된 각종 문제들 – 비만, 알코올과 약물중독, 도박, 지방과다 등에 대한 혁신적 접근의 필요성

⑦ 성장기의 청소년들로 하여금 안정된 직업, 관계, 삶의 질을 추구하도록 성공적으로 지도할 필요성

⑧ 진정한 행복추구가 물질적 풍요에서 오는 것이 아니라는 자각으로부터 비롯되는 다양한 접근 방법

 사회적 기업가 인터뷰

✔ **어떻게 해서 지금의 소셜 미션을 가지게 되었습니까? 소셜 미션은 소셜 벤처가에게 얼마나 중요한 것이라고 생각합니까?**

심리 상담사의 길로 본격적으로 가야겠다는 생각은, 대학교 4학년 때, 호스피스병동과 정신병동에서 인턴을 하면서였습니다. 호스피스병동에서 죽음을 앞둔 분들을 만났고, 정신병동에서 한순간의 트라우마로 인생이 무너진 분들을 만나면서, 그야말로 삶이 확 바뀌게 되었습니다. 정신병동에서 제가 만난 환자 중에는 하나의 충격적인 사건이 그 이후의 삶을 송두리째 망가뜨린 경우가 많았습

이영희(토닥토닥협동조합 대표)

니다. 소개팅에서 남자의 충격적인 말을 듣고 거식증과 환청 장애가 온 여성분도 있었고, 학교에서 학생들 앞에서 학부모에게 폭행을 당한 충격으로 병원에 입원까지 한 교감 선생님도 있었고, 또 아내가 자기 친구랑 외도를 하는 장면을 목격하고 그 트라우마로 실언증에 걸린 분도 있었습니다.

그 분들의 공통점은 주변 관계에서 상담의 도움을 전혀 받지 못했다는 것이었습니다. 그래서 '왜 도움을 못 받았을까', '왜 도움을 요청하지 않았을까' 고민하게 되었고, 상담의 높은 문턱이 이유라는 것을 알았습니다. 비용의 문제라던가, 상담에 대한 사람들의 편견. 이러한 것들이 이유라면, 내가 그 문제를 해결해보자라는 결심이 섰고, 그래서 창업에 도전하게 된 것입니다.

결국 소셜미션은 자신이 세상을 들여다 보는 눈, 관점에서부터 시작된다고 봅니다. 그 시각 속에서 사회적인 불편감이나 모순을 발견하게 되고, 그것을 해결하고 싶다는 간절함이 드는 것 그게 바로 미션인 것입니다. 미션은 소셜벤처가가 어쩌면 평생 붙들고 가야 할 푯대와 같은 것이라고 봅니다.

⚬ 사회기저층(BOP: Bottom of the Pyramid)[8] 시장으로부터의 기회

앞선 논의에서 지적되었듯이, '필요'에 의한 사회적 문제 정의는 훨씬 명확하고 보편타당하다는 점에서 분명한 사업기회라고 할 수 있다. 이러한 '필요'가 가장 잘 나타나는 곳이 BoP시장이다. 최근 들어 저개발국 BoP시장에 대한 관심이 증대하고 있고, 이들 시장에 대한 상품과 서비스의 제공에 대하여, 기존 기업들도 글로벌시장 개척의 새로운 패러다임으로 바라보면서, 기업의 마케팅 능력을 사회공동체의 필요와 접목하려는 시도들이 일어나고 있다. 즉, 그동안 자본주의 경제체제에서 소외되었던 '빈곤층'을 시장으로 바라보면서, 빈곤 지역의 경제발전은 물론 사회 발전을 앞당길 수 있는 새로운 기회들이 생겨나고 있다.

이러한 BoP시장은, 전 미시간대학원 교수 프라할라드(C.K. Prahalad)

가 새로운 시장으로서의 가능성을 제안하고 한참의 시간이 흐른 후, 빌 게이츠(Bill Gates)가 다보스 포럼에서 '창조적 자본주의'(Creative Capitalism)를 설파하면서, 급격히 전 세계적인 주목을 받게 되었다. 창조적 자본주의의 개념을 통해 빌 게이츠(Bill Gates)는 "기업은 자본주의의 시장논리에서 소외되어 있는 빈곤층을 새롭게 해석하여, 기업 본연의 기술혁신과 경영효율성을 도입함으로써, 빈곤층의 삶을 개선하고 새로운 시장 기회를 얻을 수 있다"고 지적하고, 기업이 사회 참여를 통해 새로운 시장을 열어간다는 점에서 '창조성'의 의미를 부여하고 있다.

BoP에서의 사업기회는, UN이 2000년 지정한 MDG(Millennium Development Goals)에 잘 나타나 있는데, 이미 지나간 의제라 할지라도 빈곤으로 인해 발생하는 세계적 수준의 문제 정의로 사용될 수 있다.

<MDG의 이행 성과>

1. 절대빈곤 및 기아 퇴치(Eradicating extreme poverty and hunger): 1일 소득이 1.25달러 미만의 인구를 반감하며, 1990년에서 2014년까지 하루 1달러 이내 소득자 비율을 절반으로 감소시키고, 여성과 청년층을 포함하여 완전하고 생산적인 고용과 양질의 일자리를 제공하여 1990년에서 2015년까지 기아인구층을 절반수준으로 감소시키는 것을 목표로 하였다. 2010년 기준, 1990년 대비 절대빈곤 비율이 절반 수준으로 감소되었으나, 고용불안과 만성기아, 지역 갈등으로 인한 피난 등 관련 문제들은 여전히 남아있다.

2. 보편적 초등교육의 실현: 2015년까지 전세계 모든 남녀 어린이들이 동등하게 초등교육 과정을 이수토록 하는 것을 목표로 하였다. 1990년

이래 개도국을 중심으로 초등교육 보편화의 많은 진보가 있었으나, 2012년 기준 개도국 아동의 약 10%, 선진국 아동의 약 4%가 초등교육을 완료하지 못하고 있다.

3. 양성평등과 여성의 능력 신장: 모든 교육수준에서 남녀차별 철폐를 목표로 하며, 2005년까지 초등과 중등교육에 대한 성별 불균형 타파, 2015년까지 모든 수준의 교육에서 성별 균형에 도달할 것을 목표로 하였다. 남학생 대비 여학생의 학교등록 비율을 수치화환 성차지수(Gender parity index)가 0.97 – 1.03 수준일 때 양성평등을 달성했다고 본다면, 2012년 기준 거의 모든 저개발국 지역이 초등교육(0.97), 중등교육(0.96), 고등교육(0.99)에서 양성평등 수준에 도달했다고 평가받는다.

4. 유아사망률 감소: 4.5세 이하 아동사망률 2/3 감소, 2015년까지 1990년 기준 5세 미만 유아사망률 2/3 감소를 목표로 하였다. 5세 이하 사망률의 감소 속도는 지난 1990-1995년 1.2%에서 2005-2012년 3.9%로 점차 빨라졌다. 2015년까지 유아사망률을 2/3 수준으로 낮추기 위해서는, 2013-2015년의 감소율이 현재보다 4배는 더 커져야 한다.

5. 모성보건 증진: 2015년까지 산모사망률 3/4으로 감소하고, 모든 여성이 출산시 건강관리를 받을 수 있게 하는 것을 목표로 하였다. 1990년 대비 2013년에는 산모사망률이 45% 감소하였고, 관련된 분야의 많은 발전이 있었음에도 불구하고, 개도국 지역의 산모 사망률은 선진국에 비해 14배나 높은 수준이다. 2015년까지 목표를 달성하기 위해서는 훨씬 더 많은 작업이 필요하다.

6. 질병 퇴치: 말라리아와 AIDS 확산의 저지. 2015년까지 HIV/AIDS와 말라리아, 기타 주요 질병의 확산을 멈추고 감소세로 전환시키는 한편, HIV/AIDS 치료를 원하는 모든 사람들에게 치료에 대한 보편적 접근권을 달성하게 하는 것으로 목표로 하였다. 전세계적으로 HIV/AIDS에 감염된 성인의 비율은 2001-2012년 사이 44% 감소하였고, 말라리아 및 백혈병 치료제의 보급 등을 통해 이로 인한 사망자의 수가 많이 감소하였다. 그러나, 2012년 기준 매일 600명의 어린이들이 AIDS 관련

질환으로 사망하고 있다.

7. 지속가능한 환경 확보: 안전한 식수와 위생환경에 접근 불가능한 인구의 수를 반으로 줄이고, '지속가능 발전의 원칙'(principles of sustainable development)을 국가 정책과 계획에 통합시키고, 유실된 환경자원을 회복하는 것을 목표로 한다. 또한 생물 다양성 손실 감소 및 멸종률 완화, 안전한 식수와 기본적인 위생 시설에 접근하지 못하는 인구비율의 절반 축소, 2020년까지 빈민가에 거주하는 적어도 1억 명의 삶의 질을 향상시키는 것을 목표로 한다. 2012년 기준, 이산화탄소 배출량은 1990년 대비 50% 이상 증가하였고, 1990년 대비 안전한 식수를 마실 수 있는 인구가 23억 명으로 늘어나긴 했지만, 여전히 7.5억 명 정도의 인구가 식수 환경의 개선이 필요한 수준이다. 도시 거주자의 1/3 정도가 여전히 슬럼 지역에서 생활하고 있다.

8. 개발을 위한 글로벌 파트너십 구축: 최빈국 및 내륙 개도국(landlocked developing countries), 소규모 도서지역(small island developing States)의 개발 관련 문제를 해결하는 것으로 목표로 하였다. 선진국의 저개발국에 대한 공적개발원조(Official Development Assistance)의 규모는 2013년 약 1,350억 달러에 이르러, 역대 최고 수준에 도달했다. 한편, 개도국 부채의 수준은 2000년 이래 급격히 감소하다가, 2006년 전후로 정체 수준으로 보이고 있다.

출처: The Millennium Development Goals Report 2014, UN

그렇다면, BoP 시장으로부터의 기회는 우리사회와 무관한가? 한국사회는 급격한 경제발전 과정에서 성장에 따른 분배가 실현되고 제도화되는 데 있어 아직도 많은 문제점을 안고 있으며, OECD 국가라는 선진국의 대열에 합류하고 있어 나라 전체가 BoP 시장으로 인식되지는 않아도, 우리사회의 많은 사람이 한국 사회 특유의 BoP 적인 문제 속에 살아가고 있다. 이는 사회의 양극화에 따른 상대적인 박탈감의 문제를 넘어 절대적인 빈곤층이 지속적으로 증가하고 있다는 점에서, 한국사회의 빈곤 문제는 심각하다.[9]

빈곤은 단순한 소득 수준을 넘어선 사회문제로 접근해야 하는데, 그 핵심 연결고리가 바로 '사회적 배제(social exclusion)'의 개념이다. 빈곤 문제는 사회안전망과 사회관계망의 확대 여부와 관련된 '기회'에 대한 문제이며, 빈곤을 극복하기 위한 대안은 고용 정책뿐만이 아닌 사회통합을 위한 정책과 제도화의 영역이다. 빈곤은 삶의 다양한 차원 즉, 소득, 재산, 건강, 주거, 교육, 환경, 노동 등에서의 결핍을 통해 드러난다는 점에서 우리 사회의 다양한 문제들과 연관되어 있다. 비정규직이 급격하게 증가하고 농민과 영세상인의 빈곤 수준은 임계점을 넘어 위험 수준에 다다르고 있는 등, 가구 소득 수준이 빈곤선 이하인 가구를 나타내는 한국 사회의 빈곤층은 지속적으로 늘고 있다.[10]

그 밖에 한국사회가 직면한 사회문제들은 결코 BoP적인 시각에서 자유로울 수 없으며, 한국사회의 특성 속에서 새롭게 해석되어 문제로 인식될 필요가 있다. 빈곤 문제는 다른 나라의 문제가 아니며, 이 분야 또한 사회적 기업가의 성찰과 실천이 필요한 분야이다.

◉ 『비이성적인 사람들의 힘』에서 정의한 기회

사회적 기업가의 필독서 『비이성적인 사람들의 힘』에서 지속가능성 연구의 대가 존 엘킹턴(John Elkington)과 전 슈왑재단(Schwab Foundation) 이사장 파멜라 하티건(Pamela Hartigan)은 사회적 기업

가가 그동안 주목해 왔으며, 앞으로도 주목해야 할 사회문제 열 가지를 제안하고 있다.11)

① 인구 문제(Population)

비대칭적인 연령분포 즉, 고령화 사회나 청년인구가 많은 나라 등은 각기 그 나름의 정치적, 경제적, 사회적 어려움이 있다. 또한, 개발과 함께 농촌에서 도시로의 이주현상이 급증하면서 발생하는 도시빈민 증가 관련 사회문제 등이 있다.

② 금융(Finance)

세계화와 자본주의의 확산으로 인한 소득과 자산의 양극화 현상에 대한 문제제기이다. 자본주의의 심화로 빈익빈 부익부 현상이 심화되고 있으며, 이러한 극단적인 부의 불균형은 사회의 대재앙이 될 수 있다.

③ 영양(Nutrition)

기아, 배고픔, 영양결핍으로 인한 발육부진, 신체 허약, 만성 영양실조 등에 대한 문제이다. 오늘날 전 세계적으로 8억 명 이상의 사람들이 굶주린다고 추정되고 있다.12)

④ 에너지와 자원

자원집약적 농업과 산업의 확산, 인구 증가로 인해 지속적인 경제 성장을 위협할 만큼 천연자원이 고갈되고 있다. 또한, 선진국과 저개발국간의 에너지 양극화는 개발도상국의 빈곤 고착화와 지역적, 국가적, 세계적 차원에서 환경의 지속가능성을 약화시키고 있다.

⑤ 환경

저개발국의 환경문제는 깨끗한 식수, 공중위생, 실내외 오염의 위험, 자연재해에 대한 취약성의 문제인 반면, 선진국의 환경문제는 소음, 교통체증, 공기와 물의 오염, 장기적인 기후 변화, 물 부족 등이다.

⑥ 건강

HIV/AIDS, 말라리아, SARS와 같은 잠복성 광역전염병 문제는 불가항력적인 분야이다. 세계 보건보고서에 따르면, 2006년 한 해에만, 거의 1,100만 명에 이르는 5세 미만의 아이들이 예방이 가능한 병으로 죽음에 이르렀다는 통계가 있다. 결국, 질병은 영양, 환경, 그리고 빈곤의 문제와 밀접한 관련이 있다.

⑦ 양성 평등

여성의 사회적, 법적 지위에 대한 문제이며, 사고의 변화와 환경의 변화가 필요하다.

⑧ 교육

부의 창출과정이 정보와 지식에 의존하는 정도가 커짐에 따라, 국내외적으로 교육의 양극화는 심각한 문제가 되고 있다.

⑨ 디지털화

IT 혁명은 또 다른 양극화를 발생시키며, 휴대폰, 컴퓨터, 인터넷 등 신기술의 중요성이 부각되었지만, 빈곤층의 신기술 접근성은 낮은 것이 현실이다.

⑩ 안전

신체적, 심리적, 사회적, 경제적, 환경적, 에너지 관련, 물 관련 여러 안보 문제가 등장하고 있다. 국제적 테러리즘과 지역안보, 환경문제와 식량안보 등과 관련된 이슈들이 있다.

○ 한국 통계청의 사회이슈 분류에서 본 기회

한국사회의 사회이슈에 대하여, 한국 통계청에서 발행한『한국의 사회동향』상의 분류를 통해 살펴보기로 하자.[13]

① 안전

기후변화로 인한 자연재해, 화재, 산업재해, 교통사고, 범죄율 증가

② 인구

수도권인구 집중과 고령화, 가족의 분산과 가구구성의 변화, 이민자 증가

③ 가족과 가구

1인가구 증가(비혼과 이혼 등), 연령증가에 따른 초혼연령 상승과 만혼, 한부모가정, 맞벌이 부부

④ 건강

암, 자살, 우울증과 스트레스, 소득에 따른 의료서비스 격차, 우리시대의 병 아토피 질환의 등장, 서구형 질환 증가

⑤ 주거와 교통

수도권 거주자의 출근전쟁(소득과 통근시간 반비례 관계 형성 등), 주거 안정성 문제, 최저주거기준 미달된 주거빈곤가구 문제, 도로의 지역간 불균형 문제 등

⑥ 사회통합

노인자살, 다문화 수용성 문제와 국민정체성, 1인가구의 사회적 지원과 공정성 문제

◎ UN의 지속가능개발 목표(Sustainable Development Goals)에서 정의한 사업기회

SDG(지속가능개발 목표)는 MDG가 종료된 이후 UN에서 전 지구에 걸친 사회 문제를 정의하고 해결의 목표를 표현한 것으로서, 사회적 기업가가 사회 문제를 정의함에 있어 참고로 삼을 수 있다.

THE GLOBAL GOALS
For Sustainable Development

지속가능개발 목표(Sustainable Development Goals)

1. 모든 곳에서 모든 형태의 빈곤 종식
2. 기아종식, 식량 안보와 영양 개선 달성 및 지속가능한 농업 진흥
3. 모든 연령층의 모든 사람을 위한 건강한 삶 보장 및 복지증진
4. 포용적이고 공평한 양질의 교육 보장 및 모두를 위한 평생학습 기회 증진
5. 양성평등 달성 및 모든 여성과 소녀의 권익 신장
6. 모두를 위한 물과 위생의 이용가능성 및 지속가능한 관리 보장
7. 모두를 위한 저렴하고 신뢰성 있으며 지속가능하고 현대적인 에너지에 대한 접근 보장
8. 모두를 위한 지속적이고 포용적이며 지속가능한 경제성장 및 완전하고 생산적인 고용과 양질의 일자리 증진
9. 회복력 있는 사회기반시설 구축, 포용적이고 지속가능한 산업화 증진 및 혁신 촉진
10 국가 내 및 국가 간 불평등 완화
11. 포용적이고 안전하며 회복력 있고 지속가능한 도시와 정주지 조성

12. 지속가능한 소비 및 생산 양식 보장
13. 기후변화와 그 영향을 방지하기 위한 긴급한 행동의 실시
14. 지속가능개발을 위한 대양, 바다 및 해양자원 보존 및 지속가능한 사용
15. 육상 생태계의 보호, 복원 및 지속가능한 이용 증진, 산림의
    지속가능한 관리, 사막화 방지, 토지 황폐화 중지, 역전 및 생물다양
    성 손실 중지
16. 모든 수준에서 지속가능개발을 위한 평화롭고 포용적인 사회 증진, 모
    두에게 정의에 대한 접근 제공 및 효과적이고 책임 있으며 포용적인
    제도 구축
17. 이행수단 강화 및 지속가능개발을 위한 글로벌 파트너십 활성화

○ 한국 사회에서 사회적 기업가들에게 추천할 만한 소셜 이슈

위와 같은 사회 이슈 정의를 참고하여 한국 사회에서 중요한
아홉 개의 소셜 이슈를 선정하였으며, 각각에 대한 자세한 내용은
『소셜이슈 분석 및 기회탐색 1, 2』[14]를 참고하기 바란다.

① 도시화와 주택문제
② 건강과 보건의료
③ 교육
④ 글로벌 빈곤문제와 국제개발협력
⑤ 기후변화와 에너지, 지속가능한 발전
⑥ 이민과 다문화
⑦ 소셜네트워크의 부상과 새로운 기회
⑧ 문화와 예술
⑨ 행복 추구와 삶의 질

라. 소셜 이슈에 따른 사회적 기업가의 기회와 한계

혁신가로서의 사회적 기업가가 해결할 수 있는 이슈와 해결할 수 없는 이슈가 따로 있을까? 즉, 사회적 기업가가 해결할 수 있는 '적절한' 사회문제는 따로 있을까? 예를 들어 분단과 분단으로 인한 제반 사회적 현상, 우리 사회에 뿌리박힌 권위주의적 정치문화, 비정규직 문제, 노동3권의 보장, 불평등 구조, 청년 실업 등, 한국 사회에 뿌리내린 사회문제들에 대해서 사회적 기업가는 어떠한 답을 내놓을 수 있을까? 이러한 구조적인 사회문제에 사회적 기업가가 접근한다고 했을 때, 사회적 기업가로서 내놓을 수 있는 해답에 적절한 방식은 존재하는가? 그렇다면, 오늘날 사회구조적인 문제들에 있어서 사회적 기업가의 접근이 갖는 의미와 한계는 무엇일까?

창신동을 중심으로 지역재생을 위한 혁신형 사회적 기업을 운영하고 있는 신윤예 대표는 지역 공동체를 살리는 다양한 프로그램으로 지역재생 사업의 롤모델을 제시해나가고 있다. 상당히 복합적이고 구조적인 문제에 접근하고 있는 그는 사회적 기업가가 다룰 수 있는 소셜 이슈의 지평을 실천적으로 넓혀주고 있다(관련 사례: 공공공간).

🔍 사례보기: 공공공간(000간)

✔ 공공공간(000간)

'소외지역 재생을 위한 커뮤니티 브랜딩'이라는 소셜 미션을 추구하는 000간(공공공간)은 예술 컨텐츠를 통해 지역 활성화를 도모하는 커뮤니티 기반 사회적 기업이다.

000간의 신윤예 대표는 한국의 산업 구조 재편에 따른 지역의 주변화와 이로 인한 공동체 해체 등에 따른 사회 문제에 주목하고, 이를 예술 활동과 관련지어 해결하고자 한다. 공공공간이 활동하는 창신동은 서울의 소외 산업 지역 중의 하나로, 1970년대 국내 봉제 산업이 호황기였을 때 급속히 성장하였다가, 1980년대 이후 타 제조업과 마찬가지로 기업의 해외이전 등의 이유로 쇠락하기 시작했다. 이에 따른 지역경제의 침체와 노후화된 주거환경, 지역 아동의 교육 및 육아 문제는 지역이 직면한 주요한 사회 문제이다.

공공공간은 창신동 봉제공장의 계절적 실업에 주목하고, '제로웨이스트'라는 친환경 재단 기술로 제품을 생산하기도 하고, 봉제공장에서 대량으로 버려지는 자투리 천을 활용한 아이디어 상품을 생산하여 판매하거나, 지역 어린이를 포함한 지역주민들에게 예술적 체험 프로그램을 제공하고 있다. 2017년 서울시 봉제 역사관 '이음피움' 개관전을 기획·운영했고, 국립현대미술관에서 '에코판타지데이' 친환경 캠페인을 진행했다. 2019년 론칭한 온라인 플랫폼 '위드굿즈'는 디자이너와 제작자를 연결하는 프로젝트로, 온라인으로 그래픽 시안을 업로드하면, 일정 제품에 샘플 이미지가 생성되고 소규모 제작과 유통까지 가능한 시스템이다. 제로웨이스트 디자인을 소비자에게 매력적인 제품으로 효과적으로 제작할 수 있는 협업 시스템을 구축하기 위한 목적으로 마련되었다. 신윤예 대표는 2017년 '까르티에 여성 창업가 어워드' 아시아태평양 파이널에 진출한 바 있다.

<000간이 정의하는 소셜 디자인>

- '사회 문제의 본질을 파악하고, 구조적 변화를 위한 해결책을 제시하는 것'
- '문제해결의 과정에서 창의적인 아이디어를 더하여 사회에 긍정적인 에너지를 불어 넣는 활동'
- '우리 사회의 문제를 새로운 기회로 만들어 사회를 변화시켜나가는 긍정적인 디자인'
- '자신과 이웃을 변화시키고, 자연과 공생을 하고자 하는 사람들을 위한 유용한 사회적 도구'

(출처: http://000gan.com/about/)

우리 노동운동의 역사에서, 근로기준법을 지키라고 외치며 전태일 열사가 온몸을 불살라 비인간적이고 열악한 노동 현실을 고발한 그 곳이 바로 70년대의 봉제 공장이었다. 전태일 열사가 투쟁했던 70년대와 그 본질에서 크게 다르지 않은 노동현실이 오늘날의 한국사회에도 그대로 재현되고 있음을, 위험한 작업환경[15], 비정규직 문제, 쌍용차해고노동자 문제[16] 등에서 우리는 여실히 목도하고 있다. 쌍용차해고노동자 문제는 신자유주의 환경 속에서 우리 사회의 고용안정성이 얼마나 취약한지, 또 그로 인해, 한국사회 중산층의 꿈이 얼마나 허망할 수 있는지 그 현실을 보여주었다.

이러한 문제는 지속적으로 재생산되고 있음에도, 사회적 기업가가 이러한 문제를 해결하겠다고 나서는 경우는 거의 없다. 분명한 것은 우리 사회에는 사회적 기업의 방식으로는 해결할 수 없는 문제들이 존재한다는 것이다. 즉, 정부와 시민사회를 통해 해야 할 일들이 존재하며, 사회적 기업은 분명히 중요한 변화의 흐름이지만, 그 한계 또한 존재한다. 그런 의미에서 노동운동과 시민운동, 그리고 정부 정책이 나서야 하는 영역이 무엇인가에 대해 우리는 끊임없이 성찰하여야 한다. 예를 들어 정부가 '실업'이나 '빈곤'과 같은 구조적인 문제에 접근함에 있어, 실업과 빈곤이 끊임없이 재생산되는 구조를 그대로 두고, 사회적 기업으로 이러한 문제를 해결하겠다고 나서는 것은 자칫 문제의 본질을 호도할 수 있는 위험이 있다.

전태일의 뒤를 이은 노동운동가들의 피와 땀을 통해 우리 사회의 노동환경이 조금씩 나아져왔다면, 신윤예 대표는 같은 공간에서 다른 방식으로 꿈을 꾸는 새로운 종류의 청년이다. 그는 오늘날 한국사회의 문제에 접근하는 방식이 다른 새로운 '종'(breed)이며, 바로 사회혁신가이다. 빈곤과 소외에 대한 문제를 '삶의 질'과 '공동체'를 회복하는 지역재생의 방법으로 접근하여, 빠른 경제 성장의 뒤안길에서 생산을 담당하고 있으면서도, 성장의 과실을 누리지 못한 지역 공동체의 팍팍한 삶에 활력을 불어넣는 방식으로, 그는 사회혁신가의 길을 가고 있다.

사회적 기업은 구조적 문제에 대하여 행위 중심으로 접근하는 변화추구자이기에, 그 한계에도 불구하고 그들이 가져올 가능성 또한 무궁무진하다.

마. 소셜 미션 수립 프로세스

◎ 주목하는 사회문제 정의

소셜 미션을 수립하는 데 있어 가장 먼저 해야 할 일은, 주목하는 사회문제를 정의하는 일이다. 사회문제의 정의란, 이 세상의 많은 사회적 이슈와 현상들 중에서, 특별히 특정 사회적 기업가의 주의를 끄는 이슈와 현상을 '문제'로 규정하는 것이다. 그러한 점에서 사회적 기업가의 '가치판단과 가치관련'이 적용된다. 사회적 기업가가 사회문제를 정의하는 과정에서 '사회학적 상상력'이 동원된다. 즉, 하나의 사회 현상을 문제로 정의하는 과정에서, 그것이 왜 문제이며 주목할 만한 것인가?에 대하여 설득해야 한다. 이 과정에서 사회적 기업가는 사회문제를 '분석'하여야 한다. 주목하는 사회문제를 '정의'하고, 이를 분석하는 과정에서 사회적 기업가는 적어도 이 문제에 대해서만은 전문가적인 식견을 가지게 된다.

→ 내가 주목하는 사회 문제 혹은 새로운 대안적 가치에 대한 정의와 분석

◎ 기존 접근방법에 대한 조사와 비판적 분석

사회문제가 정의되었다면, 그 다음 단계는, 사회적 기업가가 주목하는 사회문제에 대한 기존의 대안들과 접근방법들을 찾아보는 일이다. 특정 사회문제에 대하여 기존의 정책, 시민사회, 시장 등에서 어떤 노력이 있었고 그것이 왜 실패, 혹은 부분적으로 성공

했는지를 명확히 밝힌다. 그러한 과정을 통해서, 사회적 기업가가 이 문제를 해결한다는 것이 어떤 의미를 가지는 것인지 사람들이 공감할 수 있다. 사회적 기업가에게 아무리 좋은 아이디어가 있어도, 이 아이디어가 의미 있는 아이디어인지, 과거에 이미 적용되었던 것은 아닌지 등에 대해서 살펴보려면, 이 전에 시도되었던 다양한 문제해결 방법에 대하여 사례연구 등을 진행하여야 한다. 그것을 통해, 자신이 무엇을 더 할 수 있을지에 대한 스스로의 생각을 정리할 수 있고, 자신의 방법이 가진 독창성에 대하여 설득력있게 소통할 수 있다. 그리고, 이러한 배경을 통해서, 사회적 기업가가 창출하는 가치가 보다 명확해진다.

→ 정부, 기업, 시민 사회 등 기존 접근 방법과 한계에 대한 비판
　적 분석

사회적 기업은 대개 정부의 정책 실패나 시민운동의 영역에서 다뤄지기 힘든 분야에서 '시장 메커니즘'을 통한 접근 방법으로 성공하게 되는 경우라고 이야기한다. 그렇다면, 특정 사회문제에 대하여 정부 정책은 어떤 접근을 하였고, 어떤 이유에서 실패했는지, 혹은 일정 부분이라도 성공한 부분은 없는지에 대해 살펴보아야 한다. 사회적 기업가 개인이 아무리 문제라고 느끼더라도, 그 부분이 정부 정책의 영역에서 이미 상당 부분 성과를 이룬 부분이라면, 사회적 기업가 개인의 힘으로 행하기 힘든 영역이라면, 이 시점에서 포기할 줄도 알아야 한다. 그리고, 주목하는 사회문제에 대하여, 시민운동 분야에서는 어떤 성과와 한계가 있었는지 살펴야 한다. 이 과정에서 사회적 기업가는 시민운동의 역사적 성과를 최대한 존중

하여야 하며, 그 과정에서 해결하고자 하는 사회문제가 결코 쉽지 않은 일임에 대해서도 배울 수 있고, 본인이 해결하고자 하는 사회문제에 대해 어떤 겸손함을 가져야 하는지에 대해서도 알 수 있다.

◉ 기존 사회혁신 방법에 대한 조사와 나의 혁신성 찾기

그 다음에, 같은 사회적 기업 중에서 비슷한 고민을 하고 있는 곳은 없는지 살펴볼 수 있다. 해외와 국내를 막론하고 사회 혁신적 접근은 최근 들어 많은 성과를 내고 있다. 사회적 기업가는 해외에서 시도된 방법에 대해서 국내에 적용하는 과정도 생각해볼 수 있다. 영국에서 노숙자의 자립을 돕는 사회적 기업인 '빅이슈'를 국내에 도입한 '빅이슈 코리아'가 그 예이다. 국내의 사회적 기업들이 시도한 방법들을 살펴봄으로써, 자신이 거기에 더해 어떤 혁신적 방법을 낼 수 있을지 고민해 볼 수 있는데, 이는 자신이 가진 혁신성이 다른 선각자들에 비해 어떤 혁신성을 보태고 있는지에 대한 분명한 자각의 과정이다.

🔍 사례보기: 빅이슈 코리아

> #### ✔ 빅이슈 코리아
>
> 〈빅이슈 Big Issue〉는 1991년 영국에서 창간된 대중문화 잡지로, 홈리스(Homeless, 노숙인 등 주거취약계층)에게만 잡지를 판매할 수 있는 권한을 주어 자활의 계기를 제공한다. 폴 매카트니, 데이비드 베컴, 조앤 K. 롤링 등 영국의 유명 연예인들의 재능기부로 만들어지며, 2021년 현재 세계 11개국에서 15종이 발행되고 있다.

〈빅이슈 코리아〉는 지난 2010년 홈리스 자활을 지원해 온 비영리단체 '거리의 천사들'이 발행하기 시작했다. 홈리스가 스스로 판매원이 되기로 결심하면, 2주간의 임시 판매원 기간을 거쳐 정식 판매원이 될 수 있다. 권당 5,000원인 잡지를 1권 판매하면, 판매가의 50%(2,500원)이 판매원에게 돌아가고, 6개월 이상 판매하고 꾸준히 저축을 하면 임대주택 입주자격이 주어진다. 〈빅이슈 코리아〉에 따르면, 2020년 5월 기준, 주거 취약계층 주거 상향 지원사업을 통해 매입 임대주택에 입주한 가구 수는 99호이고, 빅이슈 판매원 일거리 서비스 활동으로 매입 임대주택에 입주한 가구 수는 46명이다. 이 중 49명이 〈빅이슈〉를 통해 재취업에 성공했다. 〈빅이슈 코리아〉는 홈리스에게 합법적인 일자리 제공을 통해 경제적 자립을 돕고, 서울시와 서울메트로, 서울발레시어터, 한국문화예술위원회 등 지자체와 기관과의 협약을 통해 홈리스 인식개선 사업을 진행한다. 또한, 홈리스월드컵, 홈리스발레단, 홈리스밴드, 홈리스합창단 등의 활동을 통해 홈리스의 사회 정착을 돕고 있다. 지난 2010년 서울시 사회적기업 인증을 거쳐, 2013년 고용노동부 사회적기업으로 등록되었다. 2016년 한국사회적기업주간 사회적기업육성 기업부문 국무총리상 수상, 2019년 LH 주거복지대상 장려상 수상 등 국내 사회복지 부문 주요 대회에서 성과를 인정받았다. 잡지 판매 사업 외에 디자인, 출판, 인쇄, 홍보 등 유관 사업 분야를 통해 빈곤 해체 미션을 확장하고 있다.

사진 출처: 〈빅이슈코리아〉 페이스북

→ 국내외 사회적 기업들의 접근 방법의 문제점과 배울 점에 대한 분석

◉ 나의 혁신 아이디어 제안

이러한 바탕 위에서, 사회적 기업가는 어떻게 이 문제를 해결할 것인지를 제안한다. 즉, 사회적 기업가의 '혁신적 접근'을 제안하는 과정이다. 대개 이 과정은 앞의 모든 단계를 수행하고 나서 다음 단계에서 진행되기보다는, 위의 과정을 수행하는 과정에서 시도 때도 없이 사회적 기업가의 경험과 뇌리를 스치게 될 것이다. 그리고 많은 경우, 사회적 기업가들은, 사회문제를 정의하는 과정에서 이미 자신은 '이런 방법으로 사회문제를 해결하겠다'라는 아이디어의 단초를 가질 가능성이 높다. 이러한 단초는 이후에 진행되는 지난한 분석과 검증을 통해 '혁신적 방법'으로 만들어지게 된다. 이와 같은 과정을 거치지 않고, 어떻게 사회적 기업가가 자신의 방법이 혁신적이라는 확신을 가질 수 있으며, 어떻게 다른 사람들을 설득할 수 있을까.

여기서, '혁신적 아이디어' 자체를 다듬는 일은 자연스럽게 이루어지기보다는, 이 자체가 지난한 작업이다.

사회혁신 방법의 제안은 혁신적인 아이디어로 마무리된다. 이러한 혁신 방법이 시민운동에서 제안이 되었다면, 그 다음은 이를 실천하기 위한 전략과 전술로 넘어가게 되는 반면, 사회적 기업가에게는 이를 실천하기 위한 '혁신적 사업모델' 수립으로 나아가는 것이 다른 점이라 할 수 있을 것이다.

→ 나의 사회혁신 아이디어 제안

◎ 소셜 미션을 명쾌한 한 문장으로 정리하기

이 모든 과정을 통해 도출된 내용을 '무엇을 어떤 방법을 통해 변화시켜, 어떤 사회적인 임팩트를 낼 것이다'라는 구조로 정리하여 간명한 소통이 가능하도록 한 것이 '소셜 미션'이다.

→ 소셜 미션을 간단하고 명쾌한 문장으로 정리하기

"주목하는 사회문제의 정의 → 사회문제의 분석 → 사회문제에 대한 기존의 접근 방법에 대한 분석 → 사회적기업가의 사회혁신 방법 제안 → 소셜 미션을 한 문장으로 정리하기"의 과정은 사회적 기업가의 '소셜 미션' 수립 과정의 단계이며, 사회적 기업가가 외부에 자신의 미션을 소통하는 방법이자, 사회적 기업가의 사업계획서가 일반적인 벤처기업의 사업계획서와 차별점을 이루는 부분이다.

 사회적 기업가 인터뷰

✔ **어떻게 해서 지금의 소셜 미션을 가지게 되었습니까? 소셜 미션은 소셜 벤처가에게 얼마나 중요한 것이라고 생각합니까?**

히즈빈스의 소셜미션은 '모든 장애인들과 함께 행복하게 일하는 세상을 만드는 것'입니다. 25세에 장애인들과 친해지는 계기를 통해 그들의 첫 번째 소원이 일하는 것이라는 것을 알고 도전했습니다. 수많은 장애인들이 적합한 교육과 기회를 얻지 못해서 직업을 갖지 못한 것이라는 원인을 알고, 맞춤형 교육과 보장된 일자리의 기회를 드렸더니, 한 분야의 전문가가 되어 일하고 자립할 수 있었습니

임정택(히즈빈스 대표)

다. 소셜 미션이 분명해야 비즈니스를 하면서 힘든 상황이 생겨도 잘 극복해 낼 수 있다고 생각합니다. 결국 소셜벤처를 오래 동안 지속시킬 수 있는 가장 큰 원동력이 됩니다.

소셜 미션이 위와 같은 내용을 통해 체계를 갖추었다면, 사회적 기업가의 사업계획서는 이미 반 이상 완성된 것이나 다름없으며, 이제 혁신적 비즈니스 모델 수립의 단계로 넘어갈 수 있다. 그리고, 여러 번 강조하지만, 혁신적 비즈니스 모델 수립의 단계에서 소셜 미션의 세부 사항은 끊임없는 재검토의 과정을 거치게 된다.

소셜 미션 수립 프로세스별 세부적으로 점검해야 할 사항은 아래와 같다.

[표 4-3] 소셜미션 수립 프로세스

구분	세부 점검 내용
주목하는 사회문제 정의	- 내가 정말 꼭 해결하고 싶은 사회적 문제 혹은 사회적으로 꼭 해결되어야 한다고 생각하는 사회적 문제는 무엇인가를 인식 - 정량적이고 구체적인 정보의 충분한 수집 - 깊이 있는 성찰을 통해 주목하고 있는 사회적 문제에 관한 전문가 수준의 이해 필요 - 주목하는 사회 문제에 대해 그 문제를 잘 모르는 사람들에게도 설명하면 공감할 수 있도록 정리가 되어야 함
기존 접근방법에 대한 조사와 나의 혁신성 찾기	- 문제의 근본 원인 파악 - 시장, 시민사회, 정부가 이 문제에 대해 어떤 해결 방향을 취했는지 파악 - 기존 사회혁신 방안에 대한 비판적 분석 - 문제 해결의 아이디어를 다양하게 도출 - 아이디어 중 수요를 창출할 수 있는 아이디어를 기회로 파악

구분	세부 점검 내용
나의 사회혁신 아이디어 제안(사회적 · 경제적 가치 정의)	- 소셜미션 수립 시, 소셜벤처의 문제 해결의 기대치와 범위를 명확히 해야 함 - 사회적 가치 창출에 대한 기대효과 정의(내 · 외부 이해 관계자들에게 명확히 전달할 수 있는 수준) - 사회적 가치는 정량적, 정성적 지표의 결과 수치 제시 　• 정량적 지표: 화폐가치로 환산이 어려운 사회적 가치를 정량적으로 정의(취약계층 고용, 저소득층 사회 서비스 제공 대상자 수, 현수막 재활용 실적) 　• 정성적 지표: 정량적 측정이 어려운 사회적 가치를 정의(개인의 자존감 향상, 사회적 연대감, 시장 정화 등) - 경제적 가치는 목표로 하는 매출, 이익, 자산, 일자리 창출 수
소셜 미션을 명확한 문장으로 작성	- 우리는 누구인가?(차별성) - 우리가 만나는 사회적 문제는 무엇인가? - 주요 이해 관계자에게 어떤 가치를 제공해야 하는가? - 장기적으로 사용될 수 있는가? - 쉽고 명확하고 단순하게 작성했는가? - 조직이 추구해야 할 행동과 제거해야 할 행동 결정의 기준이 될 수 있는가? - 당신이 당신의 가족, 친척, 자녀, 사랑하는 이들에게 당신 조직의 미션을 말할 때 자랑스러워 할 수 있는가? - 내부 구성원: 의사결정 과정에서 소셜 미션이 실현됨을 구성원이 경험하고 그것이 하나의 조직 문화로 만들어질 수 있어야 함 - 외부 이해 관계자 　• 5분 설명으로 이해 가능한 소셜미션 　• 이해관계자들의 인식이 동일하게 나타날 수 있어야 함

02 혁신적 비즈니스 모델 수립하기

가. 비즈니스 모델의 이해

비즈니스 모델은 사업의 성패를 좌우하는 매우 중요한 요인이지만, 그 개념과 본질이 무엇인지에 대해 정확한 이해가 부족하여 종종 수익모델이나 전략과 자주 혼동되어 사용된다. 하지만, 이 둘의 개념은 명백하게 다르다. 본 장에서는 비즈니스 모델의 개념과 본질, 원리, 상세한 구축 방법론을 비즈니스 모델 캔버스를 통해서 알아본다. 사회적 기업의 비즈니스 모델은 일반 기업의 비즈니스 모델과 어떤 차이점이 있으며 사회적 기업이 사회적 영향력을 확보하기 위해 어떻게 비즈니스 모델을 활용해야 할까?

○ 비즈니스 모델의 정의

비즈니스 모델(business model)이라는 개념은 1990년대 말 이후 인터넷과 정보기술의 발전을 배경으로 미국의 아마존(Amazon)과 같은 기존과는 전혀 다른 사업모델을 가지고 있는 인터넷 닷컴 기업들이 출현하기 시작하면서 비즈니스 실무에서 확산된 개념이다. 인터넷 기업들은 전통적인 오프라인 기업과 비교해 기업의 수익을 창출하는 방식이 근본적으로 달라서 이러한 차이를 설명해야하는 새로운 용어가 필요했기 때문이다.

비즈니스 모델의 정의는 기업의 업무, 제품 및 서비스의 전달, 이윤을 창출하는 방법을 나타낸 모형이라는 뜻이다. 이를 쉽게 영어로 표현하면 'How we run the company'이다. 그런데, 종종 비즈니스 모델은 수익모델과 혼동되어 사용되는데 수익모델은 말 그대로 수익을 창출하는 모델을 말한다. 즉, 수익모델은 revenue model이며 기업이 어떻게 매출을 통해서 수익을 발생시키는지를 알려주는 것으로서, 비즈니스 모델보다는 지엽적인 내용을 다루게 된다.

비즈니스 모델과 혼동되어 사용되는 또 하나의 개념은 전략이다. 전략은 기업이 이익의 극대화라는 목표를 달성하기 위한 행동 계획을 가리킨다. 이는 군사용어에서 유래한 것으로 적을 이기고 내가 살기 위해서는 어떻게 행동할 것인지를 정하는 것을 일컫는다. 따라서, 전략을 쉽게 영어로 표현하면, 'How we do better than our rivals'로 표현할 수 있다. 즉, 내가 나의 경쟁자보다 나은 것이 있어서 고객들이 선택해주고 그로 말미암아 사업을 계속해서 성장할 수 있도록 행동 계획을 짜는 것이 바로 전략이다.

비즈니스 모델 연구자로 잘 알려진 폴 티머스(Paul Timmers) 박사는 비즈니스 모델을 제품, 서비스 및 정보의 흐름이며, 다양한 참여자들의 잠재적인 이익과 수익원천을 설명해 주는 청사진이라 정의하였고,[17] 마이클 라파(Michael Rappa) 교수는 기업이 가치사슬 상에서 어느 위치에 속하는가를 명시함으로써 매출을 발생시킬 수 있는 방법을 보여줄 수 있는 것이라고 정의하였다.[18]

Business-Dictionary에서는 비즈니스 모델을 기업이 고객에게 가치를 전달하고, 고객들을 가치를 위해 돈을 지불하도록 유인하며, 그들의 비용 지불을 수익으로 전환하는 방식이라고 정의하였다. 콜과 미첼(Coles & Mitchell)은 어떤 조직단체에서 그들의 고객에게 제품과 서비스를 제공하고, 자원과 능력을 개발하기 위하여

"What", "Who", "When", "Where", "Why", "How", "How much"
의 사용가능한 조합이라고 정의하였다.

비즈니스 모델 관련 저서로 잘 알려진 비즈니스 이론가 오스
터왈더(Alexander Osterwalder)는, 비즈니스 모델이란 한 조직체에서
어떻게 고객 가치를 창출하고 전달하고 수익원을 확보하는지에 대
한 합리적 방안이라 정의하였다. 이와 같이 비즈니스 모델의 개념
에 대하여 많은 학자들이 연구를 하였는데 이를 종합하면 비즈니스
모델은 '사업 아이디어를 가지고, 어느 시장에서, 누구에게, 어떤 가
치를 어떤 방법으로 전달하고 어떻게 수익을 창출할 것이지에 대한
전반적인 방향과 방법'을 정의한 것이다. 기존 비즈니스 모델의 정
의에 대해서 다양한 의견들을 정리하면 다음과 같다.

- 스티브 블랭크(Steve Blank): 기업이 창조, 전달, 포착한 가
  치를 묘사하는지에 대한 방법이다. 이는 제품을 고객에게 어
  떻게 전달할 것인지와 회사가 어떻게 수익을 창출하는지를
  포함한다.
- 폴 티머스(Paul Timmers): 제품, 서비스 및 정보의 흐름이
  며, 다양한 참여자들의 잠재적인 이익과 수익 원천을 설명해
  주는 청사진이다.
- 콜 & 미첼(Coles & Mitchell): 어떤 조직 단체에서 그들의
  고객에게 제품과 서비스를 제공하고, 자원과 능력을 개발하
  기 위해서 what, who, when, why, where, how의 조합을
  보여주는 것이다.
- 티몬스(Jeffry Timmons): 다양한 사업 참여자와 그들의 역
  할을 포함하는 제품, 서비스, 정보 흐름의 구조이며, 다양한

참여자들의 잠재적인 이익과 수익 원천을 설명해 주는 청사
진이다.

초기 창업 기업의 경우 비즈니스 모델이 우수하다고 반드시 성
공하는 것은 아니다. 창업 환경에는 무수한 변수가 존재하기 때문이
다. 하지만 비즈니스 모델의 타당성이 낮은 기업은 결코 성공할 수
없다. 완벽한 기술력으로 만든 제품과 서비스 경쟁력이 뛰어난 창업
기업이라도 비즈니스 모델이 목표 시장의 환경에 적용될 수 없다면
경쟁에서 멀어지고 결국 창업시장에서 도태된다는 점을 기억하자.

◎ 비즈니스 모델의 형성

비즈니스 모델은 전략모델, 운영모델, 수익모델의 3가지가 필
요한데, 각 모델들은 서로를 뒷받침한다.
- **전략모델**: 고객에게 자사가 제공하는 것이 무엇인가를 표현
  하는 모델로 운영모델에 의지해야만 비로소 실현된다. 또한
  수익모델이 뒷받침되지 않으면 비즈니스가 될 수 없다.
- **운영모델**: 전략을 지원하기 위해 운영의 구조를 나타내는 모델
  로 운영모델도 전략모델과 같이 수익모델이 뒷받침되어야 한다.
- **수익모델**: 사업 활동의 대가를 누구에게 어떤 식으로 얻는지
  를 나타내는 모델이다.

이 세 가지 모델을 통해서 항상 변화하는 환경과 고객의 니즈
에 대응하여 적응하는 모델을 만들어 나가야 한다.

◉ 비즈니스 모델의 구성 요소

비즈니스 모델은 크게 네 가지 구성요소로 이루어져있다. 이를 표로 살펴보면 다음과 같다.

[표 4-4] 비즈니스 모델 구성 요소

구분	세부 내용
1.목표 고객	목표 고객은 누구이며, 그들은 어떻게 생활하고 있는가
2.가치 제안	고객의 생활을 더 가치있게 만들기 위해서는 무엇을 제안할 것인가
3.수익 창출	어떻게 수익을 창출할 것인가
4.경쟁 전략	고객에게 CVP(customer value proposition)를 효과적으로 전달하고 수익모델을 구현하는 최적의 방법은 무엇인가

▪ 목표 고객

성공적인 비즈니스의 가장 중요한 처음과 끝은 고객이다. 고객과 관련하여 구체화할 내용은 다음과 같다.

- 고객 세분화(Customer Segmentation): 고객군의 분류 기준은 무엇인가?
- 세분시장별 고객 이해(Segment별 Customer Insight): 고객군별로 어떻게 생활하고 있는가?
- 목표 고객(Target Customer): 목표 고객은 누구인가?
- 목표 고객 분석(Target Customer Profile): 목표 고객은 구체적으로 누구이고, 어떻게 식별 가능한가?
- 시장 규모(Market Size): 목표 고객의 크기는 어느 정도 규모인가?

비즈니스모델 수립 예시

- 타겟 시장 분석(사례: 디베이트포올)

Market Analysis　　　　　　　　　　　　Debate *for* All

최우선거점 고객: N/A
전국 교육 소외 지역 지자체 교육과 및 교육지원청
(+ 다문화 예비/중점/연구 학교)

목표시장: N/A
지자체 및 교육지원청 창의인성 교육 사업 시장

유효시장: 약 3조원
방과 후 학교

전체시장: 약 40조원
유아 및 초중등 교육 예산

2016년 전국 시도교육청 자유수강권 예산: 1,929억원

출처: 교육부(2017)

Target Market　　　　　　　　　　　　Debate *for* All

전체 시장
(방과 후 학교)
약 3조원

타깃 시장
(전국시도교육청
자유수강권 예산)
약 2천억원

매출
40억

* 점유율 2% 가정

- 가치 제안

고객의 생활을 더 가치있게 만들기 위해 고객에게 제안할 것은 무엇인가와 관련하여 구체화할 내용은 다음과 같다.

- **고객 가치 제안(Customer Value Proposition:CVP)**: 고객을 돕기 위해 제안하는 가치는 무엇인가?
- **제품과 서비스(Offering)**: CVP를 구현하기 위해 고객에게 어떤 제품, 상품, 서비스를 제안할 것인가?
- **시나리오**: 고객은 정보 입수부터 구매, 사용, AS, 폐기 등 전체 프로세스에서 어떤 경험을 하게 될 것인가?
- **총 고객가치의 크기**: 고객이 CVP를 통해서 제공받는 혜택과 그 혜택을 제공받기 위해 지불해야 하는 비용은 무엇인가? 혜택이 비용 대비 우월한가?
- **기존 대안 대비 CVP의 차별성**: 경쟁자의 CVP와 대비하여 우리 기업이 제안하는 차별성은 무엇인가?

비즈니스모델 수립 예시

- 고객 가치 제안(Customer Value Proposition(사례: 히즈빈즈))

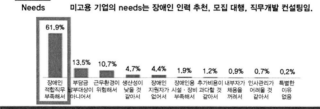

구분	전체(고용·미고용)	장애인고용 여부		고용의무기업체 여부					부담금 납부대상 (11명 이상)
		고용	미고용	비의무(5~49명)	의무(50명이상)	50~299명	300~999명	1000명 이상	
기업에 적합한 인력 추천	9.1	22.9	7.4	7.2	34.2	32.1	45.8	53.9	41.3
모집대행 서비스	6.1	15.6	5.0	4.9	22.6	21.4	30.3	31.9	27.9
직무분석 컨설팅 및 기업체내 장애인 직업영역 개발	8.9	13.5	8.4	8.2	18.9	18.9	21.2	22.5	21.4
(추정수)	(394,790)	(41,822)	(352,968)	(367,508)	(27,187)	(23,554)	(2,838)	(795)	(13,787)

장애인 근로자 채용지원 서비스 필요정도_중복응답(출처: 고용노동부)

Solution　장애인 채용, 직무개발, 교육, 관리를 책임지는 장애인 직접고용 컨설팅
(*국내 유일의 장애인 직접 고용 솔루션 제공)

히즈빈스 컨설팅이란?

대한민국의 모든 기업이 장애인들과 행복하게 일할 수 있도록
기업 내 자회사형 표준사업장 또는 사회적 기업 설립을 돕고,
사업장 위탁운영을 통해 장애인 고용, 직업 교육, 사례 관리를
책임지는 **장애인 고용 솔루션**입니다.

기업 상황 분석 (담당부서 미팅) ▶ 컨설팅 및 위탁 운영 계약 ▶ 고용 창출 직무 파악 ▶ 취업가능 장애인 인력 연계 ▶ 채용(면접 및 계약) ▶ 직무지원인(매니저) 선정 및 파견

실시간 사례 관리 및 보고 ◀ 위탁운영 ◀ 근무시작 ◀ 훈련평가 ◀ 7단계 사전 직무훈련 ◀ 다각적지지 시스템 구축 ◀ 지역사회 네트워크 구축

■ **수익 창출**

어떻게 수익을 창출할 것인가와 관련하여 구체화할 내용은 다음과 같다.

- **매출**: 매출을 창출하는 방법은 무엇인가?
- **부가적 매출**: 부가적으로 매출을 창출할 수 있는 방법은 무엇인가?
- **가격정책**: 가격을 어떻게 설정할 것인가?
- **비용**: 매출을 창출하기 위해 필요한 투자비와 운영비는 무엇인가?
- **비용절감 방안**: 투자비와 운영비를 획기적으로 감소시킬 수 있는 방안은 무엇인가?

- **자산 회전 속도**: 자산의 회전 속도를 높일 수 있는 방법은 무엇인가?

■ **경쟁 전략**

고객에게 CVP를 전달하기 위한 방법으로 핵심적인 내용은 무엇인가와 관련하여 구체화할 내용은 다음과 같다.

- **가치사슬**: CVP를 고객에게 효과적으로 전달하고 기대 수익을 달성하기 위해 필요한 핵심 활동은 무엇인가?
- **역량**: 핵심 활동을 효과적으로 실행하기 위해 필요한 역량, 자산 등은 무엇인가?
- **유통채널**: CVP를 고객에게 효과적으로 전달하고 기대수익을 실현하기 위한 최적의 유통 채널은 무엇인가?
- **공급업체**: 최적의 공급 업체는 누구인가?
- **파트너**: 단기적, 장기적으로 누구와 제휴 및 협력할 것인가?

한편, 성공적인 비즈니스 모델을 위한 요소는 크게 경쟁력 요소와 지속성 요소로 나눠진다. 경쟁력 요소에는 명확한 고객 가치 제안과 수익 메커니즘이 있고, 지속성 요소에는 선순환 구조와 모방 불가능성이 있다. 목표 고객에 대한 명확한 가치 제안으로 보다 많은 고객을 확보하고, 이를 수익과 연결시킬 수 있도록 만들어 경쟁력을 키워나가야 하며, 가치 창출을 위한 활동들이 선순환 구조를 형성하고 경쟁자가 모방이 불가능하도록 설계해야 한다.

▪ **경쟁력 요소**

- **명확한 가치 제안**: 제품이나 서비스 자체가 아니라 고객의 문제를 해결하고 니즈를 충족시키는 솔루션 제공을 의미한다. 기본 시장 내에서 니즈가 충족되지 못한 고객군을 발굴하며 잠재 고객 발굴이 중요하다.
- **수익 메카니즘**: 기업이 비즈니스를 통해서 여러 가지 수익을 낼 수 있는 방법을 말한다. 기업은 고객가치를 창출했더라도 이를 효과적으로 기업의 수익과 연결시키지 못하면 성공할 수 없으며, 다양한 방식의 수익 획득 메카니즘을 활용하여 높은 수익을 내야만 성공 기업이 될 수 있다.

▪ **지속성 요소**

- **선순환 구조**: 고객가치를 구체적인 형태로 창출하기 위해 기업 내부의 가치 사슬 활동과 외부 기업을 포함하는 가치 네트워크의 효과적인 설계를 말한다. 각각의 활동들이 상승작용을 통해서 비즈니스모델의 경쟁력이 강화되도록 설계해야 한다.
- **모방 불가능성**: 기업이 지속적으로 경쟁 우위를 갖는 비즈니스 모델을 구축하는 것을 말하며 모방을 통한 경쟁 기업의 반격을 원천적으로 차단할 수 있는 설계가 필요하다. 신생 기업의 경우 기존 기업이 장기간 투자해서 구축한 강점을 약점으로 변화시키는 전략을 선택하는 것이 효과적이며, 기존 기업의 경우에는 보유하고 있는 독자 역량에 기반을 둔 비즈

니스 모델을 구축함으로써 경쟁 기업의 모방을 차단하는 것이 가능하다.

◉ 비즈니스 모델의 구성 요소들 간의 연계

비즈니스 모델을 위한 구성 요소들 간에는 정합성이 매우 중요하다. 그리고 이는 구성요소들을 개발하는 순서에 의해 어느 정도 담보될 수 있다. 정합성을 가지고 비즈니스 모델을 구축하기 위한 주요 순서는 다음과 같다.

첫째, 목표 고객을 확인하고 목표 고객을 식별하기 위해 구체적으로 특성을 파악해야 한다. 만약 가능하다면 목표고객(시장)의 크기가 얼마인지 파악할 수 있다.

둘째, 고객에게 제공하고자 하는 가치(CVP)가 무엇인지, 그 가치를 구현하기 위한 제품, 상품, 서비스는 무엇인지 정의해야 한다.

셋째, 어떤 방법으로 매출을 창출할 것인지, 가격을 어떻게 설정할 것인지, 비용구조는 어떻게 구축할 것인지, 자산의 회전율을 어떻게 증대시킬 것인지에 대해서도 설계해야 한다.

마지막으로, 고객에게 어떻게 가치를 전달하고 수익모델을 구현할 것인지, 필요한 자원과 활동은 무엇인지, 핵심 공급자는 누구인지, 어떤 유통채널을 활용할 것인지 결정해야 한다. 이와 같은 순서에 의해 비즈니스 모델은 강한 정합성을 발휘하며 일관된 스토리를 만들어 나갈 수 있다.

● 비즈니스 모델의 역할

비즈니스 모델은 고객 집단을 대상으로 가치를 제안하고 그 가치를 실현하고 이익을 창출하는 방법에 대한 일관된 스토리를 만들어야 성공할 수 있다. 그러므로 철저하게 고객이 중심이 되어야 하고 출발점이 되어야 한다. 이 비즈니스 모델은 해당 사업을 영위하는 이유로서 경영진을 포함하여 사업의 모든 구성원이 명심하고 있어야 하는 기업의 존재 이유인 미션과 같은 역할을 한다. 단, 비즈니스 모델은 절대 항구적이 아니며, 사업이 진행되어 감에 따라 지속적으로 진화해 나가야 한다는 점에서 기업의 미션과 차이점이 있다.

따라서 어떤 사업이든지 비즈니스 모델과 기업이 시장에 제안하는 제품은 항상 일관성이 있어야 한다. 만약 특정 사업부에서 출시한 제품이 기업이 가지고 있는 비즈니스 모델과 다른 방향이라면 안 된다는 것이다. 예를 들어서 어떤 기업의 비즈니스 모델이 경제성 있는 가격의 상품을 고객에게 제공하는 것을 가치제안으로 삼았을 경우, 이를 일관성 있게 지켜 나가지 않고 대형마트에서 고가의 명품을 판매하겠다고 한다면 이는 비즈니스 모델의 정의에 위배되는 것이다. 이럴 경우 기업의 비즈니스 모델을 재검토하거나 해당 상품을 출시하지 않는 것이 좋다.

나. 사회적 기업 비즈니스 모델의 이해

◎ 사회적 기업 비즈니스 모델의 정의

사회적 기업의 비즈니스 모델은 경제적 가치를 창출하는 방법에 대한 로드맵을 보여주는 것뿐만 아니라 사회적 가치를 창출하는 방법도 보여줘야 한다. 즉, 사회적 영향력도 사회적 기업 비즈니스 모델의 중요한 한 부분이라고 할 수 있다. 사회적 기업 비즈니스 모델의 설계는 동일한 전략으로 전통적인 비즈니스 모델을 혁신적으로 변화시키는 것이다. 물론 이러한 경우에는 주주뿐만 아니라 사회적 기업의 목적이 되는 사회적 편익을 필요로 하는 모든 이해관계를 고려할 필요가 있다. 또한, 몇몇 학자들은 비즈니스 모델 자체에 확연한 차이점이 없기 때문에 "모든 비즈니스는 사회적 기업이다."라고 주장한다. 이는, 사회적 기업이 사회적 영향력을 향상시키는 강력한 방법으로서 활용될 수 있음을 의미한다.

많은 학자들은 사회적 기업 비즈니스 모델의 중요 구성요소를 다음과 같이 제시하였다.

- 첫째, 어떻게 비즈니스를 할 것인가를 분명하게 설명해야 한다.
- 둘째, 어떤 비즈니스를 수행할 것이고 뒤이어 이런 행위가 가치를 어떻게 창출하는지에 대한 구체적인 설명을 보여줘야 한다.
- 셋째, 비즈니스 모델의 개념은 근본적인 활동을 수행하기 위해 도움을 줄 수 있는 파트너들에 집중해야한다.
- 넷째, 첫 번째부터 세 번째까지의 전통적인 비즈니스 모델의

구성요소에 추가적으로 사회적 영향력 측정 방법이 명시되어져야 한다.

전통적인 비즈니스 모델과 사회적 기업 비즈니스 모델의 차이점은 측정 가능한 사회적 영향력 제시라고 말할 수 있다. 이에 사회적 기업 비즈니스 모델의 정의는 경제적 가치를 창출하기 위한 방법에 대한 로드맵뿐만 아니라 사회적 가치실현을 위한 사회적 영향력 측정 방법도 제시될 필요가 있다.

◎ 사회적 기업 비즈니스 모델의 유형

사회적 기업 비즈니스 모델의 유형으로 가장 잘 알려진 것은 볼프강 그라슬(Wolfgang Grassl)[19]이 미션 지향성, 목표 시장 그리고 통합유형이라는 세 가지 구성요소 사이에 조화의 결과에 따라 아홉 가지 기본 사회적 기업 비즈니스 모델을 제안한 분류 방법이다.

[그림 4-1] 사회적 기업 비즈니스 모델의 유형 구조

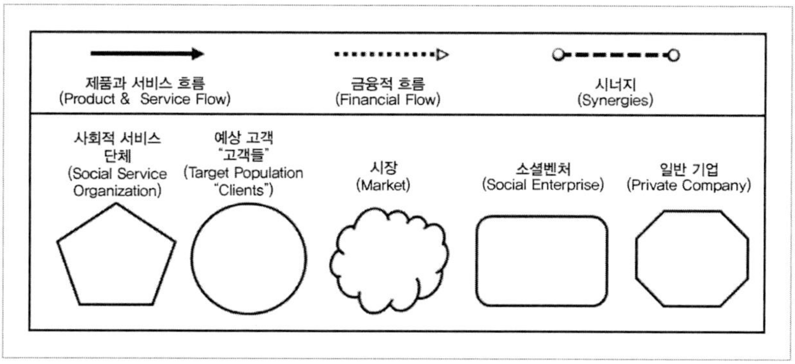

그라슬(Grassl)의 사회적 기업 비즈니스 모델의 유형 구조는
<그림 4-1>과 같이 각 도형별과 점선별 의미를 부여하여 설명
하였다.

첫 번째, 창업가 지원 모델(Entrepreneurs Support Model)은 사회
적 기업을 위한 사회적 기업으로서, 예상 고객에게 사업지원과 금융
서비스를 제공하는 비즈니스 모델이다. 예상 고객은 소규모 기업이거
나 1인 기업 형태이며, 대표적으로 마이크로 파이낸스(microfinance)
와 창업지원, 개발지원 등이 있다.

[그림 4-2] 창업가 지원 모델(Entrepreneur Support Model)

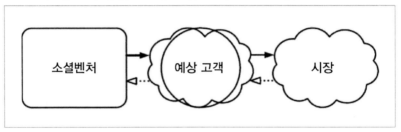

두 번째, 시장 중개 모델(Market Intermediary Model)은 예상 고
객으로부터 제품을 위탁 판매하거나 구매하는 형태의 비즈니스 모
델이다. 생산자들이 시장에 접촉하기 어려울 때 이런 형태를 보이
며, 대표적으로 공정무역(fair trade), 수공예와 농업관련 단체에서
주로 실시된다.

[그림 4-3] 시장 중개 모델(Market Intermediary Model)

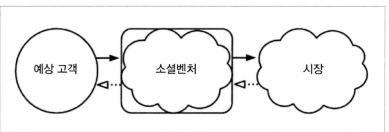

세 번째, 고용 모델(Employment Model)은 시장에서 고용되거나 그들의 서비스를 제공하기 어렵다고 생각되는 사람들을 고용하고 직업 훈련을 제공하는 비즈니스 모델이다. 근로소득, 스킬 향상, 추가적인 서비스를 제공하는 형태이다. 보통 피부색·인종·종교 등을 이유로 사회적으로 배제되어 있던 사람들의 통합 또는 재활 등의 목적으로 활용된다.

[그림 4-4] 고용 모델(Employment Model)

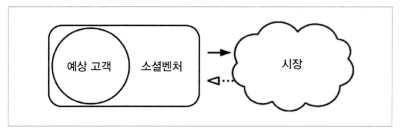

네 번째, 서비스 수수료 모델(Fee for Service Model)은 예상 고객이 제공된 서비스에 대한 사용 요금을 즉시 지불하는 형태의 비즈니스 모델이다. 예상 고객군은 매우 다양하며, 학교, 병원, 단체 등이 해당된다.

[그림 4-5] 서비스 수수료 모델(Fee for Service Model)

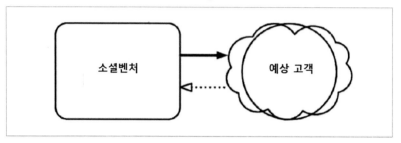

다섯 번째, 저소득 고객 모델(Low-Income Client Model)은 가난한 저소득 고객층에게 제품 및 서비스를 제공하는 것을 목표로 하는 비즈니스 모델이다. 저소득층으로 시장을 넓힌 BOP(bottom of the pyramid) 모델이 이에 해당하며, 헬스케어와 위생 제품 등도 이 모델을 적용한다.

[그림 4-6] 저소득 고객 모델(Low-Income Client Model)

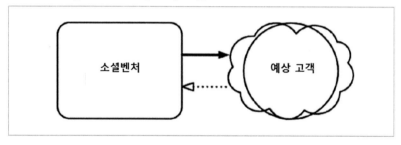

여섯 번째, 협동조합 모델(Cooperative Model)은 단체, 목표 집단 그리고 시장이 협동조합 형태로 통합된 형태의 비즈니스 모델이다. 서비스와 혜택이 조합원들에게 제공되며, 농업과 금융 서비스에서 많이 나타난다.

[그림 4-7] 협동조합 모델(Cooperative Model)

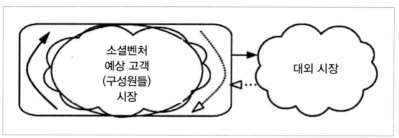

일곱 번째, 시장연계 모델(Market Linkage Model)은 시장에서 수수료를 받는 소규모 생산자, 기업 혹은 협동조합을 연결하는 형태의 비즈니스 모델이다. 대표적으로 영업 및 마케팅 관련 단체가 해당되며, 무역협회나 소규모 수입업자들이 대표적인 예이다.

[그림 4-8] 시장연계 모델(Market Linkage Model)

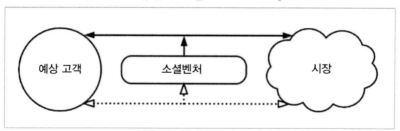

여덟 번째, 서비스 보조금 지급 모델(Service Subsidization Model)은 사회 문제 해결을 위한 다양한 프로그램에 대하여 활동비 등에 도움을 주기 위해 대외시장에 제품 및 서비스를 파는 형태이며, 대개 비영리 조직이 활용한다. 중고상점 운영, 컨설팅, 카운슬링, 고용 훈련, 프린팅 서비스 등이 해당된다.

[그림 4-9] 서비스 보조금 지급 모델(Service Subsidization Model)

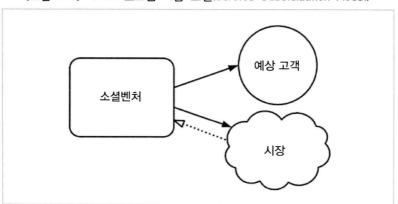

마지막으로 아홉 번째, 조직 지원 모델(Organizational Support Model)은 공공의 목적을 위해서 대외시장에 제품 및 서비스를 파는 형태의 비즈니스 모델이다. 이 모델은 보통 외부에 집중한다. 비즈니스 활동은 사회적 프로그램과 분리되어 있으며, 순수익은 사회적 기업이 비영리 모체(nonprofit parent organization)의 운영 지출과 사회 프로그램 비용을 보장하기 위한 재정적 지원으로부터 발생한다. 이 모델은 유럽의 비영리 단체 모델에서 흔히 볼 수 있다. 특히 환경단체의 경우 사회적 기업을 자회사로 운영하고 있으며, 정부와의 계약을 통해 민간 기업의 환경 준수 수준 점검 및 모니터링 등을 대행해주는 계약을 맺는다. 수입은 다시 비영리 모체단체나 영리단체에 투자가 되면서 환경 교육, 자문 활동 등을 수행하는 일에 쓰인다.

[그림 4-10] 조직 지원 모델(Organizational Support Model)

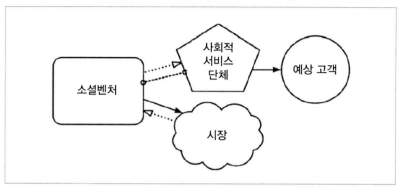

다. 사회적 기업 비즈니스 모델의 특징

사회적 기업 비즈니스 모델은 사회적 가치, 경제적 안정성, 환경적 이익, 기업이익, 사회적 발전을 이루는 동안의 느끼는 행복감 등을 포함한다. 그러므로 사회적 기업의 비즈니스 모델은 사회적 가치와 경제적 이익뿐만 아니라 환경적 이익도 고려해야 한다. 사회적 기업 비즈니스 모델의 가장 큰 특징은 소셜 미션을 비즈니스 모델을 통해 실현한다는 것인데, 소셜 미션에 대하여는, CHAPTER 03. 2. 소셜 미션 수립하기에서 충분히 다룬 바 있어, 여기서는 사회적 기업 비즈니스 모델의 특징 중 가치제안과 가치창출, 비즈니스 모델의 검증 방법 등에 대하여 살펴보도록 하자.

◉ 사회적 기업의 가치제안과 가치창출

사회적 기업의 비즈니스 모델은 기업이 자신의 미션을 달성하

기 위해 어떤 가치를 제안하고, 어떻게 가치를 창출(전달)하고, 확
보(획득)하는지를 설명하는 설계도이자 대본으로, 기업의 전략 실행
을 안내하는 지도이며, 어떤 제품이나 서비스를 어떻게 소비자에게
제공하고, 어떻게 마케팅하며, 어떻게 수익을 창출할 것인가에 대
한 계획 또는 사업 아이디어라고 할 수 있다.

[그림 4-11] 비즈니스 모델 분석틀

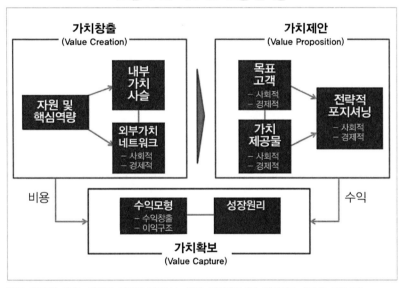

자료: 라준영. 2010. 사회적 기업의 비즈니스 모델. 기업가정신과 벤처연구. 13(4): 129-161.

비즈니스 모델은 비즈니스의 본질인 가치 창출의 흐름을 기준
으로 사회적 기업의 비즈니스 모델도 가치제안 – 가치창출 – 가치확
보의 세 가지 차원으로 구성되며 각 영역별 주요 내용은 아래와
같다.

- **가치제안(value proposition)**

목표 고객에게 어떤 가치를 어떤 형태로 제공할 것인가에 관한 것으로, 고객은 기업의 가치제안 내용을 보고 기업이 제공한 가치를 평가하면서 구매를 결정한다.

[표 4-5] 사회적 기업 비즈니스 모델 -가치제안-

대분류	중분류	세부내용
가치 제안	목표고객의 설정	- 사회적 기업의 경우, 사회적 가치의 수혜자와 경제적 목표 시장이 별도로 구분될 수 있음 - 사회적 기업은 가격 지불자와 서비스 수요자가 구분될 수 있음. 이때 기업은 수요자와 구매자를 구분하여 가치 제공물을 제안해야 함
	가치 제공물	- 사회적 기업은 사회적 가치와 경제적 가치의 조합을 구성할 때 상호보완성과 일관성을 확보해야 함 - 사회적 가치는 경제적 가치와 모순되는 경우가 있는데, 이를 극복하기 위한 혁신안을 모색해야 함
	전략적 포지셔닝	- 기존 사회적, 경제적 시장에서 다른 조직 또는 기업에 의해 공급되지 않는 차별화된 것이어야 하며, 가치의 성능이 우월하여 지속적으로 목표 고객이 선호하며, 다른 기업이 쉽게 모방하기 힘든 것이어야 함

사회적 기업가 인터뷰

✔ **토닥토닥의 비즈니스 모델은 무엇이며, 스스로 생각하는 혁신성은 무엇입니까?**

토닥토닥협동조합을 알고 계시는 많은 분들은 우리의 혁신이 카페라는 문턱을 낮춘 공간을 차용했다는 부분에 초점을 맞춥니다. 좀 더 설명을 드리면 토닥토닥은 카페 안에 분리된 공간으로 상담실이 따로 있습니다. 그런데 카페에 상담실이 있는 자체가 사람들에게 의미가 있는 것이라 볼 수 있습니다. 토닥토닥에 오는 사람들이 카페에 가는 건지, 상담을 받으러 가는 건지 주변 사람들은 알 수 없기 때문

이영희(토닥토닥협동조합 대표)

이죠. 그래서 토닥토닥에는 상담실이 아닌, 진짜 카페의 공간도 마련되어 있습니다. 그렇다고 카페가 사람들의 눈을 가리기 위한 수단이기만 한 것은 아닙니다. 카페부가 따로 있어서, 더 좋은 맛있는 음료와 베이커리를 제공하기 위해 노력하고 있기 때문입니다. 그래서 저희 팀원들 안에서는 바리스타 분들이 레드카펫의 역할을 한다고 표현합니다. 처음에 입장할 때 친절한 대접을 받으면 마음이 편안해지고, 안정이 되고, 공간에 대한 호감이 올라가기 때문이죠. 토닥토닥에 방문한 분들에게는 그 첫 만남이 바리스타입니다. 그래서 토닥토닥에서는 바리스타도 매우 중요한 역할입니다. 토닥토닥 내부에서 구성원들이 생각하는 혁신은 카페라는 공간을 차용한 것도 아니고 상담료의 문턱을 낮춘 것도 아닙니다. 가장 큰 혁신은 바로 예방적 차원의 심리상담을 우리나라에 최초로 도입했다는 점입니다. 많은 분들을 만나면서, 제일 필요하다고 느낀 것은 예방이었습니다. 치료적 차원으로 상담이 진행될 시는 장기간 내적 고통을 가지고 가는 경우가 많습니다. 제일 좋은 것은 바로 예방이죠. 그렇지만 심리상담은 현재도 우리 삶에서

필수라 여겨지는 것이 아니기에 예방적 차원으로 받는 분들은 거의 없었습니다. 그래서 토닥토닥은 지속적으로 내담자 분들에게 이해와 공감을 도와드렸고 그 결과 장기적으로 예방적 상담을 받는 분들이 꾸준히 늘어나고 있다는 건 놀라운 변화였습니다. 그런 의미에서 카페의 모습이나 부담 없는 상담비는 '예방적 상담'이라는 저희의 미션을 이루기 위한 수단에 불과하다고 봅니다. 한 회당 10~15만원 하는 상담을 예방을 위해 쓰기는 어렵기 때문입니다. 그런데 한 달에 3~4만원이라면, 충분히 지불해 볼 용기가 생기게 됩니다.

한 번은, 토닥토닥에 오시는 내담자에게 저희가 설문조사를 한 적이 있었습니다. "토닥토닥하면 생각나는 것을 한 단어로 표현해 달라."였죠. 1등이 '친정집'이었습니다. 언제나, 그리고 편안히 올 수 있는 공간이라는 의미였습니다. 구성원들은 이 단어가 마음에 쏙 듭니다. 바로 저희가 추구했던 방향이기 때문입니다. 실제로 연애상담을 받았던 한 커플이 몇 년 후에, '선생님 저 기억하세요? 저 결혼했는데, 그 사람이랑. 부부상담 받고 싶어요.'라고 연락을 주고, 시간이 더 흘러서는 자녀, 육아에 대한 상담을 받고… 그런 모습을 보면서 '우리가 친정집 같은 존재가 되어가고 있구나'라는 걸 많이 느낍니다.

- **가치창출(value creation)**

가치 제안을 현실화하는 것으로서 가치 제안에서 약속한 가치 제공물을 고객과 이해관계자에게 실제 어떻게 제공할 것인가에 관한 것이다. 가치 제공물을 개발, 생산 및 전달하는 가치 창출 프로세스의 구조와 역량을 의미한다.

[표 4-6] 사회적 기업 비즈니스 모델 -가치창출-

대분류	중분류	세부내용
가치 창출	핵심역량	- 우수한 기업은 매력적인 가치제안을 함과 동시에 경쟁 조직에 비해 효율적, 효과적으로 가치창출 및 전달 과정을 확보하여 고객에게 차별화된 가치를 전달함. 그렇게 하기 위해서는 경쟁력 있는 자원과 역량을 보유해야 하는데 이를 핵심역량이라고 함
	내부 가치사슬	- 가치사슬은 가치를 창출하는 일련의 프로세스를 의미함. 일반적으로 가치창출 프로세스는 가치의 설계, 구매, 생산, 전달, 판매 등과 관련된 것으로 고객관계, 개발, 생산 및 주문 충족 프로세스, 공급자 관계로 구성됨
	외부가치 네트워크	- 사회적 기업은 일반 영리기업보다 스스로 동원할 수 있는 자원이 부족함. 따라서 다양한 공급자, 보완재, 비영리기관, 사회투자 자본, 관련 지원기관, 대학 등을 외부 네트워크로 촘촘하게 구성해야 함

 사회적 기업가 인터뷰

✔ CTOC의 비즈니스 모델은 무엇이며, 스스로 생각하는 혁신성은 무엇입니까?

CTOC(Challenge to change)는 운동과 심리 테라피를 결합한 맞춤형 치유 솔루션으로 우울증 등 정신적 어려움을 겪는 사람들을 치유하는 멘탈헬스케어 프로그램을 제공한다. 질환 위주의 접근방식으로 단편적 솔루션만을 제공하는 기존 공급자주의 사고에서 벗어나 개개인의 총체적인 삶을 들여다보는 사람과 삶 중심의 통합적인 접근방식으로 답을 찾아 계속 진화하고자 한다. 더 이상 공급자 중심의 분리된 솔루션 제공에서 벗어나 소비자 중심의 통합적인 Intake

장은하(CTOC 대표 및
멘탈헬스코리아 부대표)

시스템과 그에 따른 맞춤형 솔루션 제시, 치료 센터 연계 그리고 Peer Support 프로그램 등이 기존 정신건강 생태계에 존재하는 서비스 프로바이더(Provider)들에게 새롭게 나아가야 할 모델을 제시했다고 생각한다.

"19시간씩 매일 잠만 자던 우리 자녀가 이토록 변한 것은 식물인간에서 깨어난 기적과도 같다."
"절대 풀 수 없는 문제라 생각했던 우리 가정이 화해를 하게 되었고, 나의 인생은 완전히 바뀌었다."
"CTOC는 나와 우리 아들이 다시 일어서는 밑받침이 되었다. 우리 가정의 심폐 소생자다."

-CTOC 고객 후기 중-

▪ 가치 확보(value capture)

어떻게 가치를 화폐가치로 회수할 것인가에 관한 것으로서 비즈니스의 수익창출모형(revenue model)과 이익구조모형(economic model)으로 구성된다.[20]

라. 성공적인 사회적 기업 비즈니스 모델의 핵심원리

성공적인 사회적 기업이라면 다음의 네 가지 핵심원리를 비즈니스 모델상에 구현해야 한다.

첫째, 설득력 있는 사회 혁신에 대한 변화이론(Theory of Change)을 가지고 있어야 한다. 이는 사회적 영향 모형(Social Impact)이라고도 하는데, 비즈니스의 실현을 통해 어떤 사회적인 변화를 가져올 것인지에 대한 내용을 포함해야 한다. 즉, 어떻게 의미 있는 사회 변화를 가져올 수 있을 것인지, 사회 변화를 가져 올 수 있는 전제 조건은 무엇인지, 그리고 사회적 기업을 통한 활동 내용의 논리적인 인과 관계가 설명되어야 한다.

2005년에 설립한 미국의 키바(KIVA)는 기부 대상자를 연결하는 중개 플랫폼으로서, 기부 대상자는 주로 저개발국의 소농 혹은 소규모 창업자들이다. 키바(KIVA)는 이 플랫폼을 통해서 기부를 하는 사람들이 자신의 기부 금액이 누구에게 투자될 것인지를 알고 자신의 기부를 통해 특정한 사람의 삶이 어떻게 달라지고 있는지 볼 수 있게 하는 모델을 도입했다.

Web 기반
Microfinance
기업(미국)
	• 매트 플래너리와 제시카 재클리(Matt Flannery & Jessica Jackley)가 2005년 설립
	• 인터넷 기반 마이크로금융 중개기관(Microfinance Intermediary)
	• 세계 각국의 다양한 기부자(Lender)의 투자를 받아, Kiva가 발굴하여 파트너십을 맺은 저개발국 MFI(Micro-Finance Institutions)를 통해 농부, 소규모 창업자들에게 대출
	
	- Kiva의 재원이 각 파트너 MFI 총 대출금의 30% 이상을 넘지 못하도록 함
	- 2007년, 실사(due diligence)팀이 발족되었으며, 2008년부터 회계법인 언스트 앤 영(Ernst & Young)이 실사를 대행(매년 백만 달러의 서비스 기부)
	  → 몽고, 토고, 파라과이 등 40여 개 국가에서 서비스 제공
	  → 2011년, 59만여 명의 기부자, 총 운용금 2억 1,900만 달러, 상환(Repayment) 비율 98.75%
	- 2020년 기준 누적(15년) 성과: 전 세계 77개국, 160억 달러 대출, 190만 명 대출 이용, 상환율 96%

• **변화이론**: 기부자에게 수혜자가 누구이고, 수혜자의 삶이 어떻게 변화하는지 알 수 있도록 기부의 성과를 공유해줌으로

써, 개별 기부자의 기부 니즈를 충족시키는 투명한 플랫폼 구축을 통해 지속적인 기부의 선순환 사이클(Cycle)을 형성하고 기부 문화의 패러다임을 바꿈

비즈니스모델 수립 예시

- 변화이론(사례: 멘탈헬스코리아)

❖ **2030년 멘탈헬스코리아의 모습과 변화된 사회는 어떠한 모습일까?**

〈MHK〉

- MHK는 국민 4명 중 1명이 이용하는 디지털 멘탈헬스 커뮤니티 케어 생태계 (플랫폼)의 대표적 모델이 됨
- 정신건강 서비스의 접근성을 쉽게 해서 일반인과 경증의 컨디션을 가진 모든 사람에게 무료로 정신건강 증진과 예방 서비스를 제공, 4차 산업 혁명의 기술력에 기반하여 성공적 주축으로 정신건강 문제를 선진국의 수준으로 올려 국가 경쟁력 강화에 기여하는 기업
- 정신보건 소비자 교육정보 제공 및 Health Care Tool을 동시에 확보한 Social Entrepreneur 모범 사례 수립

〈변화된 사회〉

- (AS-IS) 정신적 문제를 지닌 10명 중 9명은 조기발견/조기개입의 실패
  ▶ (TO -BE) 10명 중 9명은 조기개입 성공(50%로 자살률을 낮춤)
- 전용 플랫폼을 통한 정신건강 소비자 정보 제공 및 선택권 제공으로 경쟁력 강화
- 정신질환에 대한 차별적인 '용어'의 변화를 통해서 사람을 질병으로 보는 stigma를 없애고자 함
- 2016년 OECD 자료에 따르면 우리나라는 자살에 의한 사망률이 10만명당 28.7명으로 가장 낮은 터키(1.3명)보다 높은 사망률을 보임. 이는 정신적/정신과적 문제인 '외로움'이기에 이를 OECD 평균으로 낮추고자 함.

둘째, 이해관계자의 윈-윈(win-win) 모델을 가지고 있어야 한다. 사회적 기업 비즈니스 모델 상의 네트워크에 들어와 있는 사람들이 어떻게 윈-윈(win-win)할 수 있는지에 대한 내용이다. 즉, 사회 문제 해결에 참여하는 다양한 이해관계자가 있을 수 있는데, 이들에 대해서 설득력 있는 인센티브를 제공해야 한다는 것이다. 사회적 기업의 혁신적 모델을 위해서는 이 사회적 기업을 둘러싸고 있는 이해관계자들이 각각 어떤 이해(interests)를 갖고 있는지 이해하는 것이 중요하다. 고객이나 수혜자 입장이 어떻게 달라지는지, 그리고 여기에 참여하는 사람들은 어떤 인센티브를 가지고 참여하는지를 조직하는 것, 그 자체가 혁신일 수 있다.

TEACH FOR
AMERICA

- 1990년, 웬티 콥(Wendy Kopp)이 설립한 교원양성 비영리단체
- 미국 내 대학의 졸업생들이 교원 면허 소지에 관계없이 2년간 미국 각지의 교육 곤란 지역에 배치되어 2년간 학생들을 가르치는 프로그램을 운영함
- 2007년, 미국 대학생들이 선호하는 직장 10위 (Businessweek 紙)
- 2010년, 미국 전체 인문계 학생 취업 지원 1위 (The University American Student Survey)
- 2012년 기준, 1만 2,000명이 교사 양성 및 250만 명 이상의 학생 교육
- 티치포아메리카를 마친 이의 전체 63% 정도가 교육계 재직

미국의 티치포아메리카(Teach for America)의 예를 들어보자. 티치포아메리카의 주요 이해 관계자는 교사, 학생과 학부모, 빈곤 지역의 공립학교라고 할 수 있다. 미국의 빈곤 지역에는 우수한 교사가 가지 않기 때문에 질 좋은 교육을 받기 어렵다. 티치포아메리

카는 먼저 우수한 교사들이 빈곤 지역에 가지 않는 이유를 연구하고 그 원인을 해결하였다.

티치포아메리카의 교사들은 주로 명문대를 다니는 대학생들이다. 이들에게는 정규 교사와 동일한 임금 조건으로 2년간의 교사 경력을 보장해주고, 취업이나 진학에서 우대를 해주는 프로그램을 제공한다. 이를 통해서 우수 대학을 졸업하거나 재학 중인 사람들을 주요 교사로 활용하면서 학생들에게 좋은 교육을 제공하고, 학부모가 교육에 대한 경제적 부담을 덜 질 수 있도록 하는 메커니즘을 구현하게 된다.

티치포아메리카는 설립(1990년) 이후 2020년까지 총 6만 4,000명의 대학생들이 미 전역 50개 지역에서 참여했고, 그 중 1만 5200명 이상이 교사로 활동 중이다.

- 이해관계자 윈-윈(Win-Win) 모델: 교사, 학생/학부모, 빈곤 지역 공립학교 등 지역 교육 분야 이해관계자들의 다양한 인센티브를 동시에 충족시킬 수 있는 솔루션 제공

 사회적 기업가 인터뷰

✔ 디베이트포올의 비즈니스 모델은 무엇이며, 스스로 생각하는 혁신성은 무엇입니까?

디베이트포올은 전국의 공공기관과 지자체, 학교를 대상으로 맞춤형 토론 교육 서비스를 제공하고 있어요. 기관들과 계약을 맺고 방과 후 수업과 캠프 같은 토론 교육, 전국 대회 개최, 교과과정 컨설팅을 제공합니다. 고객

은 기관들이지만 사용자는 관내, 교내 학생들이에요.

저희 사업의 혁신성은 지역과 부모님 소득에 관계없이 누구나 양질의 토론 교육을 받을 수 있도록 사업 구조를 맞춘 것으로 생각해요. 공익적 목적을 가진 교육 기관들이 수혜적 관점으로 문제에 접근하고, 이 과정에서 시장에서 경쟁력이 낮은 교육 서비스를 제공했던 것 같아요. 저희는 소위 말하는 대치동 수준의

이주승(디베이트포올 공동대표)

토론 교육 질은 유지하면서 가격을 시장가 대비 2배 이상 저렴하게 책정할 수 있도록 구조를 짰어요. 이를 위해 인건비 중심의 비용 구조를 분석하고 저희가 잘할 수 있는 부분에만 집중했어요.

셋째, 사회적 가치와 경제적 가치를 동시에 창출할 수 있는 전략이 있어야 한다. 사회적 기업은 사회 문제를 해결한다는 것 때문에 가치 창출 과정 자체가 경제적 가치 창출과는 모순되는 상황이 종종 나타난다. 예를 들어서 장애인을 고용하는 사회적 기업은 생산성이 낮을 수밖에 없는데, 이런 낮은 생산성으로 인해 경제적 가치 창출이 어려움에도 불구하고 사회적 가치가 창출될 수 있는 전략을 가져야 된다는 것을 뜻한다. 대개 가치 창출 프로세스상에서의 혁신 전략을 의미하게 되는데, 예를 들면 마케팅, 제품 서비스 개발, 생산과 운영, 공급 사슬 및 이해관계자 관리 등 가치 창출 프로세스상에서 어떻게 혁신을 이룸으로써 사회적 가치와 경제적 가치가 동시에 제공될 수 있는지가 비즈니스 모델상에 나타나야 한다.

그라민(Grameen) 은행의 사례를 살펴보자. 그라민(Grameen) 은행과 같은 경우는 방글라데시에서 시작한 마이크로 크레딧 사업의 원형이라고 할 수 있는데, 신용이 없는 사람들이 은행에 접근할 수 없어 삶에 자립 기반을 닦을 수 있는 일이 원천적으로 불가능한 상태에서, 그들에게 돈을 빌려주고 자립할 수 있도록 하였다.

- 1976년, 27달러로 극빈자에 대한 무담보 소액대출 '그라민은행 프로젝트'(Grameen Bank Project) 시작
- 5인 1조 형식의 연대 융자 시스템, 책임감 강한 여성 중심의 대출(고객의 95%), 소액/저리/장기 대출을 통해 연평균 90% 이상의 회수율 달성
- 무담보 소액 대출을 통한 극빈자의 신용 접근권 개선 및 자활 의지 강화를 통한 절대 빈곤 개선
  → 1993년 이후 흑자 전환, 대출받은 극빈자 600만 명의 58%가 절대 빈곤에서 탈출
- 2018년 기준 직원 20,138명, 2,568개 지점을 갖춘 대형 은행으로 성장

이것이 어떻게 가능했을까? 그라민 은행은 연 평균 90 % 이상의 회수율을 달성하고 있다고 한다. 그라민 은행으로서는 회수율을 높게 가져가는 방법을 찾는 것이 사회적 가치와 경제적 가치의 트레이드오프(trade off)를 극복할 수 있는 전략이라고 할 수 있다. 창업자이자 당시 방글라데시 치타공 대학(University of Chittagong) 경제학과 교수였던 무하마드 유누스(Muhammad Yunus)는 공동체 기반으로 대출을 해주었는데, 한 사람의 신용의 문제가 아니라 5인 1조 형식으로 연대 융자 시스템을 도입하였다. 또한, 방글라데시 사회에서 여성은 일도 하면서 가정을 책임지고 있어서 책임감이 강하

다는 점을 고려하여, 주로 여성 중심으로 대출을 하였다.

- 사회적 가치와 경제적 가치의 트레이드 오프(trade off) 해결 전략: 5인 1조 형식의 연대 융자, 책임감 강한 여성 중심의 대출, 소액의 장기저리 대출 등의 정책을 통해 극빈자에 대한 신용 대출 리스크를 극복하는 한편, 성공적인 경제적 자활의 기회를 제공함

비즈니스모델 수립 예시

- 사회적 가치와 경제적 가치(사례: 히즈빈즈)

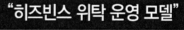

Solution 장애인 고용 컨설팅을 통해 기업 내에 장애인 사업장을 구축하고 전문가를 파견하여 위탁 운영하는 모델 (의무고용 충족&고용부담금 해결)
*5가지 장애인 고용사업 브랜드 운영(커피, 키친, 클린, 기획, 헬스케어)

히즈빈스커피
운영방식

1) 소유: 기업/병원
2) 운영: 향기내는사람들
3) 계약: 위탁운영 가맹 계약
 - 카페 운영 전문가 파견근무
 - 장애인직원 관리자 파견근무
 - 장애인직원 실시간 파견근무
 - 장애인직원 상담 및 사례관리
 - 위탁운영비(10%)

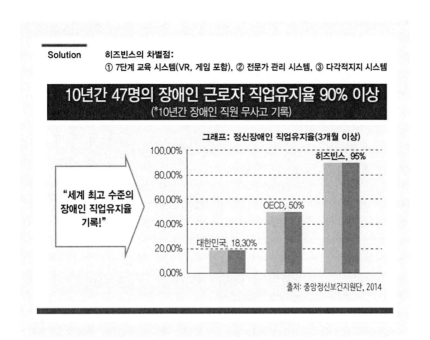

Solution 히즈빈스의 차별점:
① 7단계 교육 시스템(VR, 게임 포함), ② 전문가 관리 시스템, ③ 다각적지지 시스템

10년간 47명의 장애인 근로자 직업유지율 90% 이상
(*10년간 장애인 직원 무사고 기록)

그래프: 정신장애인 직업유지율(3개월 이상)

"세계 최고 수준의
장애인 직업유지율
기록!"

출처: 중앙정신보건지원단, 2014

넷째, 사회적 기업의 비즈니스 모델은 장기적으로 규모가 확대되고, 또 성장할 수 있는 원리를 내포하고 있어야 한다. 사회적 기업이 지향하는 것은 근본적인 사회문제를 해결이며, 이를 위해 장기적으로 사업을 키워나가는 것이 사회문제 해결의 확산성을 높이는 방법이기도 하다. 이렇게 하려면 사회적 기업이 직접 규모를 확대하는 방식도 있고, 다른 사회적 기업들이 모방하는 방법도 있을 수 있다.

규모를 확대할 수 있는 경제 원리 중에 '규모의 경제'는 서비스나 제품의 생산 규모가 커짐에 따라서 서비스 원가가 낮아지고, 공급 범위가 확대될 수 있는 원리를 의미한다. '범위의 경제'는 서로 다른 종류의 제품이나 서비스를 오히려 함께 생산함으로써 비용 절감을 나타낼 수 있는 원리를 의미한다. '학습 곡선 효과'는 생산과 서비스의 경험이 많을수록 이런 제품 서비스의 생산 비용이 낮아지면서 품질이 개선되는 현상이다.

 키바	투명한 투자 중개 플랫폼 구축 및 소액금융기관(MFI)를 통한 대출 관리로 신뢰 구축 → 기부자(투자자)의 지속적 유입 및 대출 대상자 확대 - 인터넷 기반 세계 각국의 다양한 기부자의 투자와 Kiva가 발굴하여 파트너십을 맺은 저개발국 MFI(Micro-Finance Institutions) 연계
 그라민 뱅크	대출 자금의 선순환과 지역 공동체 내 대출 희망자의 확대를 통해 성장 기반 확보 - 5인 1조 형식의 소규모 인적 네트워크에 기초 - 연대 보증 제도, 여성 대출 중심의 지속적인 성과 관리 등을 통한 대출 회수율 증대

또한, 성공적인 비즈니스 모델이 그 비즈니스 모델 하나로 그치는 것이 아니라 그대로 복제되는 방법은 프렌차이징이라는 원리를 통해서도 가능하다. 또, 네트워크 효과는 앞의 예에서 보았던 키바나 그라민 은행 같은 것이 전형이라고 볼 수 있다. 즉, 서비스를 이용하는 사람들의 고객 수가 계속 늘어나면서 서로 영향을 미치게 되는 현상을 의미한다. 키바의 모델은 크라우드 펀딩으로 발전하였고, 그라민 은행도 처음에는 방글라데시의 작은 마을에서 시작이 되었지만, 전 세계적으로 복제되었다. 키바나 그라민 은행과 같은 경우는 세계를 움직인 근본적인 사회 변화를 가져온 모델이라고 할 수가 있다.

- **사회문제 해결과 규모 확대의 용이성:** 이용자가 많으면 많을수록 가치는 더욱더 높아지는 네트워크 효과(Network Effect)를 통해 장기적 지속가능성 확보

 사회적 기업가 인터뷰

✔ 소셜 미션 실현을 위한 CTOC의 장기적 발전전략은 무엇입니까?

사업이 성장하면서 미션 달성을 위한 향후 사업 방향에 대한 고민도 깊어졌다. 창업 초기 우리의 사업 활동을 통해 이루고자 했던 정신건강서비스 소비자로의 임파워먼트, 정신질환 조기예방과 개입의 영향력 확산, 소비자 중심의 통합 Intake 시스템이 잘 되어가고 있는가? 이것을 어떻게 더 효과적으로 만들 수 있을까? 현재의 서비스로 사회적 임팩트의 확산에 한계가 존재한다면 어떻게 새롭게 나아가야 하는가?에 대한 고민의 결과는 사업의 Next Step이 되었다.

장은하(CTOC 대표 및 멘탈헬스코리아 부대표)

CTOC는 오프라인 센터를 기반으로 한 사업이기 때문에 CTOC를 찾아오는 고객들에게는 우리의 서비스를 제공해드릴 수 있지만 정신적 어려움을 겪고 계신 대다수의 분들은 이곳까지 찾아올 수 있는 여건이 되지 못한다. '어떻게 하면 이들에게 Outreach할 수 있을까?', '어떠한 방법이 조기 개입의 사회적 영향력을 높일 수 있을까?', '아픈 정신과 환자'가 아닌 '당당한 소비자'로 관점의 변화를 이루기 위해서 어떤 활동을 해야 할까?'라는 질문은 CTOC를 운영하는 내내 지속되었고 그 결과 카이스트 사회적 기업가 MBA 동문인 최용석 대표와 지금의 멘탈헬스코리아(Mental Health Korea)와 주식회사 코코넛이란 회사를 함께 설립하게 되었다.

멘탈헬스코리아(Mental Health Korea)는 비영리 민간단체로서 정신질환

에 대한 조기예방과 개입의 사회적 영향력을 증진시킬 수 있는 방법으로 Peer Support Specialist(동료 지원가, 아픔의 전문가)를 육성하고, 정신질환에 대한 사회적 편견과 차별을 해소하기 위해 〈Teens Speak Up〉, 〈Campus Speak Up〉, 〈Mental Health Media Creators 양성〉, 〈정신건강 서비스 소비자 권리 장전 배포〉 등의 다양한 인식개선 사업을 함께 펼친다.

멘탈헬스코리아(Mental Health Korea)는 대한민국의 정신건강 서비스를 이용하는 이들을 더 이상 "환자=Patient"로 보지 않고 당당하게 정신건강 서비스를 이용하는 "소비자=Consumer"로 새롭게 관점을 전환하고 다시 일으켜 세우는 활동으로 기존 정신건강 생태계에 새로운 화두를 던지며 소비자 중심의 사회 혁신 운동을 주도하고 있다

멘탈헬스코리아(Mental Health Korea)에서 정신질환의 조기개입 역할을 수행할 '사람'을 육성한다면, 주식회사 코코넛에서는 이렇게 양성된 Peer Support Specialist들이 지속 가능하게 경제 활동을 할 수 있는 생태계를 구축하는 역할을 한다. 대표적으로 디지털 멘탈헬스 플랫폼 COCONUT(웹/앱)은 Peer Support Specialist들이 활동하는 온라인 베이스 캠프가 된다. 사회에서는 정신병원 입원경험과 정신과 약 복용, 다양한 정신증적 증상들을 숨겨야 하는 치부로 생각할지언정 이 플랫폼에서는 당당한 경력이 되며 누구보다도 아픔의 전문가로서 도움을 줄 수 있는 사람이 된다. 플랫폼상에서 이들은 정신적 아픔의 전문가로서 도움이 필요한 사람들에 맞춤형 매칭이 되어 온라인 상에서 조기개입의 역할자이자 서포터로서 활동한다.

마. 사회적 기업 비즈니스 모델 검증

◎ 비즈니스 모델 캔버스(Business Model Canvas)

사회적 기업의 비즈니스 모델 구성요소들이 적절하게 준비되고 확보되었는지 확인하기 위한 방법으로 하나의 조직이 어떻게 가치를 창출하고, 전파하며, 포착해내는지를 합리적이고 체계적으로 묘사한 것이 비즈니스 모델 캔버스이다. 비즈니스 모델 캔버스는 비즈니스 모델을 설명하고, 시각화하고, 평가하고 변화시키는 툴로서, 기업의 비즈니스 전략을 한눈에 볼 수 있다. 사회적 기업 비즈니스 모델 캔버스에서는, 일반 기업을 위한 비즈니스 모델 캔버스의 아홉 가지 요소 이외에 사회적 비용(social cost)과 사회적 효과(social benefit)를 포

[그림 4-12] 사회적 기업 비즈니스 모델 캔버스 11 Building blocks

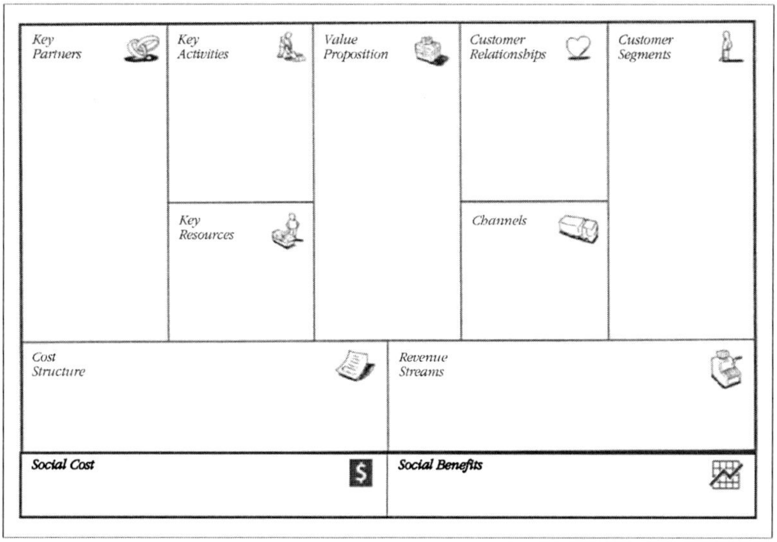

Key Partners	Key Activities	Value Proposition	Customer Relationships	Customer Segments
	Key Resources		Channels	
Cost Structure		Revenue Streams		
Social Cost		Social Benefits		

함하여 열 한 가지 요소를 점검해 보아야 한다(<그림 4-12> 참고).

다음은 비즈니스 모델 캔버스의 구성요소에 대한 설명으로서, 비즈니스 모델 캔버스를 작성할 때도 다음의 순서대로 답해나가는 것이 바람직하다.

1) 고객 세분화(CS: Customer Segments)

주요 질문	참고사항
- 소셜미션의 수혜자는 누구인가? - 우리는 누구를 위해서 가치를 창출하는가? - 누가 우리의 가장 중요한 고객인가?	- 기업이 서비스하고자 하거나 목표로 하는 조직 또는 사람들을 정의함 - 공통된 욕구, 행동방식, 속성 등을 기준으로 고객 분류 - 어떤 고객에게 집중하고 어떤 고객을 무시할지 결정

2) 가치제안(VP: Value Propositions)

주요 질문	가치 창출의 유형
- 실현하고자 하는 사회적 가치는 무엇인가? - 어떤 가치가 고객에게 전달되어야 하는가? - 각각의 고객 세부 집단에게 우리가 제공하고자 하는 제품과 서비스의 묶음은 무엇인가?(제품과 서비스의 정의)	- 우수한 성능 - 서비스의 개인화 - 혁신 - 탁월한 디자인 - 가격 - 편의성 - 비용 절감의 기회 - 위험 회피의 기회 - 높은 브랜드 지위 - 무언가를 '되게' 만드는 것 - 기존 제품 및 서비스로 접근이 어려웠던 제품과 서비스의 제공

3) 유통(CH: Channels)

주요 질문	채널의 기능
- 시장에서는 제품·서비스가 어떻게 고객에게 도달하고 있는가? - 어떤 채널을 통해서 세분화된 고객에게 도달되기를 원하는가? - 가장 효과적인 채널은 무엇인가? - 비용 효율적인 채널은 무엇인가? - 우리는 어떻게 채널과 고객 일상 (customer routine)을 통합하고 있는가?	- 고객의 인지도 향상 - 기업의 가치 제안에 대한 평가 - 제품과 서비스의 구입 - 전달 - 고객 지원

4) 고객관계(CR: Customer Relations)

주요 질문	고객 관계의 3가지 동기
- 신규 고객 유치를 위해 하고 있는 활동이 있다면 무엇인가? - 기존 고객을 유지하기 위해 하고 있는 활동이 있다면 무엇인가? - 판매 촉진을 위해 벌이고 있는 활동이 있는가?	- 고객 확보 - 고객 유지 및 재유치 - 판매 촉진

5) 수익원(RS: Revenue Streams)

주요 질문	참고사항
- 고객들이 정말로 지불하고자 하는 가치는 무엇인가? - 고객은 현재 어떻게 지불하고 있는가? - 고객은 어떻게 지불하는 것을 선호하는가? - 각각의 수익 원천이 전체 수익에 어떻게, 그리고 얼마나 기여하고 있는가?	- 매출 추정은 사업계획의 절반 - 비즈니스 모델을 수립할 때 정량화까지는 아니라도 지속가능성에 대한 확신을 가질 수 있어야 함 - 물품 판매, 서비스 이용료, 가입비, 대여료 및 임대료, 라이센싱, 중개 수수료, 광고

6) 핵심자원(KR: Key Resources)

주요 질문	참고사항
- 고객에게 가치를 제공하기 위해 어떤 핵심 자원을 필요로 하는가? - 공급 채널을 위해 어떤 자원이 필요한가? - 고객 관계와 수익원을 위해서 어떤 자원이 필요한가?	- 물적 자원(Physical) 　• 건물, 차량, 기계, 시스템, 유통망 - 지적 자원(Intellectual) 　• 브랜드, 특허, 지적 재산권, 파트너십, 고객 정보 - 인적 자원(Human) 　• 지식 및 창조산업에서 더욱 중요 - 금융 자원(Financial) 　• 개인자본, 정책자금, 민간투자(엔젤투자, Venture Capitalists), 임팩트투자

7) 핵심 활동(KA: Key Activities)

주요 질문	참고사항
- 우리의 가치 제안은 어떤 핵심 활동을 필요로 하는가? - 유통채널, 고객관계, 수익원을 확보하기 위해서는 어떤 활동이 필요한가? - 조직 구성원들의 활동이 서로를 더욱 경쟁력 있게 강화시키는가? - 기업이 가지고 있거나 추구하고 있는 역량과 일관성이 있는가?	- 기업이 비즈니스를 해 나가기 위해 꼭 해야 하는 중요한 일들 - 가치제안을 창조하고, 시장에 접근하고, 목표 고객과의 관계를 유지하며, 수익원을 만드는 데 필요한 활동

8) 핵심 파트너십(KP: Key Partnerships)

주요 질문	참고사항
- 누가 주요한 파트너들인가? - 누가 우리의 주요한 공급자들인가? - 우리의 파트너들로부터 확보하는 핵심 자원은 무엇인가? - 파트너들이 수행하는 핵심 활동은 무엇인가?	- 비즈니스 모델을 작동시켜 줄 수 있는 '공급자', '파트너' 간의 네트워크 - 자원이 부족한 소셜벤처에게 파트너십은 매우 중요한 요소 - 비경쟁자들 간의 전략적 동맹 - 경쟁자들 간의 전략적 파트너십 - 조인트 벤처 - 안정적 공급을 위한 구매자ㆍ공급자 관계

9) 비용 구조(CS: Cost Structure)

주요 질문	참고사항
- 우리의 비즈니스 모델에 내재되어 있는 중요한 비용 요소는 무엇인가? - 어떤 핵심 자원이 가장 비싼가? - 어떤 핵심 활동이 가장 비싼가? - 가장 높은 고정비가 들어가는 자원 혹은 활동은 무엇인가? - 가장 높은 변동비가 들어가는 자원 혹은 활동은 무엇인가?	- 비즈니스 모델의 여러 요소를 작동시키는 데 소요되는 비용 - 고정비: 인건비(정규직), 임차료, 보험료, 광고선전비, 감가상각비 - 변동비: 원재료비, 인건비(파트타임), 비정기적 광고비 등

10) 사회적 비용(SC: Social Cost) 및 사회적 편익(SB: Social Benefits)

SC	SB
- 우리 비즈니스 모델에 내재되어 있는 중요한 사회적 비용 요소는 무엇인가?	- 간접적, 2차적 편익은 무엇인가? (VP 파트의 직접적, 1차적 편익 외) 예) 그라민폰의 경우, 여성의 소득 향상은 1차적 편익, 이로 인한 여성 인권 향상은 2차적 편익임

◉ 소셜 린 캔버스(Social Lean Canvas)

창업을 준비 중인 예비 창업기업이나 이제 비즈니스를 갓 시작한 기업들이 비즈니스 모델 캔버스를 활용하여 비즈니스 모델을 계획하거나 점검하지만, 위에서 설명한 11 Building Blocks에서는 사회적 기업이 중요하게 여기는 소셜 임팩트, 차별성, 이해관계자 등의 요소가 잘 드러나지 않는다. 이러한 단점을 보완하기 위해 Social Lean Canvas Tool을 활용하여 비즈니스 모델을 점검해 보는 것도 좋은 방법이 될 수 있다.

[그림 4-13] 소셜 린 캔버스(Social Lean Canvas)

소셜미션
비즈니스를 시작하게 된 문제의식은 무엇이며, 지향하는 궁극적인 가치는 무엇입니까?

주요 파트너	핵심활동	가치제안	이해관계자관계	이해관계자
비즈니스를 성공적으로 수행하기 위해 꼭 필요한 파트너는 누구입니까?	비즈니스의 목표 달성을 위해 행하는 주요 활동은 무엇입니까? (제조, 서비스, 유통, 개발, 캠페인, 정책제안 등)	솔루션의 차별점은 무엇이며, 관심을 끌 가치는 무엇입니까?	비즈니스의 주요 이해관계자들과 어떠한 관계를 구축하고 협업하고자 합니까?	비즈니스를 통해 영향을 받거나, 영향을 끼치는 이해관계자는 누구입니까? (파트너 제외)
	핵심자원 비즈니스를 시작하고 유지하며 계속 발전시키기 위해 필요한 자원은 무엇입니까?		**채널** 비즈니스의 주요 수혜자와 고객은 어떠한 방식과 지점에서 여러분의 솔루션을 인지하고 혜택을 누리게 됩니까?	

비용	수익모델
비즈니스를 진행하는 데 소요되는 모든 비용 요소는 무엇입니까? (인건비, 연구개발비, 사업운영비, 제품제작비, 홍보비 등)	비즈니스를 지속가능하게 만드는 주요 수익의 원천(후원, 매출, 투자 등)은 무엇이며, 그 전략은 무엇입니까?

차별성	임팩트
기존에 존재하는 경쟁자와의 차별성은 무엇이며, 어떤 점에서 더 경쟁력이 있습니까?	비즈니스가 창출하는 임팩트는 무엇이며, 그 크기와 향후 확장 가능성(지역, 대상 등)은 어느 정도입니까?

자료: http://www.leancanvas.com

바. 사회적 기업의 사업타당성 분석

일반적으로 사업타당성 분석은 사업계획서를 작성하기 전에 해당 아이디어의 사업화 성공 가능성을 검토하는 단계를 말한다. 사업타당성 분석은 창업자(팀)의 역량, 기술성, 시장성, 수익성 등을 기본적으로 검토하고 이외에는 위험요소에 대한 내용을 분석하는 과정으로 이루어진다. 이제부터 일반적인 사업타당성 분석과 사회적 기업의 사업타당성 분석은 어떤 차이가 있는지, 그리고 사회적 기업의 사업타당성 분석은 무엇인가에 대해 살펴보도록 하자.

◎ 사회적 기업 사업타당성 분석의 정의

일반기업의 사업타당성 분석은 평가요소 및 가중치 등에 따라 달라질 수 있지만 일반적으로 창업가의 사업수행 능력 및 적합성 분석, 해당 사업의 시장성 분석, 기술적 분석 등을 고려한다. 하지만 사회적 기업의 경우 기본적인 구조는 유사하지만 사회적 니즈 또는 문제 해결을 위한 명확한 니즈에서 출발해서 최종적으로 사회적 영향력을 통해 성과를 측정하기 때문에 다음과 같은 조건들이 성립되어야 한다.

- 경쟁시장/현실시장에서의 실패 혹은 사회적 문제
- 시장 실패 혹은 사회적 문제를 완화시키기 위한 명확한 전략
- 시장 잠재력
- 생존능력 설계
- 사회적 가치와 영향력을 창출하기 위한 잠재력

◎ 사회적 기업 사업타당성 분석의 체크리스트

사업계획서를 작성하기 전 사회적 기업의 미션 및 사회적 가치 실현, 시장성, 실현가능성, 수익성 등 각 항목별로 고려해야 하는 질문을 통해 사회적 기업 창업을 위한 준비 정도를 가늠해보도록 하자.

[표 4-7] 사회적 기업 사업타당성 분석의 체크리스트

1. 배경	
1) 사회적 기업의 사명과 목표는 무엇인가?	☐
2) 당신의 고객은 누구인가?	☐
3) 이해 관계자는 누구인가?	☐
2. 사회적 기업에 의한 시장 실패/사회 니즈 또는 문제 해결	
1) 당신이 사회적 기업을 통해 다룰 사회 문제와 니즈/시장 실패는 무엇인가?	☐
2) 당신이 추구하는 변화는 무엇인가?	☐
3) 당신은 사회적 기업을 활용하여 이런 변화를 성취하기 위해 어떤 방법을 제안할 것인가?	☐
3. 사회적 기업 설계 기준	
1) 사회적 기업을 설계하는 데 고객의 특별한 특성과 니즈는 무엇인가?	☐
2) 사회적 기업을 설계하는 데 지역사회와 환경의 특별한 특성과 니즈는 무엇인가?	☐
3) 사회적 기업을 실현하기 위한 추진 일정은 무엇인가?	☐
4) 손익분기 조건은 무엇인가?	☐
5) 상위 조직에 보고할 창업 비용, 운영보조금 또는 이익의 재무적 조건은 무엇인가?	☐
6) 사회적 기업의 성공 기회를 높이기 위해 필요한 시장조건은 무엇인가?	☐
7) 이해 관계자(공공, 기증자, 이사회, 직원 등)의 요구에 대해 어떤 기준을 고려해야 하나?	☐

8) 당신의 사회적 기업에는 딜브레이커(Deal Breaker, 거래가 성사되기 어려운 조건이나 사람)가 있는가? □

9) 사회적 기업을 만들고 싶어 하지 않는 사람과 어떻게 절충 또는 타협할 것인가? □

4. 사회적 기업의 개념

1) 사회적 기업은 사회 변화를 달성하고 해결하거나 식별한 사회 문제/필요 또는 시장 실패를 완화하는 데 어떤 도움이 될 것인가?(기업의 일반적인 전략을 명확하게 해야 한다) □

2) 당신의 사회적 기업이 제공하는 제품 혹은 서비스는 무엇인가? □

3) 당신의 제품 혹은 서비스를 이용하는 고객은 어떤 혜택을 누릴 수 있는가? □

4) 당신의 고객은 누구인가?(설명: 인구 통계학적, 지리적, 심리학적 특성) □

5) 당신의 고객은 주로 누구로부터 영향을 받는가? □

6) 누가 지불하고 사용하고, 영향을 받는가?(고객 수준) □

7) 당신의 비즈니스로 고객이 충족할 수 있는 욕구는 무엇인가? □

8) 고객은 기꺼이 당신의 제품이나 서비스에 지불할 수 있는가? □

9) 어떻게 당신의 고객을 세분화 할 것인가?(1차 고객, 2차, 3차 등) □

5. 사회적 기업의 전략

1) 소셜 미션과 가치를 구현하고, 기업이 의도하는 사회적 영향의 목적을 달성하는 변화의 최종 결과를 분명히 하는 전략은 무엇인가? □

2) 지속 가능 경영 전략: 어떻게 사회적 기업을 지속될 수 있도록 할 것인가? □

3) 당신의 전략은 무엇이며, 어떻게 자본을 사용할 것인가? □

4) 전략의 결과를 관리하기 위한 운영 방법과 위험은 무엇인가? □

6. 사회적 및 재무적 영향력

1) 사회적 기업에 있어 사회적 영향력(social impact)의 목표는 무엇인가?(측정 가능한 목표) □

2) 재무 목표는 무엇인가?(측정 가능한 목표) □

3) 사회적 기업이 지역 사회에 미치는 영향은 무엇인가?(측정 가능한 목표) □

4) 사회적 기업에 대한 환경 영향의 목표는 무엇인가?(측정 가능한 목표) □

7. 시장 분석

1) 시장의 동향과 기회는 무엇인가?	☐
2) 시장은 성장하고 있는가? 축소하고 있는가?	☐
3) 사회적 기업은 시장에서 충분히 성장할 수 있는가?	☐
4) 타깃으로 하고 있는 고객에게 어떤 변화가 발생할 수 있는가?	☐
5) 이러한 변화로 고객이 제품을 지불할 수 있는 능력도 변화할 것인가?	☐
6) 이 사업에 영향을 미칠 수 있는 전략적 환경(법률, 경제, 규제 등)에 어떤 변화가 예측되는가?	☐
7) 사회적 기업이 개발할 수 있는 특정 틈새시장이 있는가?	☐

8. 산업 분석

1) 이 산업에서 가장 큰 규제는 무엇인가?	☐
2) 업계의 역동성이나 특징은 무엇인가?	☐
3) 이 업계에서 기업의 일반적인 재무적 벤치마크는 무엇인가?	☐
4) 이 업계에서 성공을 위한 사회적 벤치마크는 무엇인가?	☐
5) 사회 부문에서 법적 또는 산업 규제의 라이센스, 표준, 인가, 인증 등은 무엇인가?	☐
6) 중요한 다른 플레이어(경쟁 제외)는 누구이며, 그들은 어떻게 이 산업에 영향을 미칠 수 있는가?	☐
7) 업계 구매자, 공급업체, 신규 진입자, 경쟁자들 간의 역학은 무엇인가?	☐
8) 새로운 사회적 기업이 업계에서 시작하는 것이 얼마나 쉬운가?	☐
9) 진입 장벽은 무엇인가?	☐
10) 주요 이해 관계자 그룹(노동조합 , 정부 등)과 어떤 관계가 있는가?	☐

9. 경쟁

1) 유사한 서비스 또는 제품을 제공하는 핵심 경쟁자는 누구인가?	☐
2) 같은 시장에 같은 제품 또는 서비스를 제공하고 있는 많은 경쟁업체가 있는가?	☐
3) 그들은 증가 또는 감소하고 있는가?	☐
4) 경쟁자가 가진 자원은 주로 무엇인가?	☐
5) 경쟁자와 비교했을 때 당신은 어떤 장점이 있는가?	☐

6) 경쟁자는 유사하거나 대체 제품을 제공할 수 있는가?	☐

10. 사회적 기업 비즈니스 모델

1) 사회적 기업 기본 운영 모델을 설명할 수 있는가?	☐
2) 가치 제안은 무엇인가?	☐
3) 가치가 어떻게 전달되며, 가치사슬의 구조는 무엇인가?	☐
4) 우리는 어떻게 적절한 비용으로 가치를 제공 할 수 있는가?	☐
5) 제품 및 서비스 클라이언트/고객 세그먼트에게 특별 요구사항 또는 고려사항을 제공할 수 있는가?	☐
6) 조직의 강력한 기능과 전략적 자산은 무엇인가?	☐
7) 파트너/제휴는 누구와 하며, 이러한 관계는 어떻게 구성되는가?	☐
8) 비용은 얼마이며, 어떻게 비용을 나눌 수 있는가?	☐
9) 이해 관계자와의 이익 반환을 어떻게 정량화 할 것인가?	☐
10) 우리는 어떻게 이 사업을 수행하는 재무 목표를 달성할 것이며, 우리의 비용을 충당할 것인가?	☐
11) 누가 전략적 파트너이고, 그들과 함께 어떻게 일할 것인가?	☐

11. 운영 요구 사항

1) 운영상의 일상적인 요구 사항은 무엇인가?	☐
2) 기술/시스템, 생산 방법, 시설, 또는 관련된 기술 요구사항이 있는가?	☐
3) 기술, 장비 등을 저렴한 비용으로 얻을 수 있는가?	☐
4) 어떤 경우가 기업과 관련된 책임 문제이며, 그것은 무엇인가?	☐
5) 사회적 기업에 대한 시설 요구 사항은 무엇이며, 그것은 합리적인 가격에 구매할 수 있는가?	☐

12. 관리 요구 사항

1) 사업의 관리 구조로 무엇을 할 것인가?	☐
2) 어떤 기술/경험/자격 증명이 관리 팀에 필요한가?	☐
3) 당신이 구입하거나 외부 전문 지식을 고용해야 할 것인가?	☐
4) 적절한 관리가 어려울 때, 필요한 관리 기술과 경험이 가능한 사람들을 모집하기 위한 충분한 pool이 있는가?	☐

5) 사람들이 필요로 하는 전문 지식의 기술과 경험을 저렴한 비용으로 취득할 수 있는가?	☐
6) 이 사업을 실행하기 위한 인력 요구 사항(직원의 필요성, 기능, 기술 수준, 자격)은 무엇인가?	☐

13. 재무적 요구 사항

1) 당신이 스타트업을 시작한다면 얼마의 자본이 필요한가?	☐
2) 당신이 스타트업을 시작한다면 자본 투자에 사용할 수 있는 자본 준비금이 있는가?	☐
3) 기업의 추정 손익분기 매출액은 얼마이며, 수익이 수준에 도달하기 위해 얼마나 기다려야 하며, 얼마나 매달 손실을 포함해야 하며, 손실을 커버하는 우리의 총 투자는 어떻게 될 것인가?	☐
4) 생산이 가장 높을 때 상품의 비용을 어떻게 사용해야 하며, 이 업계에서 매출 총 이익은 무엇인가?	☐
5) 고정 비용은 주로 무엇을 포함하는가?	☐
6) 재무적 요구 사항(자본, 새로운 장비, 급여, 작업 시작 등)을 충당하기 위해 충분한 자본에 액세스할 수 있는가?	☐
7) 벤처기업에 대한 자금 조달을 외부에서 추가로 액세스할 수 있는가?	☐
8) 기업을 위한 저금리 대출 또는 프로그램 관련 투자를 얻을 수 있는가?	☐
9) 기업의 재무 위험을 공유하고 협조할 수 있는 다른 조직이 있는가?	☐
10) 타 기관으로부터 얻을 수 있는 금융 혜택과 장단점은 무엇인가?	☐

14. 중요한 위험과 기회

1) 활용할 수 있는 기회는 무엇인가?	☐
2) 해당 기회를 실행할 때 조직에는 어떤 위험이 있는가?	☐

03 사업계획서 작성하기

가. 사회적 기업 사업계획서의 의의

◉ 창업가와 사업계획서

지금까지 비즈니스 모델에 대해 자세히 살펴보았다. 다시 한 번 간단하게 정의하면 비즈니스 모델은 '고객이 원하는 가치를 발견하고 이를 통해 수익을 창출하는 방법을 설계하는 것'이다. 그렇다면 이번 장에서 배울 사업계획서와 비즈니스 모델은 어떠한 연관성이 있을까? 한마디로 정리하면, 사업계획서는 비즈니스 모델의 구체적인 실행계획을 수립하는 것이다. 시장규모와 성장가능성은 충분한지, 팀은 어떻게 구성해야 하는지, 자금은 얼마나 필요한지, 생산은 어떻게 해야 하는지, 마케팅은 어떤 방법으로 할 것인지, 그리고 사업 추진 일정 등 모든 전반적인 내용들에 대해 구체적인 실행 계획을 수립하는 것이 사업계획서라고 할 수 있다.

다양한 교육현장에서 시니어, 주니어, 청년들을 만나보면 그 어느 때보다 창업에 대한 관심과 의지가 높은 것이 느껴진다. 기업의 재직 안정성이 흔들리고 있고 청년 실업률이 매해 최고치를 경신하는 요즘 창업은 새로운 일자리 창출 대안으로 각광받고 있다. 그래서인지 요즘 자주 창업을 고민하고 있다는 장문의 글을 온라인상에서 자주 접하게 된다. 한 가지 아쉬운 점은 창업에 대한 심각한 고민을 하면서도 여전히 사업계획에 대해서는 고민을 하지 않는 경우가 대다수라는 점이다.

창업을 준비하는 창업자가 반드시 해야 하는 일이 있다. 사업계획서를 작성해야한다. 사업계획서를 작성한다고 하면 자신은 투자를 받을 일이 없다면서 사업계획서 작성에 굳이 힘을 써야 하나라고 반문하는 이도 있다. 하지만 사업계획서는 비단 조직의 외부자들로부터 투자를 받기 위함이 아닌 조직 내부 구성원들과의 원활한 소통 그리고 창업자 스스로 비즈니스 모델을 정립하고 정렬하기 위해서 꼭 작성되어야 할 부분이다. 사회적 기업가는 다양한 이해관계자들에게 자사의 비즈니스 모델이 어떻게 사회적 문제를 해결해나가면서 지속 가능한 경영을 할 수 있는지에 대해서 논리적으로 설명을 할 수 있어야 한다는 점에서 잘 정리된 사업계획서는 꼭 필요하다.

우리가 창업을 준비하는 과정에 사업계획서가 과연 어떠한 도움을 줄 수 있는지를 생각하여 보자. 첫째, 잘 작성된 사업계획서는 먼저 동업자나 투자자와 같은 이해관계자들의 사업에 대한 신뢰를 높이고, 그 결과 필요한 자금을 유치하는 데 도움이 된다. 둘째, 투자자 등 외부의 이해관계자뿐만 아니라 내부 구성원들과도 비전을 공유하고 그들의 사업에 대한 이해를 높일 수 있도록 도와준다. 셋째, 사업진행시 신규 사업의 타당성을 다양한 각도에서 체계적으로 점검해볼 수 있으며, 신규 사업에서 나타나는 변수를 명확히 분석함으로써, 장애요인을 제거하고 위험요인을 사전에 방지할 수 있다. 넷째, 신규 사업을 진행하는 상황에서 추진 일정을 계획대로 진행할 수 있게 되어 비용을 절감할 수 있으며, 실제 프로젝트 진행시 프로젝트 추진 상황을 관리하고 평가할 수 있는 핵심 자료로 활용할 수 있다. 따라서 초기 창업을 준비하는 예비 창업가뿐만 아니라 새로운 사업을 준비하는 모든 창업가에게 사업계획서 작성은 반드시 필요하다.

사업계획서는 그 목적에 따라 다양한 분량으로 준비되지만 일반적으로 A4페이지 기준으로 15페이지에서 30페이지 내외로 구성이 된다. 투자를 받거나 심사를 받기 위해서 작성되는 사업계획서에는 자세한 내용이 담기게 된다. 주로 다양한 이해관계자들의 꼼꼼한 분석이 필요할 때 이러한 사업계획서가 사용될 수 있다. 경우에 따라서는 창업자 스스로의 사업 계획에 대해서 핵심만 간략하게 전달하는 3페이지 내외의 요약 사업계획서 작성 또한 필요한 부분이다. 핵심을 간략하고 정확하게 전달하는 중요성에 대해서 엘리베이터가 올라가는 시간인 약 1분 만에 자신의 비즈니스 모델에 대해서 설명하는 엘리베이터 피치라는 개념이 널리 퍼졌다. 이런 엘리

[그림 4-14] 엘리베이터 피치를 통한 1분 사업 발표연습은 핵심 전달에 용이

베이터 피치를 위한 사업계획서는 A4페이지 기준 반장 정도가 적당하다.[21]

 사회적 기업가 인터뷰

✔ 소셜 벤처의 사업계획서가 가지는 기능은 어떤 것들이 있으며, 사업계획서를 잘 작성하려면 어떤 준비가 되어야 합니까?

모든 문서가 그렇듯 사업계획서 역시 기본적으로 소통의 도구가 되겠지요. 동료 구성원들에게는 명확한 비전을 제시하고 구성원의 생각을 일치(alignment)시키는 데 도움이 될 것이고요. 투자자를 포함한 파트너들에게는 왜 우리 회사와 함께 해야 하는지를 설득하는 내용이고, 나아가 파트너가 무엇을 함께 하여 가치를 더할 수 있는지를 생각해보게 하는 내용이 되겠지요.

허재형(루트임팩트 대표)

사업계획서를 잘 작성하기 위해서는 작더라도 가볍고 빠르게 실행하는 것이 중요하다고 생각합니다. 아이디어, 컨셉만 담긴 사업계획서보다는 고객을 직접 만나서 들은 이야기, 프로토타입(Prototype)이나 MVP(Most Viable Product)를 시장에서 테스트해서 얻은 결과를 포함한 사업계획서가 훨씬 더 그 내용이 실제적이고 풍성할 수밖에 없습니다.

소셜 벤처가에게 사업계획서는 곧 기업의 얼굴과도 같은 존재라고 생각합니다. 몇 장의 페이퍼에 불과하다 여길 수도 있지만, 결국 사업계획서를 잘 작성할 수 있다는 것은 자기 사업에 대한 이해도가 높다는 것이기 때문입니다. 대부분의 사업계획서는 양식이 큰 차이가 없습니다. 결국 기업가가 왜 이 일을 시작하게 되었는지와 그 일을 통해 어떤 문제들을 어떤 방식으로 해결할 건가에 대한 이야기를 적는 것입니다. 그리고 그로 인한 사회적 경제적 효과에 대해 정리를 하면 되는 것이죠. 미사여구가 많을 필요는 없습니다. 제 개인적인 생각으로는 미션에 대해 기술한 부분만 봐도 이 사업계획서가 얼마나 가치 있는지 어느 정도 판가름이 난다고 생각을 합니다. 결국 미션이 가장 중요하다고 봅니다. 사회적인 문제를 기업가의 관점에서 잘 해석하고 인식

이영희(토닥토닥협동조합 대표)

하고 있다면 그 문제를 풀어가는 방식은 다양하게 접근해 볼 수 있기 때문입니다.

◎ 사회적 기업가와 사업계획서

　　그렇다면 사회적 기업의 사업계획서와 일반 창업기업의 사업계획서와의 차이점은 무엇일까? 대부분의 내용에서는 큰 차이점이 없다. 다만, 사회적 가치를 실현한다는 사회적 기업의 특성상, 사회적 가치 창출을 위한 미션이 매우 중요하고 차별화되는 항목이라 할 수 있다. 따라서 사회적 기업 사업계획서가 제 역할을 하기 위해서는 그 의도에 맞게 사업의 시작부터 끝까지 전 과정을 이해하고 분석할 필요가 있다.

　　사회적 기업을 창업하기 위한 사업계획서도 일반 영리기업과 크게 다르지 않다. 일반적인 사업계획서가 비즈니스 모델 중심으로 시작되어 어떻게 투자한 금액을 회수할 수 있을지 경제적 영향

(Financial Impact)에 포커스를 두고 끝이 난다고 한다면, 사회적 기업의 사업계획서는 무엇보다 사회문제에 대한 정확하고도 명확한 범위설정과 개념정립이 우선되어야 한다는 점이 다른 부분이다. 또한 영리기업의 사업 계획서가 투자수익률(ROI, Return On Investment)을 중시한다면 사회적 기업의 사업계획서는 사회적 투자수익률(SROI, Social Return On Investment)이 강조된다는 점에서 차이점이 존재한다. 사회적 기업의 사업계획서에는 일반 사업계획서에는 포함되지 않은 변화이론(theory of change)이나 사회적 영향력(social impact)이 포함된다. 또한, 일반 사업계획서에는 경쟁자 분석이 사업 타당성에 매우 중요한 요소가 되지만, 사회적 기업의 사업계획서에는 경쟁자분석과 더불어 파트너십 구축이 동시에 제시되어야 한다는 차이점이 있다. 따라서 이러한 차별화된 내용을 고려하여 사회적 기업에 특화된 사업계획서가 구성되어야 한다.

◉ 사업계획서 작성 전 질문

런던대학교 경영대학원(London School of Business)에서는 모든 사회적 기업의 사업계획서는 아래와 같은 열 가지 질문에 답해야 한다고 제시하고 있다. 본격적으로 사업계획서를 작성하기 전에 아래의 질문에 대한 적절한 답을 선택할 수 있다면 기본적으로 사업계획서를 작성할 준비가 되어 있는 것이다.

① 현재 당신(회사)의 위치는 어디인가?
② 당신의 생산품 또는 서비스는 무엇인가?
③ 당신이 진입하고자 하는 시장은 어디인가?
④ 그 시장에 어떻게 진입할 것인가?
⑤ 당신의 경쟁자는 누구이고, 어떻게 극복할 것인가?
⑥ 어떻게 제품을 생산하고 서비스를 제공할 것인가?
⑦ 어떤 사람들과 함께 하는가?
⑧ 사업에 필요한 예산과 재무계획은 세워졌는가?
⑨ 리스크 요인은 무엇인가?
⑩ 투자에 대한 사회적 보상은 무엇이며 어떻게 측정할 것인가?

 ## 사회적 기업가 인터뷰

✔ **소셜 벤처가의 사업계획서가 가지는 기능은 어떤 것들이 있으며, 사업계획서를 잘 작성하려면 어떤 준비가 되어야 합니까?**

사업계획서는 말 그대로 앞으로 전개하고자 하는 사업에 대한 내용을 사전에 일관성 있게 정리한 문서이다. 즉, 소셜 벤처가의 사업계획서는 해결하고자 하는 사회 문제에 대하여 어떠한 미션을 갖고 있으며 그 미션을 달성해내기 위해 언제, 어떻게 사업을 진행해나갈 것인지를 구체적이고 설득력 있는 논리와 근거로 담아내는 것이다.

장은하(CTOC 대표 및 멘탈헬스코리아 부대표

사업계획서는 자금 조달을 하기 위한 기본 도구이기도 하지만 더욱 중요한 것은 실제 업무 추진 계획서로도 사용할 수 있을 만큼의 체계적이고 구체적인 내용으로 작성해보아야 한다. 투자를 유치하기 위한 피치덱 (Pitch Deck)과 창업 전 실제 창업을 준비하기 위해 작성하는 사업계획서는 구분하여 생각해볼 필요가 있다. 사업계획서는 창업의 시행착오를 줄여 주는 기능을 한다. 그러나 실제 그 기능을 잘 수행하기 위해서는 미션과 미션을 달성하기 위해 진행할 사업의 내용 상에 논리적인 점프는 없는지, 우리가 미처 깨닫지 못한 사업의 약점과 결점은 무엇인지, 사업을 실제 수행하기 위해 현재 준비되지 않은 비어 있는 페이지는 무엇인지에 대해서 최대한 파악하고 보완하는 과정으로 생각하고 효과적인 대응 방안을 채워 넣어야 한다.

사업계획서는 외부적으로는 자금 조달, 사업 인허가, 이해관계자 대상 사업 소개 등을 위해 활용되지만 내부적으로는 내부 구성원들에게 우리 기업의 존재의 이유, 비전과 미션, 향후 나아가야 할 방향에 대해 가장 빠르고 쉽게 이해시킬 수 있는 도구가 된다. 사업계획서의 내용에 따라 구성원들의 업무 분담과 연간 목표/분기 목표/월 목표/주 목표가 세워질 수 있고 구성원들 서로가 어떠한 목표를 위해 어떠한 일들을 현재 하고 있는지를 파악할 수 있다.

또한 내부 구성원들에게 사업계획서는 우리의 미션과 미션 달성 계획에 대해 발표하였을 때 가슴을 떨리게 하고 의욕을 다시 한 번 불태우는 기능을 할 수 있어야 한다. 그렇기 때문에 사업계획서는 구성원들로부터 '꿈만 크다, 이루어질 가능성이 없다' 등의 이야기를 듣지 않기 위해서는 허황되거나 근거 없는 목표, 실현 가능성 없는 추진 계획은 객관적으로 판단하여 배제할 수 있어야 하며 성공 가능성은 낮더라도 끝까지 몰아붙여서 도전해볼 수 있는 내용들이어야 한다. 또한 창업가는 그 근거를 제시할 수 있어야 한다.

대기업 전략실이나 컨설팅 기업 등에서 사업계획서와 비슷한 보고서를 많이 작성해본 사람이 아니라면 어떻게 써야 할지 막막한 경우가 많을 것이다. 그 경우 나의 사업계획을 작성하는 것과는 별개로 사전에 다른 사업계획서 사례들을 다양하게 많이 살펴볼 필요가 있다. 인터넷에 찾아보면 에어비앤비(Airb&b), 페이스북(Facebook) 등 다양한 기업이 그들이 초기 투자 유치에 성공했던 피치덱 파일이 모두 공개되어 있다. 또한 유튜브만 찾아보더라도 수 만개의 기업이 데모데이에서 IR Pitch를 하는 영상을 손쉽게 찾아볼 수 있다. 그 중 우리와 비슷한 사업 내용을 찾아서 그들의 사업계획서를 벤치마킹하여 만들어보고 발전시키는 것도 하나의 좋은 방법이다.

나. 사회적 기업 사업 계획서의 구성 요소

사업계획서는 기업체의 사업 내용과 비즈니스 모델의 중요 포인트에 따라서 천차만별일 수 있다. 다음은 사회적 기업의 사업계획서에 포함되는 내용에 대해 살펴보기로 하자.

◉ 요약(Executive Summary)

Executive Summary라는 이름으로 제일 앞장에 올 내용의 핵심은 무엇보다도 사회문제에 대한 정의와 사업방식에 대한 서술 및 창업자 본인이 이 사업을 잘 해낼 수 있는 이유, 즉 역량에 대한 설명과 더불어 이 사업의 사회적 가치에 대한 서술로 이뤄져야 한다. 보통 1~2페이지 분량으로 이뤄지는 Executive Summary에서는 가장 일반적인 언어로 화려한 미사여구를 삼가고 가장 해결하고 싶은 한 가지 문제에 대해서 그 문제를 해결하기 위한 가장 핵심적인 한 가지 방식을 기술하는 것이 바람직하다.

사업계획서가 15장에서 30장으로 이뤄진다면 그 사업계획서를 모두가 읽어보지는 못한다. 더군다나 하루에도 수백 건의 사업계획서를 분석하고 투자 결정을 내려야 하는 투자자들에게는 30페이지

분량의 사업계획서를 꼼꼼히 분석하는 일은 물리적 시간에서 불가능하다. 그렇기에 투자자들과 분석을 필요로 하는 이해관계자들은 우선 Executive Summary를 집중해서 보고 그 다음 내용에 대한 분석을 이어갈지를 결정하게 된다. 그러므로 Executive Summary는 이해관계자들 모두가 사업계획서를 꼼꼼히 읽어보지는 못하기 때문에 반드시 읽어보는 부분이라고 생각해도 좋을 정도로 중요한 부분이다. Executive Summary로 투자자나 이해 관계자의 이목을 끌지 못한다면 그 다음 미팅은 이어질 수 없다.[22]

○ 소셜 미션

본격적으로 시작되는 사회적 기업의 사업계획서의 첫 부분에서 다뤄져야 할 가장 중요한 주제는 소셜 미션 즉, 해결해야 하는 사회 문제이다. 소셜 미션을 표현하기 앞서 사회적 문제의 본질을 담고 있는 사회 문제에 대한 명확한 정의가 필요하다. 그리고 언급하고 있는 사회 문제가 왜 지금 해결되어야 할 이슈인지에 대한 당위성과 창업자 자신이 해당 문제를 해결하고자 선택하게 된 계기 등이 함께 표현되어야 한다. 뿐만 아니라 해당 사회문제를 둘러싸고 있는 다양한 외부 환경에 대한 거시적인 관점에서의 고민의 흔적과 통찰이 드러나면 더 많은 공감대를 이해관계자로부터 형성할 수 있다.

조금 더 구체적으로는 우선 지금의 사회문제에 대한 현재의 다양한 대응책과 접근방식에 대한 객관적인 분석이 필요하다. 이러한 대응책과 접근방식이 기존의 문제를 효과적으로 해결하고 있지 못하고 있기 때문에 창업가는 현재 사회적 기업을 창업하려고 한다. 그러므로 기존의 방식이 가진 한계점에 대한 언급과 동시에 창업자가 내어놓는 솔루션이 왜 혁신적인 방안으로 기존의 대안보다 나은지 명확하게 언급하는 것이 중요하다. 사회 문제 및 소셜 이슈에 대한 분석을 마치고 나면 이러한 사회 문제를 해결하는 부분을 키워드나 문장으로 표현한 소셜 미션을 정의한다.

소셜 미션과 더불어 조직이 추구하는 미래의 바람직한 사회상과 궁극적인 미래상에 대한 부분인 비전 또한 함께 드러나면 좋다. 소셜 이슈 분석을 진행할 때 가장 중요한 점은 객관적이고 현장에서 파악한 정보를 바탕으로 구체적이고 현실적으로 서술해야 한다는 점이다. 소셜 미션을 작성함에 있어서는 기업의 존재 이유를 보다 명확하고 구체적인 관점에서 표현해야 한다는 점을 유념해야 한다.

소셜 미션에서 다루어져야 할 내용을 세분해서 살펴보기로 하자.

▪ 사회적 문제와 기회의 인지(The Problems/Opportunity)

여기에서는 본인이 인지하고 있는 사회적 문제와 해당 문제가 왜 사회적 기업의 방식으로 해결되어야 하는지에 대한 내용을 담아야 한다. 이를 위해 우선 아래와 같은 질문에 명쾌하게 답을 할 수 있어야 한다.

- 이 문제는 어떠한 피해를 가져오고 있나?
- 이 문제의 원인은 무엇인가?
- 이 문제는 왜 중요한가?
- 이 문제는 어느 정도 크기인가?
- 어떻게 어디까지 변화시킬 수 있나?

- **미션, 비전, 핵심가치(Mission, Vision, Core Values)**

소셜 미션과 비전 및 핵심가치는 사회적 기업 사업계획서에서 가장 중요한 요소이다. 사회적 기업의 존재 이유와 목적을 나타내 주기 때문이다.

이 부분에서는 왜 우리가 함께 해야 하는지, 어떠한 미션을 통해 비전을 달성할 것인지를 진솔하게 나타낼 줄 알아야 한다. 그렇다면 미션, 비전, 그리고 핵심가치는 무엇을 의미하는 것일까? 다음에 제시된 정의와 사례를 통해 각각의 내용을 이해해 보도록 하자.

① 비전

비전은 사업의 성공을 바탕으로 미래의 어느 시점에서 자신이 보이고 싶어 하는 모습을 의미한다. 비전에는 창업가나 기업이 추구하는 철학이나 가치관이 담겨있으므로 장기적으로 전략적인 제휴 관계를 맺기 원하는 상대방에게는 매우 중요한 정보이다.

기업들의 비전 선언문을 사례로 들면 다음과 같다.

"가족과 어린이의 꿈을 실현 시킨다"(디즈니)
"Global Top Green & Smart Energy Pioneer"(한국전력공사)

② 미션

미션은 기업의 존재 이유나 사회적 사명을 의미하며 기업 경영의 궁극적인 목적 및 추구하는 방향성이라고 할 수 있다. 사회적 기업에 있어 소셜 미션은 기업이 존재하는 이유 그 자체이기도 하다.

다음은 미션의 사례들이다.

"사람을 위한 가치창조"(LG)

"심리적 상담을 일상적 문화로 만들어 사람들의 마음을 돌봄"
(토닥토닥)

③ 핵심가치

핵심가치는 경영의 모든 프로세스에서 조직이나 구성원이 취하는 행동의 기준으로 삼는 신념으로서 조직문화 또는 조직의 정체성이다. 의사결정의 기로에서 만약 상호 모순되는 두 가지 이상의 선택 가능한 옵션이 있다면 바로 핵심가치에 가장 적합한 선택을 하게 된다.

다음은 핵심가치의 사례들이다.

"Curious(호기심), Passionate(열정), Resourceful(대처능력), Accountable(책임감), Teamwork(팀워크), Committed(소명의식), Open(개방성), Energizing(활력)"(GE)

"긍정적 사고, 전문지식, 고객 감동, 실행 중시, 상호 신뢰"(AT)

▪ **변화이론(Theory of Change)**

사회적 기업가가 추구하는 사회적 영향력(social impact)을 창출하기 위한 행동을 이끌어내는 변화의 방식이 나타나야 한다. 즉, 이 사업의 결과로 나타나게 될 변화와 그 방법들을 제시해야 한다.

예를 들면 지역 공동체에서 그들의 수공예 제품을 온라인 플랫폼에서 팔게 되었을 때 그들은 지역 공동체에 경제적 이익을 가져오게 된다. 하지만 사회적 기업의 경우는 그들의 열망이 행동을 만들어 내고, 그것이 주변에 영향을 주게 되고, 기회를 만나게 되고, 결국 발전으로 가는, 그 변화를 가져오게 되는 과정을 나타내도록 해야 한다.

사회적 기업을 지원하는 기관인 미국의 소셜벤처파트너스(Social Venture Partners)에서는 변화이론에 대해서 다음과 같은 질문에 답을 구하고 있다. 우리가 창업할 사회적 기업도 다음의 질문에 답할 수 있는지 한 번 생각해 보자.

- 우리는 누구를 위한 변화를 추구하는가?
- 우리가 만들어 내고자 하는 영향력은 무엇인가?
- 우리는 어떻게 그 영향력을 만들어 낼 수 있는가?
- 우리는 어떻게 성공 여부를 측정할 것인가?

◎ 비즈니스 모델

소셜 미션을 심도 있게 다루었다면 이제 비즈니스 모델에 대한 상세한 설명이 사회 문제 인식에 뒤따라 나와야 한다. 앞서 언급한 사회문제를 해결할 수 있는 혁신적인 비즈니스 모델을 이 부분에서 제시할 필요가 있다. 비즈니스 모델 파트에서는 고객에 대한 분석, 고객에게 제공하는 차별적 가치, 수익과 비용의 산출 및 지속 가능성 등을 보여주어야 한다. 뿐만 아니라 제품과 서비스를 어떻게 고객에게 전달할 것인지, 고객과의 관계는 어떻게 유지할 것이며 어떤 파트너사와 협력 관계를 구축할 것인지에 대해서 구체적인 기술이 필요하다. 또한 현재 보유하고 있는 핵심역량과 자원이 어떻게 이 비즈니스 모델을 가능하게 하는지를 논리적으로 최대한 구체적으로 설명해야 한다.

대개의 경우 창업자 자신은 해당 비즈니스에 몰입되어 관련 비즈니스에 대해서 잘 알고 있는 경우가 많다. 그렇기에 설마 이런 것도 설명해야 하나 하는 마음에 비즈니스 모델을 이루는 각 요소들에 대해서 상세한 설명이 필요할 것이라고 생각하지 않아 그냥 지나치는 부분들이 있다. 사업계획서를 받아 든 이들은 그 어떤 분야의 전문가이든 해당 사업 분야에서는 창업자 자신만큼 이해도가 높지 않을 수 있으므로 최대한 도식과 시각화한 자료를 함께 제시하면 좋다.[23]

▪ 사회문제 해결 방안(The Solution)

이 항목에서는 앞에서 제시했던 사회적 문제를 해결하고 변화를 이끌어 내기 위한 제품과 서비스를 제시해야 한다. 해결방법을 찾기 위해서는 아래의 질문에 답해야 한다.

- 우리가 제공하는 제품과 서비스는 무엇인가?
- 누가 우리의 고객인가?
- 솔루션의 중요한 구성 요소는 무엇이고 어떤 것부터 먼저 해야 하는가?

◎ 사업 전략

소셜 미션과 비즈니스 모델에 대한 정리가 끝이 나고 나면 본격적으로 어떻게 이 사업을 전략적으로 진행할 것인지에 대한 부분이 요구된다. 이 단계에서는 마케팅 및 생산 전략 등 다양한 전략을 기술할 필요가 있다.

소셜 미션에서 사회적 문제를 둘러싼 다양한 이슈들을 검토했다면 이 단계에서는 보다 구체적으로 이해관계자들에 대한 미시적인 분석이 각각의 관점에서 이뤄져야 한다. 미시적 분석에 포함되어야 할 내용으로는 외부환경(시장, 경쟁, 정책, 기술 등)분석과 내부 환경(역량과 자원)분석이 이뤄져야 한다. 내부 환경 분석에서는 창업자 자신이 가진 역량뿐만이 아니라 창업자가 동원 가능한 기술, 인력, 네트워크 등 모든 측면에서의 다차원적인 내부 환경 분석이 필요하다. 만약 현재 사업을 진행하고 있다면 현재 시점의 재무상태, 인력이나 그간의 실적 등이 이 부분에서 표현되어야 한다. 대표적인 분석 기법으로는 SWOT(Strength, Weakness, Opportunity, Threat)이 있다.

분석 과정에서는 자료 활용이 필요한데, 이때는 공신력 있고 신뢰할 만한 리서치 데이터나, 파일럿 서비스 결과 등을 활용하는 것이 좋다. 또한 경쟁자를 분석할 때는 창업자 자신의 판단을 최대한 배제하고 객관적이고 냉정하게 현실적으로 진행해야 하며 기존의 시장에서의 경쟁자와는 다른 차별화된 요인(기술, 노하우, 경험 등)이 무엇인지를 명확히 언급할 필요가 있다. 파트너사 역량의 경우에도 기존의 협업 프로젝트를 통해서 드러난 부분을 객관적으로 언급하는 것이 바람직하다.

▪ 경쟁자 분석과 파트너십(Competition Analysis - Partnership)

① 경쟁자 분석

경쟁자는 동일한 고객층을 대상으로 비슷한 효능의 상품을 제공하는 조직이다. 경쟁자는 우리 기업이 해결하고자 하는 것과 동일한 고객의 문제를 풀고 있는 존재이다. 따라서 고객은 우리 기업과 경쟁자 중에서 더 높은 가치를 제공하는 조직을 선택할 수 있다.

기본적으로 사업의 성공을 위해서는 고객을 목표로 경쟁자와 끊임없이 경쟁해야 한다. 따라서 지속적으로 고객의 니즈를 파악하는 것과 더불어 경쟁자 대비 우위를 유지하는 것이 매우 중요하다.

경쟁우위 요인은 일반적으로 원가 경쟁력과 차별화로 제시된다. 이 과정에서는 아래의 내용을 사업계획서에 제시하여야 한다.

- 당신의 경쟁자는 누구인가?
- 대체재는 있는가?
- 당신은 어떻게 그들과 차별화할 수 있는가?

② 파트너십

사회적 기업 창업가가 그들이 추구하는 사회적 영향력(social impact)을 극대화하기 위해서는 파트너와 협력하는 것이 무엇보다도 중요하다. 파트너는 소셜 미션을 존중하고 후원하는 개인이나 단체가 될 수 있으며, 사업 분야에서 창업가보다도 더 오랜 경험과 더 넓은 네트워크를 가지고 있는 경우도 많이 있다. 이들을 통해서 효과적이고 효율적으로 미션을 수행할 수 있기 때문에 사회적 기업

은 파트너십을 활용해 큰 시너지효과를 낼 수 있다.[24] 따라서 사업
계획서에 파트너를 제시할 때는 그 파트너와 함께 하면 나타나게
될 시너지효과 등을 함께 제시해야 한다.

- ### ▪ 소셜 마케팅(Social Marketing)

사회적 기업의 마케팅은 크게 두 개의 그룹을 대상으로 하는데
첫 번째는 표적 그룹(target group) 마케팅이고 두 번째는 투자자나
후원그룹에 대한 마케팅이다. 일반적으로 마케팅 전략은 사업을 펼
쳐야 할 표적시장의 결정과 그 표적시장에서 자신의 정체성, 제품이
나 서비스의 이미지 및 위상을 고객이나 타인에게 어떻게 각인시킬
것인가에서 출발한다. 창업가들이 새로운 제품이나 서비스를 출시
하는 상황에서 시장을 구체화하는 것은 매우 중요하며, 구체화하기
위해서는 특정한 기준에 따라 먼저 고객과 시장을 분할(segmentation)
하여야 한다. 시장이 분할되면 자신의 제품이나 서비스에 가장 적합
한 시장을 목표로 삼아야 하는데 이를 표적시장 선정(targeting)이라
고 한다. 또한 표적시장에서 대상 고객의 뇌리에 경쟁자와 차별되는
가치를 제안하는 것을 포지셔닝(positioning)이라고 한다. 이러한 과
정들을 모두 합쳐 각 영문 앞 글자를 따 'STP 전략'이라고 한다.

[그림 4-15] 소셜 마케팅

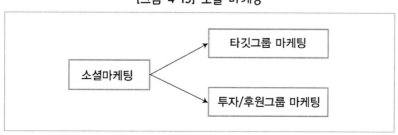

사업계획서의 마케팅 계획에서는 STP 전략을 수립한 후 마케팅 믹스 전략을 제시하는데, 마케팅 믹스 전략은 제품(product), 가격(price), 유통(place), 마케팅 커뮤니케이션(promotion)을 중심으로 하여 4P라는 네 가지 요소를 적절히 배합함으로써 경쟁사의 제품이나 서비스의 차별적인 이미지를 구축한다.

마케팅 믹스의 구성 요소는 다음과 같다.

[표 4-8] 마케팅 믹스 구성 요소

마케팅 믹스 요소	각 요소별 차별화 요소
Product	품질, 기능, 디자인, 브랜드, 제품의 혜택
Price	가격, 가격에 대비한 가치, 저가격
Place	직접 판매, 대리점, 백화점, 온라인, 방문 판매 등
Promotion	광고, 판매촉진활동, 입소문, 스토리텔링 등

또한, 사회적 기업은 투자·후원(investor & donor) 그룹의 관심을 모두 이끌어 내야 한다. 그들에게 만족감을 줄 수 있는 제안과 전략의 개발이 필요하다. 위의 두 그룹은 사회적 기업에 대해 기대하는 것이 명확히 다르다는 것을 고려하여, 대상에 맞는 사업계획서를 작성할 필요가 있다.

◎ 실행 방안

사업전략 다음으로는 이러한 전략을 어떻게 실행할 것인지에 대해서 나타내야 하는데, 현재 재정적, 물적, 인적 자원에 대한 분석을 바탕으로 그리고 어떠한 부분들이 충원되고 보강되어야 하는지에 대한 방안이 제시되어야 한다. 자금조달 방안과 조직, 파트너십 운영 방안 등이 여기서 기술되면 좋다.

조직 운영 방안에서는 이사회를 포함한 조직의 운영 구조도가 공유되어야 하고, 현실적이고 실현 가능한 범위 안에서 실행 방안을 수립하는 것이 중요하다.

이어서는 재무전략에 대한 구체적인 언급이 필요한데 재무전략을 통해서는 지속가능성과 재무 건전성을 어필하는 것이 중요하다. 대체로 추정 재무제표 등을 통해서 과거 3년을 바탕으로 미래 3년을 예측하는데, 손익계산서(매출, 비용, 영업 이익 등)와 대차대조표(자산, 부채, 자본 등)에 대한 정보가 여기에서 공유되는 것이 좋다. 예비 창업자의 경우는 사업이 시작되었다고 가정하고 작성한 추정 재무제표를 첨부해야 한다.

▪ 팀 구성과 인력 계획(Team & HR Plan)

사회적 기업은 일반적으로 많은 자원과 설비를 가지고 시작하기보다는 사회문제 해결에 대한 아이디어와 지속가능한 해결방안을 통해 사회적 가치를 창출하고자 하는 강한 열정을 가지고 시작하기 때문에 '사람'이 매우 중요하다. 따라서 사회적 기업을 시작할 때, 비전과 미션을 공유하면서 사업에 필요한 역량을 가진 인력으로 팀을 구성해야 한다. 아울러 사업이 성장함에 따라 인력 계획이 변화될 것을 예측하여 사업계획서를 작성해야 한다.

다음은 팀 구성과 인력 계획을 작성하는 데 필요한 질문이다.

• 당신 사업에 필요한 인력 자원은 무엇인가?

- 필요한 멘토와 자문가는 누구이며, 그들을 확보했는가?
- 누가 사업의 핵심 인물인가?
- 무엇이 동기 부여의 핵심 요인인가?

■ 재무계획(Financial Plan)

재무계획은 사업의 목표를 재무적으로 달성해야 할 목표로 전환한 계획이 최종적으로 나타나는 결과이다. 사업전략의 일환으로 나타낼 수도 있고 별도로 적시할 수도 있다. 그 결과는 거의 대부분 재무적인 숫자로서 정리되어 추정재무제표라는 형식으로 요약 정리된다. 재무계획은 사업 목표를 위한 사업전략 및 실행계획이 예정대로 추진되었을 경우 결과적으로 나타나는 주요 재무제표 및 재무적 지표의 추정계획이다. 또한 재무계획은 추정재무제표 외에도 자본적 지출 및 운영과 관련된 자금의 조달과 사용에 대한 계획이 포함한다.

재무계획은 다음의 사항을 중요한 과제로 다루어야 한다.

① 사업의 성공적인 실행이 초래할 보상의 크기

재무계획은 단순한 예측이 아니다. 재무적인 목표는 반드시 달성하고자 하는 약속이며 기간별로 사업 진척도의 목표물(target)을 정하는 것이다.

② 피드백과 통제의 제공

사업의 진행 중간에 나타나는 결과와 예측치의 차이는 조기에 발령되는 경보와 같은 것이다. 의미 있는 차이가 발생할 경우에는 이 차이를 시정하기 위한 툴(tool)을 제공한다.

③ 문제점의 사전 예측

만약 계획보다 급속한 성장이 이루어져서 현금 흐름에 문제가 생길 것으로 예상되면 재무 계획은 이를 반영하여 보완할 수 있는 틀을 제공할 필요가 있다.

재무계획의 수립과 추정재무제표를 작성하기 위해 필요한 주요 추정은 다음과 같은 단계를 거친다. 추정재무제표는 사업의 성적표이면서 동시에 달성해야 할 재무적 약속이다. 사회적 기업가가 수립한 사업목표에서 사업전략 실행까지의 모든 과정이 실행된 결과는 재무적 지표로 나타낸다. 사업계획서에 포함되는 추정재무제표는 일반적으로 3~5년간의 추정손익계산서, 추정재무상태표, 그리고 현금흐름표 등 3가지이며 필요에 따라 추가적인 재무 정보를 제공한다. 정리하면 <표 4-9>와 같은 정보들이 재무계획에 포함된다.

- 재무계획에 적용된 주요 가정들(Assumptions)
- 추정손익계산서(Projected Income Statement)
- 추정재무상태표(Projected Balance Sheet)
- 추정현금 흐름표(Projected Cash Flow Statement)
- 손익분기점분석(Break-even point Analysis)

[표 4-9] 추정재무제표를 위한 요소

순서	추정확인 항목	주요 내용
1	고정자산 투자	토지, 건물, 시설, 설비, 기계장치, 비용 등의 예상 취득 사항
2	창업비용	창업을 위하여 소요되는 제 비용
3	주요 손익항목	품목별 판매가, 매출 원가
4	매출액	기간별 매출 수량, 매출액
5	매출 원가	품목별 매출 원가, 매출 총이익
6	고정비용	판매 및 일반관리비 등
7	재고자산	예상 매출에 대응하는 재고자산 소요량
8	판매조건	판매 정책, 외상 매출 조건, 신용공여 기간
9	지불조건	외상 매입에 대한 지불 조건

○ 사회적 가치 측정

사회적 기업의 사업계획서가 갖는 차별성은 바로 사회적 가치(Social Value)에 대한 측정이다. 사회적 가치는 숫자로 표현할 수 있는 정량적 가치와 숫자로는 표현할 수 없지만 기대되는 정성적 가치 두 가지를 모두 기술하는 것이 권장된다. 사회적 가치 측정의 경우에는 전문적인 지식과 분석이 필요하므로 컨설팅 자문을 받아 자사의 사회적 가치 측정 기준을 마련하는 것도 하나의 방법이 될 수 있다.

사회적 투자수익률(SROI, Social Return On Investment)로 대표되는 사회적 가치 측정 기준에 대한 지속적인 고민이 이어져 사업

계획서가 업데이트될 때마다 이 부분도 함께 고려해볼 수 있다. SK
에서는 매해 사회적 기업들의 사회성과 지표를 바탕으로 사회성과
인센티브를 제공하고 있다. 실제로 다양한 사회적 기업들이 자사의
수혜고객을 최대화하고 그 과정에서 수익성이 확보되지 않는 경우
에도 이러한 사회성과 인센티브를 통해서 경제적 지속성에 큰 도움
을 받고 있다.

　사회성과 지표는 사회적 기업의 사회 공헌 활동과 실적을 대
외적으로 공포하고 대내적으로 직원들의 사기진작과 동기부여에도
아주 중요한 역할을 한다. 사업계획서를 작성할 때 설계에 대한 깊
은 고민을 바탕으로 현실적이고 객관적이고 공감대가 형성되는 사
회성과 지표를 수립하는 것이 요구된다.

[표 4-10] 사회성과 측정의 예시

요소	정의	예시
투입	개입 시 이용되는 자원	예산, 자원봉사 시간
활동	투입된 자원으로 하는 활동	출소자를 위한 교육 과정 운영
산출	활동에 대한 양적 조사	50명의 출소자 교육 완수
결과	수혜자 및 타인의 삶에서 일어난 변화	6개월 후 교육 완수생 중 23명이 취업 혹은 재범률이 80% 감소
임팩트	전체적인 결과와 기여한 바 및 결과가 유지되는 기간	출소자 교육회사는 취업성과의 40%, 재범률 감소의 75%에 영향을 미친 것으로 평가

출처: 영국문화원. 2015. 영국의 사회적 기업: 사회적 기업 육성을 위하여. (출소자 재범률 감소 프로젝
　　트를 사례로 하여 예시)

▪ 사회적 영향력(Social Impact)

사회적 영향력(social impact) 부분은 기본적으로 다음의 질문을 고려하여 사업계획서에 나타내면 된다.

* 궁극적으로 원하는 변화는 무엇인가?
* 계획한 사업으로 얻게 될 결과물은 무엇인가?

이 부분에서 창업가는 사회적 영향력(social impact)이 나타나기까지의 사업 과정에 유의해야 한다. 보통 일반 벤처기업의 경우 투입(inputs)은 활동에 영향을 주고, 산출(outputs)이 나타나며 산출의 가치는 수익으로 귀결된다. 이들은 수익이 최종 목표이기 때문에 이것을 성공의 측정치로 판단할 수 있다.

반면, 사회적 기업은 일반 벤처기업과는 다르게 수익과 더불어 사회적 영향력(social impact)을 추구하고 있다. 이 사회적 영향력은 한 조직의 성과뿐만 아니라 주변의 변화를 포괄하는 개념이기 때문에 수익 이후에 나타난다. 따라서 사업계획서를 작성할 때 다음의 과정을 이해한 후 최종적인 결과의 개념으로서 사회적 영향력(social impact)을 제시하여야 한다.

[그림 4-16] 사회적 기업 성과 창출의 과정

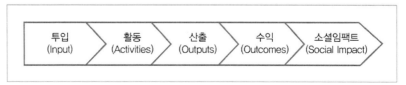

◎ 위기 대처 방안

사업이 늘 장밋빛 미래만 있는 것은 아니다. 그러므로 위기 분석과 위기 시에 대처할 전략에 대한 기술이 필요하다. 만약 창업 이전의 단계라면 사업화 추진 일정과 기타 창업과 관련된 절차나 상표권, 특허 등의 전문가 컨설팅 추진 계획에 대한 언급도 함께 기재되면 좋다.

앞에서 언급한 순서와 내용이 모두 정형적으로 지켜져야 하는 것은 아니나 일반적인 사회적 기업의 사업계획서에 포함되는 내용들을 정리하였다. 사업계획서 또한 기업의 사업 모델처럼 정형화하기 힘들다. 하지만 창업자 개인의 머리 속에 있던 창업 아이디어를 종이 위로 꺼내어 표현하다 보면 기존에는 생각하지 못했던 새로운 아이디어가 떠오르고 창업자 스스로 발견하지 못했던 문제점들을 알게 되기도 한다.

내부용으로 참고하기 위한 사업계획서와 외부 공개용 사업계획서는, 경우에 따라서는 다르게 만들어야 할 필요성도 존재한다. 사업계획서도 하나의 책이라고 가정을 해본다면 책이 대상 독자에 맞추어 다르게 집필되고 편집되듯이 사업계획서 또한 읽는 이의 의도와 니즈에 맞게 다르게 구성되고 표현되어야 한다.

일반적으로 투자 목적으로 사업계획서를 작성하는 경우, 사업계획서를 다 작성하고 난 다음에 해야 할 일은, 사업계획서를 투자자에게 전송하고 피칭을 기다리는 일이다. 경우에 따라서는 피칭이 끝나고 난 다음에 좀 더 상세한 사업계획서 및 각 부분의 세분화된 정보를 요구하는 경우도 있다. 사업계획서의 마스터 버전을 만들고 장소와 청중의 니즈와 요구에 맞게 조금씩 다른 사업계획서를 준비하는 것도 하나의 방법이 될 수 있다. 중요한 점은 사업계획서 작성이 다소 힘들고 어려운 점은 있으나 지속적으로 업데이트되고 관리되어야 하는 계속적인 작업이라는 점이다. 사업계획서가 지속적으로 가다듬어지는 만큼 사업 모델이 정교해진다고 할 수 있다. 그러므로 사업계획서의 내용을 업데이트하고 지속적으로 관리하는 노력은 아끼지 말아야 한다.

다. 사회적 기업 사업계획서 작성 원칙

지금까지 사회적 기업 사업계획서의 의의와 구성 요소에 대하여 살펴보았다. 여기서는 사업계획서(social venture business plan)가 사업 목표를 명확하게 제시하도록 하기 위하여 필요한 원칙에 대하여 살펴보기로 하자. 사업 목표는 도달하고자 하는 목표로서 실행을 기본적인 전제로 하므로, 설정된 목표는 실행가능성, 실행 과정에서의 관리 및 통제와 밀접한 관련성을 지닌다. 사업목표 수립의 원칙으로는 SMART 원칙이 일반적으로 적용된다. 이는 Specific, Measurable, Attainable, Realistic, 그리고 Time-base의 다섯 가지 원칙의 영문 앞 글자를 딴 용어이다.

◎ 구체성(Specific)

사업계획서는 우선 사업 목표가 구체적으로 제시되어야 한다.

추상적인 목표는 실행과 통제가 매우 어려우며, 각 조직구성원의 이해에 따라 목표에 대한 해석이 다를 수 있고, 상호 공유되기도 힘들다. 따라서 다음의 질문에 대하여 명확한 답을 할 수 있도록 준비해야 한다.

- Who: 담당 책임자
- What: 구체적인 목표
- Where: 장소
- When: 기간, 시간적 구분
- Which: 필요한 요구 및 제약 사항
- Why: 목표 달성이 가져올 혜택, 이유, 목적

◎ 측정가능성(Measurable)

사업 목표 설정 시 측정 가능한 방식으로 목표가 설정되어야 사업에 대한 평가가 가능하다. 이는 진행 사항과 최종 결과를 비교할 수 있기 때문이다. 목표 자체를 계량화하게 되면 실행과정의 어느 시점에서도 진척사항이 계량적으로 측정이 가능하므로, 이를 통해 실행과 통제가 명확히 이루어져야 한다. 특히, 사회적 기업 사업계획서는 사회적 가치 창출이 중요하기 때문에 정성적인 목표에 비해 정량적인 목표를 제시하기가 다소 어려울 수 있지만, 가능한 한 더욱 명확히 제시하는 것이 좋은 사업계획서가 될 수 있는 방법이라는 점은 잊지 말도록 하자.

◎ 달성가능성(Attainable)

아무리 좋은 목표라 할지라도 사회적 기업이 보유한 핵심 역량과 인적·물적 자원을 고려하여 달성 가능한 범위 안에 있는 목표여야 실현 가능성이 높다. 기업이 지닌 역량에 비해 지나치게 높게 설정된 목표는 이해관계자의 동의나 공감을 얻을 수 없다. 사회적 기업의 경우 때로는 열정적인 기업가정신으로, 지니고 있는 역량 이상의 목표를 설정하고 그러한 목표를 추구할 가능성이 높다. 하지만 이러한 경우에도 노력의 결과에 따라 달성이 가능한 목표를 설정하는 것이 중요하다. 따라서 한 번에 높은 결과를 추구하기보다는, 단계적으로 달성 가능한 목표를 수립하고, 그 목표를 달성하고 점차 높은 수준의 목표를 다시 세우고 나아가는 것이 바람직하다. 이 경우 목표 달성의 로드맵을 설정하고, 이를 단계로 나누어 제시하게 되면, 사회적 기업의 이상이 무엇인지 나타나고, 또, 동시에 가장 먼저 해야 할 일과 다음에 해야 할 일에 대한 사회적 기업가의 이해도를 보여준다는 점에서 유용하다.

◎ 현실성과 관련성(Realistic & Relevant)

사업계획서 작성 시 제시할 사회적 기업의 사업 목표는 현실적이어야 한다. 또한, 사업의 비전과 관련성이 있어야 하는데, 이는 사업 목표가 기업의 비전을 달성하기 위한 징검다리의 역할을 하기 때문이다. 사회적 기업이 해결하고자 하는 사회적 문제는 우리가 현재 직면하고 있는 지극히 현실적인 문제들이기 때문에, 소셜 미션 역시 현장을 바탕으로 비전을 추구하여 수립되어야 한다. 비현실적인 목표는 시행과정에 무리가 따르고 사업 실행의 전반에 부정적인 영향을 미치며 집중력을 약화시킨다는 점을 명심하도록 하자.

◉ 기간적 구분성(Time-based)

사회적 기업의 사업 목표는 달성 가능한 여러 실행 목표로 나누어지는데, 각각의 실행목표가 기간적으로 구분되어 실행과 통제가 가능해야 한다. 목표 달성에 대한 긴급성과 책임성을 강조하기 위해서는 각각의 실행목표가 기간적으로 구분되어 성취결과의 측정 및 평가가 이루어지는 시스템이 작동해야 한다. 사업계획의 성격에 따라 분기, 반기, 연간, 3년간 등 각 기간별로 달성해야 할 목표가 명확히 주어져서 목표 달성에 대한 긴급성을 부여하고 통제를 가능하게 한다.

이상의 사업계획서 작성 원칙을 정리한 내용은 <표 4-11>을 참고하자.

[표 4-11] 사업계획서 작성 원칙

		목표수립의 원칙		내용
1	S	Specific	구체성	목표의 내용, 책임소재, 달성시점 등
2	M	Measurable	측정 가능성	수치화된 표현
3	A	Attainable	달성 가능성	달성의 결과치의 예상
4	R	Realistic & Relevant	현실성, 관련성	실현 가능성, 사업의 관련성
5	T	Time-based	기간적 구분성	장·단기 기간별 구분

사회적 기업가 인터뷰

> ✔ **소셜 벤처가의 사업계획서가 가지는 기능은 어떤 것들이 있으며,
> 사업계획서를 잘 작성하려면 어떤 준비가 되어야 합니까?**

소셜 벤처의 사업계획서는 소셜 미션과 비즈니스 모델의 논리를 다시 점검할 수 있는 가이드 역할을 한다고 생각해요. 사업계획서를 작성하고 검토하는 과정에서 해결하고자 하는 사회 문제와 비즈니스로 나타나는 해결책이 부합되는지 확인할 수 있어요. 또한 협업이나 정부 지원 사업에 지원할 때 사업계획서의 역할과 비중이 크기 때문에 매력적인 사업계획서는 사업 초기에 회사 운영에 큰 도움이 된다고 생각해요.

이주승(디베이트포올 공동대표)

사업 계획서를 작성하는 데 있어 자신의 가정이 어디에서 나왔는지 수시로 확인하는 것이 도움이 되는 것 같아요. 그 과정에서 사업계획서의 논리를 보완할 수 있다고 생각해요. 예를 들면, 타깃 시장 규모를 제시할 때 어떻게 해당 시장의 숫자가 산출되었는지를 점검하는 것이죠. 예상 매출이나 재무 계획도 그렇고요. 또한 사업계획서의 각 항목은 별도로 존재하는 것이 아니라 하고자 하는 사업 안에서 유기적으로 연결되어 있는 사업계획서가 좋은 사업계획서라고 생각해요. 가령 사회 문제를 제시하면, 관련 시장으로 이어지고, 관련 시장에서의 고객 문제가 사회 문제를 아우르는 해결책으로 이어지는 것처럼요.

04 사회적 기업 창업팀 구성하기(Team Building)

가. 사회적 기업 창업을 실질적으로 진행할 때

앞장에서 사회적 기업은 사회적 문제를 해결하면서 경제적 이윤을 창출해 지속 가능성을 확보한다는 특성을 살펴보았으며, 이를 바탕으로 소셜 미션과 비즈니스 모델을 수립하고 사업계획서도 작성하였다. 언뜻 듣기에도 하나만 해도 제대로 하기가 쉽지 않은 상황에서 두 개의 목표를 동시에 추구해야 하고 이뤄야 한다는 것이 녹록치 않다는 느낌이 든다. 사업계획서까지 작성하였다면, 이제 창업팀을 구성하고, 창업자금 및 투자 유치, 이해관계자와의 소통 등을 실질적으로 진행하여야 한다.

사회적 기업에 대한 관심은 어느 때보다도 뜨겁다. 2017 사회적 기업육성법 제정 10주년 기념 정책토론회, '사회적 기업, 그 10년과 사회변화, 새로운 발전과제 모색'에서 다뤄진 내용을 살펴보면 2007년 440여 개의 사회적 기업의 숫자가 2016년 10년 만에 2,800여 개로 약 7배에 해당하는 양적 증가 추이를 보였다. 이 같은 추세는 꾸준히 이어져 2020년 10월 기준, 인증 사회적기업(예비 포함)은 4,300여 개가 넘는다. 분명 사회적 기업 창업을 희망하는 예비 창업자들이 여느 때보다 많이 나타나고 있다(<표 4-12> 참조).

[표 4-12] 연도별 사회적 기업의 증감 추이

	2007	2008	2009	2010	2011	2012	2013	2014	2015	2016	2017	2018	2019	2020
인증	50	208	285	501	644	774	1,012	1,251	1,506	1,713	1,877	2,030	2,306	2,704
예비	396	602	646	961	1,260	1,425	1,463	1,466	1,286	1,108	1,172	908	1,234	1,609
합계	446	810	931	1,462	1,904	2,199	2,475	2,717	2,792	2,821	3,049	2,938	3,540	4,313

출처: 고용노동부

한편, 사회적 기업은 매출액에 있어서도 꾸준히 성장하고 있고
(<그림 4-17>참조), 일반 영리기업에 비해 창업 후 생존률이 높은
것으로 나타나고 있다. 2019년 기준, 인증 이후 3년 이상 활동하는
사회적기업의 '3년 생존율'은 90.5%로 일반 기업 3년 생존율 41.5%
(2016년 말 기준)에 비해 두 배 가량 높은 편이다. '사회적기업 육성
사업' 창업기업의 5년 생존율 역시 52.2%로 일반 창업 기업(28.5%)
보다 약 2배 높은 것으로 나타났다.[25)

[그림 4-17] 사회적 기업의 매출액 추이(2007~2015년)

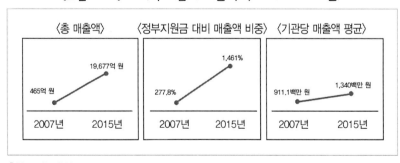

출처: 고용노동부

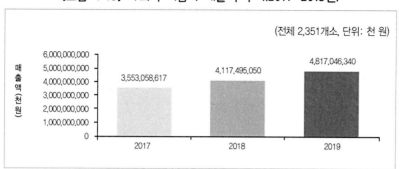

[그림 4-18] 사회적 기업의 매출액 추이(2017~2019년)

자료: 사회적기업 사업보고서(2017, 2018, 2019)
출처: 고용노동부(2020)

초기 사회적 기업이 사회문제 해결을 위한 조직적 선택이었다면, 오늘날은 창업을 꿈꾸는 이들에게 사회적 기업은 창업의 새로운 대안으로 비춰지는 것도 사실이다. 창업을 해야겠다고 결심을 하면 예비 창업자는 다양한 준비를 해야 한다. 창업자가 준비해야 하는 대표적인 것들은 어떤 것일까? 돈, 아이템, 비즈니스 모델, 사람, 사무실, 판로 개척, 마케팅채널, 협력사 등 생각하고 고민해야 할 것이 너무도 많다. 어느 하나가 다른 것들보다 중요하다고 단정지어 말하긴 힘들다. 서로 다른 사업에 있어서 어떤 하나의 요소가 결정적인 성공의 이유가 되기도 하고 또 그렇지 않기도 하기 때문이다. 성공의 이유는 다양하지만 실패의 이유는 대체로 실천과정에서 나타나는 경우가 많다. 팀원을 잘못 만났다던가, 제때에 펀딩(자금 수혈)을 이루지 못했다던가, 이해관계자와의 소통이 원활하지 못했다던가 하는 점 등은 사회적 기업 창업의 실천단계에서 나타나는 일들이다.

백지장도 맞들면 낫다는 옛말이 있다. 일의 크고 작음을 떠나 함께 하면 일이 더 수월하다는 뜻이다. 회사가 운영이 되기 위해서는 대표 혼자만의 아이디어와 실행력으로는 한계가 있다. 창업자인 대표를 중심으로 회사의 소셜 미션과 비전에 공감하고 정렬된 팀이 존재해야 한다. 특히나 창업 초기에 창업자가 가진 미션과 비전에 공감도가 높은 공동 창업자 혹은 팀원의 존재 여부는 창업의 성패를 결정짓는 아주 중요한 요소이다. 실제로 대다수의 창업 전문가의 의견과 성공한 창업자들의 케이스를 살펴보면 초반 팀 빌딩이 얼마나 중요한지 알 수 있다. 이는 창업 초반기에 기업의 팀원들이 똘똘 뭉쳐 헤쳐 나가야 할 많은 어려움이 있다는 것을 표현하는 것이기도 하다.

창업 팀의 역량은 각 개인의 최대 가능성의 합이 아니다. 회사가 운영되기 위해서는 기획, 생산, 제조, 마케팅, 물류, 회계, 법률 등 다양한 부분에서의 실무가 지속적으로 이어져야 한다. 그런데 각 분야별로 창업 팀이 가진 역량의 크기가 현실적으로 다를 수밖에 없다. 기획과 생산 제조가 뛰어나지만 마케팅이 약할 수도 있고 반대로 마케팅이 뛰어나지만 기획과 생산능력이 업계 평균보다 떨어질 수도 있다. 결론적으로 그 기업의 시장에서의 속도는 그 기업이 보유한 역량의 가장 약한 부분에 의해 결정된다. 즉 기업이 내부적으로 겪게 되는 병목 지점이 바로 그 기업의 속도를 결정짓는 요소가 된다는 점이다. 하지만 그렇다고 해서 각기 다른 분야의 가장 역량이 높은 사람들만을 불러 모아 드림팀을 구성하는 것도 현실적으로 스타트업에게는 쉽지 않은 일이다. 그렇기에 다소 불완전한 부분이 존재한다면 창업 팀은 빠른 속도로 학습을 해서 역량을 강화시켜나가야 한다. 또 다른 한편으로는 각 개인이 가진 역량의 크기도 중요하지만 이 역량이 한 데 모여 얼마나 큰 시너지를 낼 수 있느냐도 창업 팀에게는 성공의 분수령이 되는 중요한 이슈이다.

일반적인 스타트업의 경우와 사회적 기업의 팀 빌딩 과정은 과연 다를까? 어느 정도의 특수성으로 인한 차이는 있을 수 있으나 일반적인 팀원을 모으는 과정과 크게 다르지 않다.

 ## 사회적 기업가 인터뷰

> ✔ 소셜 벤처가가 창업팀을 구성할 때 어떤 사람을 만나야 하는지, 어떤 점을 주의해야 하는지 조언 부탁합니다.

초기 스타트업 단계에서는 완벽한 팀원을 구하고 구성한다는 것은 거의 불가능한 일입니다. 다만 확실한 것은 초기 소셜벤처에서 대부분의 팀원들은 멀티 플레이어가 될 수밖에 없다는 점입니다. 다시 말해 미션을 이루기 위한 헌신이 요구되는 것입니다. 제가 여기서 '희생'이 아닌 '헌신'이라는 표현을 쓴 것에는 이유가 있습니다. 희생은 지속적으로 손해를 감내하는 구조에 가까운 표

이영희(토닥토닥협동조합 대표)

현이지만, 헌신은 충분한 애씀과 노력 뒤에 보상이 있을 수 있기 때문입니다. 그리고 헌신의 두 번째 글자인 '신'자의 의미처럼 각자의 신념이 있을 때 그러한 노력이 수반될 수 있기 때문입니다. 저는 그것을 소셜 벤처 안에서는 미션이라고 정의하고 있다고 봅니다. 결국 미션 안에서 구성원들이 똘똘 뭉칠 때 어떠한 난관도 헤쳐 나갈 수 있는 것입니다.

한 가지만 덧붙이자면, 초기 창업가들은 믿을 만한 사람을 구하려고 지인을 참여시키는 경우가 많은데, 이 부분에 대해서는 부정적 견해를 가지고 있습니다. 실제로 실패한 사례가 훨씬 많았는데, 그만큼 개인적인 이해관계로

얽혀 있다는 것은 대표 입장에서는 공정성을 가져가기가 너무 어렵기 때문입니다. 과연 공개채용을 하면 작은 우리회사에 누가 지원을 할까 걱정하실 수도 있지만, 미션을 중심으로 기업에 대한 설명을 잘 하신다면, 꿈과 열정이 가득한 청년들의 두드림이 있을 것이라고 믿어 의심치 않습니다.

나와 대화가 잘 통하는 사람을 만나는 것이 좋습니다. 창업을 하게 되면 하루의 대부분의 시간을 함께 소통하는 사이가 되는데, 그 시간이 서로 자연스워야 잘 할 수 있지 않을까요? 이에 더해, 사람과 세상을 바라보는 관점이 유사하면 더 좋겠습니다. 소셜 벤처를 창업을 한다는 것은 우리 세상의 사람들이 직면한 문제를 함께 풀어가는 과정이고, 그것도 결국에는 다른 사람들과 팀으

허재형(루트임팩트 대표)

로서 조직을 이루어 같이 만들어 가야하는 것이죠. 사람과 세상을 바라보는 관점이 서로 잘 맞는다면, 사업을 개발하고 조직을 운영해감에 있어 가장 밑바탕에 있는 믿음, 철학을 공유하는 것이므로 중요하다고 생각해요. 마지막으로, 각자의 역량과 경험이 상호보완적이면 좋겠죠. 이 부분은 특별히 부연설명이 없어도 될 것 같습니다.

나. 누구를 만나야 할까?

단 하나의 호텔도 보유하지 않은 채 세계적인 호텔그룹인 힐튼(Hilton Hotels & Resort)의 자산 가치를 뛰어넘는다고 평가받고 있는 회사가 있다. 2008년 8월 캘리포니아에서 조 게비아(Joseph Gebbia Jr.), 브라이언 체스키(Brian Joseph Chesky), 네이선 브레차지크(Nathan

Blecharczyk) 세 명의 공동창업자에 의해 설립된 에어비엔비(Airbnb)는 2020년 현재 220개국 이상의 100,000개 도시에서 560만 건의 숙박리스트를 서비스로 제공하고 있다. 에어비엔비(Airbnb)는 2020년 9월 현재까지 8억 만 건 이상의 숙박 연결이 이뤄진 세계적인 숙박 서비스 제공업체이다. 호텔 방을 자신이 소유하지 않고도 자산 가치(300억 달러)가 세계적인 호텔체인 힐튼호텔(2020년 기준 기업 가치 약 290억 달러)을 넘어서며, 세계적인 관심을 받고 있다. 전 세계적인 공유숙박업체의 대표적인 회사가 된 에어비앤비(Airbnb) 창업자 조 게비아(Joseph Gebbia Jr.), 브라이언 체스키(Brian Joseph Chesky), 네이선 브레차지크(Nathan Blecharczyk)는 샌프란시스코에서 열리는 다양한 국제 컨벤션 행사 때마다 숙박시설이 만실이 되는 것을 보고 자신들이 비싼 렌트비를 내고 사용하고 있는 집의 방 한 칸을 빌려줄 아이디어를 떠올리게 되고 곧 이어 이 창업아이디어를 실행으로 옮겼다. 처음 그들이 낸 아이디어는 시장에서 그렇게 많은 환영을 받은 것은 아니었다. 심지어 SXSW(South By South West: 미국 텍사스 오스틴에서 매해 개최)라고 불리는 미국 최대의 스타트업 행사에 초청되어 메인 스테이지에서 사업 비즈니스 모델을 발표하기까지 했지만 누구도 주의를 기울이지 않았고 웹 사이트의 트래픽은 여전히 낮은 수준이었다. 실질적으로 웹 사이트를 통해 숙박을 이용하는 고객의 수도 턱없이 낮았다.

　이 상황에서 에어비앤비(Airbnb)의 공동 창업자 세 명은 이 서비스에 대한 확신을 가지고 끝까지 버텨냈다. 그들이 그렇게 할 수 있었던 것은 사업모델에 대한 확신이 있었기 때문이고 함께 다른 일로 생계를 유지하면서까지 버티겠다는 팀 문화가 있었기에 가능했다. 실제로 창업자 세 명은 본 서비스가 궤도에 오르기까지 모두 카드를 모아 거실의 카드 꽂이에 걸어둔 카드를 돌려 사용하며 시간을 버텼다. 그들은 서비스를 고도화했고 팀이 함께 모여 있기 위해서 씨리얼을 만들어서 판매하면서 상황을 버텼다. 그리고 이러한 일화들이 결국 드롭박스(Dropbox), 레딧(Reddit) 등에 투자하며 세계적인 스타트업 투자자로 명성있는 Y콤비네이터(Y Combinator)의 폴 그레이엄(Paul Graham)을 설득하는 주요한 계기가 되었다는 점은 이제 아주 유명한 일화가 되었다.

[그림 4-19] Airbnb 본사 모습

자료: 직접 촬영(추현호)

에어비앤비(Airbnb)의 창업자들은 불안한 미래 속에서도 3년 이상을 꾸준히 버텼다. 언제 손익분기점(Turnover Rate)을 넘어 더 이상 돈이 들지 않고 돈을 버는 시점이 될지에 대한 불안감과 초조함만이 있는 상황에서도 스스로와 팀에 대한 의심을 하지 않았다. 그들은 서로를 믿었고 될 때까지 버티고 이뤄냈다. 누구를 만나야 할까에 대한 첫 번째 대답은, 끝까지 함께 하고 싶은 사람들과 함께 시작해야 한다는 점이다. 만약 끝까지 함께 하고 싶은 사람이 아니라면 힘든 순간이 오기도 전에 팀은 와해된다.

누구와 함께 해야 할까에 대한 두 번째 대답은 사회적 기업의 경우에는 대체로 사회적 기업이 해결하고자 하는 사회문제에 대해서 같은 공감대를 가지고 그 문제가 해결되지 않는 현실에 대해서 화가 날 정도로 감정적 연합(Attachment)이 되어 있는 사람을 만나야 한다는 점이다.

영국 캠브리지 대학에서 시작한 소셜 벤처 심프린트(Simprints)는 제3세계 국가들에서 신원 인식 시스템이 부재하여 생기는 다양한 문제를 휴대용 지문인식 장치를 개발하여 해결하고자 시작되었다. 2018년 기준으로만 살펴보아도 전 세계에서 약 11억 명 인구가, 국가나 지역 정부 등 공공기관에 신원이 등록되지 않은 상태로 불완전한 의료 혹은 교육 서비스를 받고 있거나 필수적인 사회복지 서비스에서 소외되고 있다. 대부분 아프리카와 아시아에서 발생하고 있는 이러한 문제들에 대해서 캠브리지 대학의 알렉산드라 그리고어(Alexandra Grigore), 토비 노만(Toby Norman), 다니엘 스토리스티누(Daniel Storisteanu), 트리스트럼 노만스(Tristram Normans)는 관련 신원 인식 문제를 해결하고자 심프린트(Simprints)를 창업하게 되었다. 공동창업자들은 다양한 해외 봉사활동을 함께 하며 동일한 미션을 공유하고 비전을 공유하며 시작하게 되었다. 그들은 제3세계 국가들에서 일어나고 있는 신원 인식 장치의 부재에서 시작된 불편과 어려움에 대해서 큰 위기감과 화를 느끼고 문제의 심각성에 대해 공감했다.

누구와 함께 해야 할까에 대한 세 번째 대답은 기업가정신을 갖춘 공동 창업자가 필요하다는 점이다. 우선 논의가 벗어나는 것을 방지하기 위해서 창업자와 창업 팀원 그리고 직원에 대한 명확한 분류가 필요하다. 대체로 창업자는 자신의 자본금을 회사에 납입하고 회사가 성장할 때까지 월급을 받지 않고 일을 진행해나가는 사람이다. 창업 팀원은 회사의 성장 여부와 관계없이 매달 일정한 월급을 받는 대가로 일을 하나 핵심역량을 갖추고 있어 초기 창업 팀에서 절대적으로 중요한 역할을 하는 구성원이다. 직원의 경우에는 창업자가 창업 팀원과 함께 창업을 한 이후 어느 정도의 시간이 흐른 후에 팀에 유입되는 인원을 일컫는다.

우선 초기 팀 빌딩에서 가장 중요한 것은 기업가정신을 가진 공동창업자들(Cofounders)을 만나는 것이다. 공동창업자들의 기업가 정신이 중요한 이유는 무엇보다도 스타트업이 가진 제한된 자원 때문이다. 시장의 문제를 해결해나가는 혁신적인 솔루션을 초창기 사회적 기업가는 제한된 자원이 사라지기 전에 이뤄내야 한다. 나아가 제한된 자원의 양을 늘려야 하는 기업가의 숙명 상 도전의식과 Risktaking(위험수용)에 대한 Mindset(태도)이 필요함에도 불구하고 이 시점에 그러한 마인드셋이 부족하면 공동 창업자간에 갈등이 생길 여지가 다분하다. 초기 창업자에게 요구되는 기업가정신은 결정적이다.

　사회적 기업을 창업함에 있어 누구와 함께 해야 할까에 대한 네 번째 답은 사회적 가치 추구에 대한 우선 순위가 명확한 사람이다. 사회적 기업의 경우에는 사회적 문제에 대한 폭넓은 이해와 비즈니스 모델이라는 두 축에서 밸런싱을 유지할 수 있는 초기인력을 구축하는 것이 기업의 성패를 가르는 중요한 요소이다.

　일본의 대표적인 사회적 기업 크로스필즈(Cross Fields)는 일본의 청년들을 아시아 지역 국가의 NGO나 소셜 벤처 등에 보내어 해당 국가에서 발생하고 있는 사회적 문제를 해결하는 일본의 비영리법인이다. 크로스필즈(Cross Fields)는 더 높은 수익을 창출하기 위해서 인력 파급을 더 많이 할 수도 있지만 매번 최적화된 인력을 구성하여 보내기 위해서 때로는 수익성을 포기할 때도 있다. 이렇듯 비즈니스 측면에서의 수익 향상과 조직이 원래 가지고 있던 소셜 미션이 상충하는 경우가 많다.

　지방에서 인디 음악인들의 프로젝트 수주를 용이하게 하고 데뷔를 돕는 음악인 중계 플랫폼을 개발한 예비 사회적기업 B사의 사례는 바로 이런 기업가정신을 가진 초기 팀 빌딩이 얼마나 중요한지를 보여준다. 초창기 대학 동창생들이 함께 모여 창업을 하게 된 B사는 힘든 개발기간을 거치고 플랫폼을 런칭하였지만 결국 시장의 반응은 싸늘했다. 팀은 두 분류로 나누어졌다. 우선 안정적인 수익을 창출하기 위해서 교육 사업부를 신설해서 자금을 계속해서 만들어내면서 버티자는 부류와, 기존의 음악플랫폼으로 어떻게든 영업을 확대해보자는 부류로 나뉘었다. 결국 팀은 애초의 소셜 미션이었던 생계가 곤란한 아티스트(음악인) 중개라는 대의를 놓아 버리게 되었고 팀은 와해되었다. 초창기 팀원들이 기업가정신으로 한

데 뭉쳐 힘이 분산되지 않고 지속적인 영업과 플랫폼 마케팅을 이어나갔다면 결과는 어땠을까?

이미 사업체계와 조직 기반이 다져진 경우에는 이러한 갈등 상황을 맞아 해결 방식과 기준이 정해져 있으므로 문제가 되지 않을 수도 있으나, 초창기 스타트업의 경우에는 공동창업자의 결정 자체가 곧 조직의 모든 것을 좌우한다. 그런 과정에서 잘못된 결정은 치명적인 결과로 이어지기도 하는데 사회적 기업의 경우에는 자칫 잘못된 선택이 사회적 기업으로서의 존립에 대한 정당성과 명분을 흔들기도 한다. 공동창업자 간의 가치관 혼란과 의사결정 시에 비즈니스 모델과 소셜 미션이라는 두 축에서의 결정 기준 부재가 문제를 심화시킬 수 있다. 부족한 인력 탓에 창업자는 급한 마음에 어떤 인원이든 함께 창업하고 난 뒤에 하나하나 가다듬어나가면 되지 라고 생각할 수 있다. 하지만 애초에 팀 빌딩을 할 때 서두르는 것보다 충분한 고민을 거듭하고 신중히 선택하는 편이 낫다.

다. 초기 창업자 혹은 팀원, 직원들을 만나는 장소

그럼 어디 가서 가장 이상적인 공동창업자 혹은 팀원들을 만날 수 있을까? 스타트업 문화 및 생태계가 활성화되어 있는 실리콘 밸리에서는 대다수 스타트업들은 창업자 자신의 지인 네트워크를 통해서 공동 창업자와 초기 창업 팀을 만난다. 물론 이 과정에서도 무작정 아는 사람이라서가 아닌 스타트업의 직무와 카테고리에 따라 필요한 직무역량을 보유한 사람들이 추천되고 합류하게 된다. 대체로 초기의 창업가들이 제시하는 경제적 리워드는 수준이 낮으므로 회사가 성장한다는 가정 아래 미래 성장성에 초점을 맞추고 구성원들을 설득하게 된다.

지인과 기존의 친인척 네트워크를 활용하는 것이 동서양을 불문하고 가장 선호되고 많이 이용되는 이유는 기존의 인맥을 활용한 신뢰도 체크와 위험부담에 대한 비용이 낮기 때문으로 보인다. 신뢰기반의 사회에서 사회적 평판은 곧 신뢰도와 연결되기에, 추천을 받는 이도 추천을 하는 이도 상호간에 함부로 누군가를 추천하거나 누군가를 고용할 수 없게 된다.

한국의 교육 분야 소셜 벤처 점프(JUMP)는 소외계층 학생들에게 대학생 멘토를, 또 대학생 멘토들에게는 사회인 멘토를 이어주고 있으며, 지속적으로 서울시와 현대자동차 등의 지원을 끌어내 사업을 전개해왔다. 점프(JUMP)의 경우에도 모두 하버드 대학교 동기들로 창업 멤버가 이뤄졌다.

사회적 기업들의 경우에도 대체로 학교 동기, 선후배, 가족과 친인척 혹은 지인의 소개로 이뤄진 네트워크를 통해서 초기 창업멤버가 구성되는 경우가 대다수이다. 모든 기업의 성공과 실패에 대한 정형화된 하나의 답이 없기에 이러한 방식의 리크루팅과 팀 빌딩이 과연 최고의 효율과 효과성을 보장하는지에 대해서는 단언지어 말하기 힘들다. 하지만 가장 선호되는 방식이라는 점은 분명한 것으로 보인다.

학교와 지인 네트워크를 통해서 기존의 인맥을 활용한 방식이 하나라고 한다면 다른 하나의 방법은 창업과 스타트업에 관심을 가진 이들이 모이는 포럼과 워크샵, 세미나에서 공동창업자와 초기 팀 멤버를 만나는 경우이다. 이 경우에는 대체로 스타트업이라는 하나의 주제에 대해서 이미 관심이 있는 참가자들이 포럼과 워크숍, 세미나 등에 참여하게 되므로 비록 이미 알고 있는 사이가 아니라 하더라도 스타트업과 창업을 둘러싼 다양한 주제를 바탕으로 허심탄회한 이야기를 펼쳐 나갈 수 있다.

SK행복나눔재단에서는 일년에 두 번 정도 소셜 이노베이터 테이블(Social Innovators Table)이라는 네트워킹 행사를 개최한다. 이 행사에서는 하나의 주제를 정하고 두 명의 사회적 기업가 발제자를 초청해 발제 시간을 갖고 이어서 전문가 패널과 발제자가 함께 토론하는 시간을 가지게 된다. 이후 이어지는 저녁 식사와 네트워킹은 미리 참가자들의 선호도와 관심사를 고려하여 매칭이 되는 형식이다. 이러한 행사에서 기업가들은 서로의 비즈니스 모델과 고민을 공유하고 때로는 창업에 대한 아이디어를 나누고 나아가 이 자리를 발단으로 삼아 창업, 협업관계로 발전하게 된다.

가장 보편적으로 이용되는 또 하나의 방법은 창업 아이템과 관련된 온, 오프라인 커뮤니티에 스타트업 초기 멤버를 구한다는 메시지를 직접 업로드하는 방식이다. 실리콘밸리에서는 창업과 인수합병(M&A, Merger and Acquisition), 기업공개(IPO, Initial Public Offering)가 세상 어느 곳보다 더 활발히 일어난다. 실리콘밸리는 모이고 헤어지고가 너무도 자연스럽게 일어나는 곳이고 창업 경험과 이직에 대한 인식이 자유로운 문화이기 때문에 창업자들은 매번 더 나은 기회를 찾기 위해서 한 기업에 재직하면서도 여전히 적극적으로 이직과 새로운 기회에 대한 탐색의 시간을 가진다.

온라인상으로는 코파운더스랩(Cofounderslab), 빌트위드미(buildit-with.me), 두어헙(doerhub), 파운더투비(founder2be) 등의 공동창업자 및 팀원 찾기 서비스가 활발하게 이용되고 있으며 몇몇 업체들은 이미 수십 만 명의 경력자 데이터를 구축하고 있다. 대부분의 서비스에서 보유 '직무'와 '경력' 중심의 매칭이 이뤄지고 있다. 창업과 이직에 대한 인식이 자유로운 것도 중요한 창업의 기폭제로 들 수 있다. 국내에서는 구인, 구직(잡플래닛, 사람인, 잡코리아 등) 플랫폼과 초기 팀 빌딩을 지원하는 온라인 플랫폼 또한 웹상에 이미 많이 활용되고 있는데 더팀스(The teams), 비긴메이트(beginmate)가 대표적인 예이다.

라. 초기 팀 빌딩 시에 주의해야 할 점

일반 스타트업의 창업 과정과 사회적 기업의 창업 과정은 기업 창업이라는 면에서 비슷하다. 하지만 추구하는 근본적 목적에 대한 차이가 존재하므로 사회적 기업의 초기 팀 빌딩 시에 유념해야 하는 점이 있다. 사회적 기업의 팀 빌딩에 있어서는 초기 사회적 문제에 대한 깊은 공감대가 이미 형성된 멤버들을 중심으로 시작하고, 필요한 비즈니스 모델과 전략 수립을 위한 인원 충원에 대해서는 점차 채워나가는 방식이 바람직하다.

소셜 미션에 대한 개념과 이해가 전혀 되어 있지 않은 사람이지만, 비즈니스 수완이 뛰어나고 회사의 비즈니스 모델을 견고하게 만드는 데 필수적인 인물이 나타났을 때 창업자는 고민에 빠지게 된다. 그리고 비즈니스 모델에 대한 충분한 이해와 다년간의 사업 경력을 갖춘 비즈니스 중심의 초기 창업자를 멤버로 영입해야 할지 말아야 할지에 대해서 깊은 고민을 하게 된다. 이는 사회적 기업 또한 궁극적으로는 생존해야 하는 기업이라는 점에서 비즈니스 전문가가 사회적 기업에도 꼭 필요하다는 점을 창업자가 잘 알고 있기 때문이다.

하지만 고객의 불편함에 초점을 맞추는 영리기업과 달리 사회적 기업가는 사회적 문제를 둘러싼 중앙, 지방정부, 공공기관, 공기업, 커뮤니티 등 다양한 이해관계자에 대한 폭넓은 이해와 상생에 대한 인식이 필요하다. 비즈니스 중심의 사고방식을 갖춘 초기 창업 팀을 구성하게 되면 사회적 기업으로서의 의사결정에 무리가 따르는 경우가 많아 이내 끊임없는 마찰과 의사결정 과정에서의 소통 결여로 인해서 초기 팀 멤버가 헤어지게 될 가능성이 많다. 사회적 문제를 해결하는 사회적 기업, 소셜 벤처의 설립 이유와 존재 목적에 대해서 초기 창업자이든 초기 창업멤버이든 깊은 공감대가 형성되는 것이 가장 중요하다.

일본 카타리바의 이마무라 구미, 오카토모 타쿠야 두 명의 대표는 바람직한 팀 빌딩의 모습을 보여준다. 두 명의 대표는 대학 동기로 만나 함께 지역의 소외계층 청소년들에게 학교와 가정이 아닌 제3의 공간을 제공하겠다는 목표를 세운다. 그 공간에서 제대로 된 교육을 제공해 주겠다는 결심으로 카타리바를 설립하게 된다. 현재 카타리바는 대표적인 일본의 비영리법인으로 활동하며 한 해 후원을 포함한 매출이 100억 원에 달하는 규모를 갖춘 조직으로 성장했다. 하지만 이러한 지점에 도달하기까지 카타리바의 두 대표에게 초반 창업 5년 차까지는 정말 고난의 연속이었다고 한다. 두 대표는 매출이 거의 제로인 상황에서 카타리바의 활동을 개인적인 과외 및 다른 활동을 병행하면서 포기하지 않고 이어왔고, 일본 대지

진이 일어난 2007년 이후에 유입된 후원과 지원에 힘입어 그간 축척해온 역량을 바탕으로 급격한 성장을 이루게 된다. 이 과정에서 두 대표가 5년에 걸친 시간을 버틸 수 있었던 가장 큰 이유도 또한 다년간 교육현장에 있으면서 새겨진 미션에 대한 깊은 공감이 있었기 때문이다.

 ## 사회적 기업가 인터뷰

> ### ✔ 소셜 벤처가가 창업팀을 구성할 때 어떤 사람을 만나야 하는지, 어떤 점을 주의해야 하는지 조언 부탁합니다.

공동 창업자를 찾고 창업팀을 구성하는 것은 창업에 있어 어쩌면 가장 중요한 과정이라 할 수 있다. 아무리 가슴 뛰는 미션을 가지고 있더라도 잘 안 맞는 팀은 그 미션을 달성하고 사업을 성공시킬 가능성이 낮기 때문이다. 이 때문에 투자자들 역시 투자 여부를 결정하는 중요한 기준으로 창업팀의 조합과 유대관계를 꼽는다. 그럼에도 불구하고 한 번이라도 공동 창업을 해봤거나 창업팀을 꾸려본 사람이라면 팀을 꾸리는 일이 사업을 추진하는 것보다 훨씬 더 어려운 일임을 알고 있을 것이다.

장은하(CTOC 대표 및 멘탈헬스코리아 부대표)

창업팀은 역량면에서는 상호보완적이면서 우리의 미션에 함께 가슴 뛰어야 하며 공동 창업은 마치 결혼과도 같아서 앞으로 닥칠 시련, 분노, 오해, 다툼, 서운함, 이해불가 등의 하루에도 수십 번 오가는 다양한 감정 속에서도 견딜 수 있는 끈끈한 릴레이션십(relationship)이 필요하다. 그러나 이게 말이 쉽지 현실적으로 가능할 수 있는 일일까?

만약 내가 대표이고 직원을 채용해야 한다면 구체적으로 잡 디스크립션

(job description)을 작성하고 필요한 직무의 내용과 그 직무에 요구되는 자격 요건, 또 그 직무를 충분히 잘할 수 있는지 과거의 포트폴리오(portfolio), 전 직장에서의 레퍼런스(reference), 성품까지 체크하여 우리와 가장 잘 맞는 직원을 채용하기 위해 노력할 것이다. 그럼에도 실패를 많이 한다. 직원을 채용할 때도 그러한데 정작 공동 창업자를 구할 때 우리는 그만큼의 노력을 쏟지 않기도 한다. 실제로 비슷한 그룹 안에서 비슷한 역량을 가진 사람들끼리 어떠한 상황에 닥쳐 창업을 결심하기도 하고, 그 사람이 팀 내에서 향후 창출할 수 있는 부가가치에 대하여 충분히 고려하지도 않은 채 오랫동안 알고 지낸 지인이기 때문에 믿고 같이 한다거나 미션과 철학, 사업방식에 대한 사전에 철저히 논의가 되지도 않은 상태에서 의기투합이 되어 창업팀이 되기도 한다. 사업을 추진함에 있어 반드시 필요한 역량이 있는데 창업팀에 그 핵심 능력이 보완되지 않은 상황이라면 향후 새로운 전문 인력을 채용한다 하더라도 여러가지 이슈가 발생할 수 있기 때문에 팀 조합은 매우 신중하게 구성하여야 한다.

창업을 하여 회사를 운영한다는 것은 가슴 벅찬 설렘이나 희열을 느낄 때도 많지만 그보다 훨씬 더 많은 좌절과 시련에 부딪힌다. 또 회사가 잘 될 때엔 아무 문제가 없는 것처럼 보이다가도 회사가 어려울 때엔 동시에 여러 가지 수면 아래 있던 문제들이 떠올라 대표를 더욱 고뇌하게 만든다. 또 공동창업자나 직원들에게 충분한 소통은 하지도 않은 채로 서로 막연한 기대만 하고 있다가 정작 기대 이하의 아웃풋(output)에 실망하기도 한다. 창업팀에게 가장 중요한 것은 서로 간에 두려움 없는 대화이다. 소통이 중요한 것은 다들 안다. 그런데 왜 다들 소통이 문제라고 할까? 앞서서 팀을 짤 때 상호보완적 역량, 미션 공유에 대해서는 충분히 설명했기 때문에 마지막으로 이 말을 하고 싶다. 대표는 물론 조직을 운영하고 이끌어갈 책임이 있고 소통의 능력을 계속 발전시켜 나가야 하는 것도 사실이다. 그러나 대표도 인간이다. 사람은 완벽할 수 없고, 직원들에게 완벽하고 좋은 리더로서의 모습만 보여주기 위해 노력하는 것 또한 이 힘든 창업의 과정 속에 대표의 정신건강을 더욱 나쁘게 하는 주 요인이 된다. 좋은 리더가 되기 위해 너무 애쓰지 말자. 그렇다면 어떻게 소통을 잘 할 수 있을까? 쉽게 생각해보자. 여러분은 어떤 사람과 있을 때 솔직해지고, 그 사람에 대해 궁금해지고, 더욱 이야기 나누고 싶은가? 바로 내가 인간적으로 좋아하는 사람이다. 인간이라면 누구나 그렇다. 같이 창업하는 것이 아니더라도 내가 함께 하고 싶고 좋아하는 사람을 찾아보라.

종합하면 결론은 팀에 필요한 역량을 채우기 위해 어느 정도 프로필에 만족하고 빨리 영입을 하기보다는 미션, 인생의 가치관, 팀 내 역할, 역량, 소통, 관계 등을 충분히 고려하여 합류시켜야 한다. 창업자의 역량과 혼자서 할 수 있는 범위가 어느 정도 되느냐에 따라 팀 구성을 처음부터 하고 시작할 수도, 혹은 나중에 진행할 수도 있다.

마. 사회적 기업을 처음 동업으로 시작하는 것이 왜 좋을까?

불과 몇 해 전까지만 해도 전문가들은 창업을 할 때 절대 동업을 하지 말라고 권했다. 하지만 지금은 창업을 함에 있어서 동업은 선택이 아닌 필수인 시대가 되었다. 동업을 통한 초기 자본금 확보의 용이성과 각자가 가진 전문성을 바탕으로 시너지를 발생시켰을 때 나오는 네트워크 효과 등을 토대로 꼼꼼히 분석을 해보면 세계적인 기업들은 대부분 동업에서 시작해서 현재에 이르렀다는 것을 알게 된다. 구글(Google), 마이크로소프트(Microsoft), 애플(Apple), 알리바바(Alibaba) 등 세계적인 IT 기업들에서부터 점프(JUMP), 디베이트포올(Debate For All) 등 국내의 사회적 기업들에 이르기까지 현재 창업 트렌드의 한 축은 동업인 것으로 보인다.

A라는 뛰어난 창업가가 있다고 가정을 해보자. 일반적으로 한 명의 개인이 모든 일을 모든 면에서 프로페셔널하게 해낸다는 것은 절대적인 시간과 에너지 차원에서 불가능하다. A라는 창업가가 가진 역량 중에 마케팅 역량이 가장 높다면 A는 마케팅에 집중해 자신의 역량 중 마케팅 역량 100을 회사의 역량으로 전환할 수 있다. 기획, 생산, 물류, 유통, 자금 펀딩 등 각 부분에 우수한 인재들이 함께 팀을 이룰 경우 모든 부분에서 그 개인이 가진 최고의 에너지가 집중적으로 투입된 합이 회사의 역량이 된다.

A가 혼자 모든 것을 할 경우에 마케팅, 기획, 생산, 물류, 유통, 자금 펀딩 등을 이것저것 해내야만 하고, 그 과정에서 스타트업의 생존을 위한 필수 부분에서 부족한 부분이 발생한다. 머지않아 가장 부족한 부분이 회사의 생존에 가장 큰 걸림돌이 되는 병목 지점으로 자리 잡아 회사의 제품과 서비스에 대한 고객들의 컴플레인(complaint)이 지속적으로 발생한다. 처음부터 각 분야에 가장 적합하고 최고의 능력을 갖춘 인재들로 팀을 구성하고 그들의 마음이 이 회사의 성장과 궤를 같이 하도록 지분 분배와 투자 분담, 리워드 설정, 미션 정립 등의 방법을 통해서 팀 빌딩을 할 경우에 회사는 성공할 확률이 높아지게 된다.

회사의 종합적인 역량 부분에서뿐만이 아니라 투자의 관점에서도 초기 팀빌딩은 아주 중요하다. 한 회사의 매력도를 평가하는데 투자자는 한 개인의 역량만으로 살펴보지 않고 회사를 구성하고 있는 팀원들이 가진 역량과 기술 등이 회사 전체에 어떤 방식으로 조화를 이루며 기여하고 있는지 시너지는 어떻게 발현될 지에 대해서 집중적으로 평가한다. 사회적 기업의 경우에는 사회 문제에 대한 이해가 깊은 창업자와 이를 혁신적 비즈니스 모델로 해결하기에 적합한 창의적 솔루션을 가진 팀 멤버가 가장 이상적이다. 사회문제를 기존의 방식으로 해결하는 과정에서 발생하는 비효율을 보다 효과성이 높은 방식으로 해결하는 것이 사회적 기업의 가장 큰 숙제이다. 이 숙제를 잘 해결하기에 적합한 팀 빌딩은 회사 내부적으로는 안정된 성장을 담보하고 외부적으로 투자 유입을 용이하게 한다. 회사의 시작과 성장을 위해 꼭 필요한 자금 펀딩을 위해서도 초기 팀 빌딩은 고민하고 생각을 거듭하여 신중히 결정해야 할 부분이다.

바. 사회적 기업 동업 시 고민해야 할 점

동업을 하지 말라는 말은 왜 있었을까? 동업을 하며 결국 서로에게 좋은 것보다는 나쁜 점이 많았던 지난 경험들의 축적이 후배들에게 그런 말을 하게 되는 계기가 되었으리라고 본다. 커뮤니케이션 소통 툴의 부재로 동업자 서로 간에 투명한 경영과 정보 공개가 용이하지 않았던 시절에는 이러한 우려가 대부분 좋은 조언이 되었다. 하지만 지금은 동업자간에 투명한 정보 공개와 의사결정과정에서의 정보 비대칭성으로 인해 발생하는 문제는 예전과는 사뭇 다른 양상이다. 프로젝트 매니지먼트 툴과 ICT 기술들의 발전으로 서로의 기여도와 활동 상황을 실시간으로 확인할 수 있기 때문이다. 그럼에도 여전히 동업 시에 고민하고 유념해야 하는 부분들이 존재한다.

먼저 초기 창업자간의 지분 분배에 대한 부분이다. 대체로 처음 창업을 할 때 공동창업자의 적합한 숫자를 매직 넘버로 일컫는데, 한 테이블에 함께 앉아 식사할 수 있는 숫자인 3~5명 정도가 적합하다고 본다. 그러면 초기 창업자들이 함께 모여 회사를 같이 설립할 때 가장 먼저 다뤄지는 부분은 무엇일까? 일반적으로 회사의 지분에 대한 논의가 필요하고 이 부분에서 많은 경우 마음이 상하고 회사를 함께 시작하기도 전에 팀이 깨어지기도 한다.

사회적 경제 섹터 내의 비영리법인과 협동조합의 경우 조합원의 의사결정에 대한 동등한 권리가 보장되지만 사회적 기업이 주식회사 형태를 취할 경우 주식 수는 곧 의사결정에 대한 권한을 동반하게 되므로 지분율은 민감하고 중요한 부분이다. 동업 계약서 혹은 팀 빌딩에서 가장 중요한 창업자간의 지분 분배에 대한 부분은 아주 중요한 이슈임에도 불구하고 처음부터 이런 부분에 대한 이야기를 꺼내기가 불편하다는 이유로 차일피일 미루는 창업자, 굳이 이런 걸 다 처음부터 이야기해야 하나 하며 이야기를 꺼리는 창업자 등 다양한 부류의 창업자가 있다. 창업 시 동업계약과 지분 관계는 명확하고 깔끔하게 문서화하고 공증을 받아 법적 근거를 갖춰두는 편이 창업이후에 각자의 역할과 책임에 집중할 수 있도록 도와준다는 점에서 권장된다.

관련하여 얼마 전 멘토링 세션에서 만난 예비 사회적기업 팀의 사례를 소개하고자 한다. 사회적 기업 창업을 고민하고 있는 세 명의 지방 청년이 있다. 그들은 지역 대학가의 테이크아웃 컵이 버스정류장이나 길거리에 지저분하게 매일 지속적으로 버려지는 것을 보고 이 컵들을 수거하여 재활용 하는 방식의 비즈니스 모델을 고민하고 있다. 회사를 본격적으로 창업하기 위해서 사업자등록을 내고 그러기 위해서 사무실 임차 등을 위한 초기 자본금 마련에 대해서 고민을 하고 있었다. 경영학부, 전자학부, 예술학부 대학생 세 명이 함께 모여서 만들어진 이 팀은 권한도 역할도 책임도 모두 동등하게 33.3%로 하자고 처음부터 합의하였다. 얼마 지나지 않아 이 방식에 경영학부 A 공동창업자가 문제를 느끼기 시작했다. 가장 많은 일을 하고 있는 사람은 자신이라는 생각이 들었고 자신의 지분 비율이 더 높아져야 할 것 같다는 인식이 들기 시작했다는 것이다. 다른 공동창업자 B, C는 학교를 휴학하지 않고 남는 시간에 틈틈이 일을 하고 있지만 자신은 온전히 하루 종일 이 사회적 기업 모델을 구축하고 실현하기 위해서 휴학까지 하면서 일을 하고 있던 터였다. 처음엔 모든 것이 괜찮을 줄 알았는데 점차 시간이 지나면서 마음 속에 친구들에 대한 원망과 자신의 기여에 대해서 제대로 인정해주지 않는 것 같다는 마음이 자리 잡기 시작했다.

최후통첩이라고 하는 심리학의 아주 유명한 실험이 있다. A에게 100달러를 주고 B에게 A가 원하는 만큼 줄 수 있는 권한을 준다. 그런데 만약 B가 이 A가 준 돈에 대해서 거절을 하게 되면 B도 돈을 받지 못하고 A도 단 1달러도 못가지게 되는 실험이다. B는 A가 100달러를 받았다는 사실을 알고 있는 상황에서 이뤄지는 이 실험의 결과는 사뭇 인상 깊다. B는 자신이 5:5, 6:4 정도 되는 비율 혹은 그보다는 조금 못하더라도 공정하다고 생각되는 비율 배분에 대해선 자신이 A가 제시한 자금을 수령하고 A도 자금을 수령하게 된다. 하지만 만약 자신이 A가 제시한 금액의 수가 어떤 이유에서건 불공정하다고 느껴지게 되면 심지어 자신이 한 푼도 수령을 하지 못하게 되는 것을 감안해서라도 A가 한 푼도 받지 못하도록 거부한다는 사실이다. 그것이 결국 A와 B 모두에게 100달러 중 1달러도 받지 못하게 되는 결과로 이어짐에도 말이다. 이 실험은 인간이 공정성에 대해서 얼마나 민감하게 반응하는지를 잘 보여주는 대표적인 심리 실험이다.

창업을 준비하고 실행하는 과정에서도 바로 이러한 점이 고려되어야 한다. 지분과 수익 분배의 가장 중요한 원칙은 모두가 공감하고 인정할 만한 공통의 합리적인 의사결정 기준에 대한 합의와 이를 위한 대화가 필요하다는 점이다. 하지만 대다수의 사회적 기업 창업을 준비하고 있는 청년이나 한 번도 회사를 창업해보지 않은 무경험자의 경우에는 공동창업자 간의 의사결정 및 지분 분배에 대한 이슈 부분에서 갈등을 겪고 결국 창업이 좌절되는 경우도 많다.26)

그렇다면 어떻게 하면 공동창업자 다수가 함께 공감하고 인정하는 기준을 만들 수 있을까? 모두의 노력과 헌신이 동일하다고 할 때 자본금 투입 비율에 따른 주식 배분은 가장 보편적인 방식이다. 1억 원 규모의 자본금을 가진 주식회사를 설립한다고 할 때 초기 창업자들은 1억 원을 함께 구성하고 자신이 넣은 납입 자본금의 비율만큼 초기 지분을 가져갈 수 있다. 이 경우에는 앞으로 진행될 각 개인의 노력과 헌신이 동일하다고 볼 때이다. 만약 이사회를 구성하는 공동창업자의 노력이나 헌신 정도가 다를 것이라고 예측된다면 어떻게 하면 좋을까? 이 경우에 고민해볼 수 있는 부분이 바로 납입 자본금에 대한 차등은 주되 주식 비율은 동등하게 가져가는 경우이다. 앞서 예로 든 대학생 지방 청년 3명의 기업의 경우 A

는 학교를 휴학하고 온전히 회사에 헌신하고 있는 만큼 B와 C가 넣는 자본금 납입금보다 더 적은 금액을 넣고 A가 가져가는 주식의 비율을 동등하게 하는 방법이 하나가 될 수 있다. 하지만 A가 덜 넣게 되는 자본금의 비율과 수준을 어느 정도로 해야 할지 A의 헌신과 노력을 어느 정도의 가치로 정량화해야 할지에 대한 구성원들의 합의가 필요한 부분이다. 결국 공동창업자 다수가 공감하고 인정하는 기준을 설립하는 그 자체도 팀 빌딩의 일부임을 알 수 있다. 이 과정에서 서로가 중시하는 가치가 드러나고 주식을 배분하는 첫 번째 일부터 조직문화가 형성되기 시작한다.

사회적 기업가 인터뷰

✔ 소셜 벤처가가 창업팀을 구성할 때 어떤 사람을 만나야 하는지, 어떤 점을 주의해야 하는지 조언 부탁합니다.

창업팀에서 가장 중요한 것은 미션을 이루기까지 함께 도전하며 기다릴 수 있는 사람인지입니다. 전문성은 전문가를 고용하거나 연계하면 해결되는 문제이지만, 비전과 미션이 일치하지 않는 사람과 창업을 한다면 배가 산으로 갈 수도 있기 때문입니다. 따라서 창업팀을 꾸릴 때는 전문성보다 비전과 인격의 요소가 훨씬 중요하다고 생각합니다.

임정택(히즈빈즈 대표)

교과서적인 답변이긴 한데 나와 다른 사람을 뽑는 게 가장 중요한 것 같아요. 여기서 '다른 사람' 이란 업무 전문성, 성향,

경험들이 다른 사람들을 말하는데요. 개인적인 경험으로는 나와 다른 사람을 만나되 큰 방향성, 즉 소셜 미션만은 일치하는 사람을 만나는 게 좋다고 생각해요. 다른 강점, 개성은 더 많은 아이디어와 토론으로 조직에 활력을 불어넣어 주지만, 팀원 간 소셜 미션에 대한 이견은 답이 없는 갈등으로 이어지는 때가 많은 것 같아요.

이주승(디베이트포올 공동대표)

사. 사회적 기업의 성공적 팀 빌딩 사례

국내의 대표적인 사회적 기업 창업 사례를 간략히 소개해보고자 한다. 앞에서 간단히 언급한 점프(JUMP), 대학교 토론 동아리에서 시작한 디베이트포올(Debate For All)이 학교에서 만난 동기(Class Mate)를 중심으로 창업한 대표적인 케이스이다.

점프(JUMP)는 2011년 하버드 대학 동기인 이의헌, 박재홍 등 30대 전문직 청년 6명이 함께 시작한 교육 소셜 벤처이다. 점프(JUMP)는 민-관-학 협업을 통해 대학생/청년 봉사자가 1년 동안 지역아동센터, 종합사회복지관, 교육복지학교 등에 파견되어 다양한 배경의 청소년에게 맞춤형 교육을 제공하여 지지기반을 구축하고 공정한 출발선에 설 수 있게 한다. 또한 대학생/청년 봉사자에게는 장학금/활동비뿐만 아니라 3040세대 사회인 멘토링과 다양한 교육을 제공하는 사업을 운영하고 있다. 점프(JUMP)는 2016년 구글 임팩트 챌린지, 2017년 고용노동부/SK 사회성과 인센티브 교육 분야 1위, 2018년 삼성전자 교육 사회공헌(스마트스쿨) 사무국 선정 등 높은 성과를 인정받고 있다.

디베이트포올(Debate For All)은 국제 토론 대회에서 한국인으로서 뛰어난 성과를 거둔 이주승, 노혜원이 대학교 동기로 만나 2013년 토론 교육을 통해 교육 격차를 해결하고자 시작한 토론전문 교육·문화 소셜 벤처이다. 디베이트포올(Debate For All)은 초·중·고등학교 교과목 수업이 팀 단위 발표와 토론이 중심이 되어 관련 사교육이 팽창하는 상황에서 누구나 접근할 수 있는 공교육 토론 프로그램을 개발·보급한다. 교육소외 지역 교육 지원청, 지자체, 학교의 청소년을 대상으로 대학생 토론자를 선발·훈련하여 사교육 대비 50% 수준의 가격으로 워크숍, 캠프, 방과 후 수업의 형태로 토론 교육을 제공한다. 2020년 현재까지 국내외 29개 도시에서 20,000명 이상의 청소년과 2,500여 명의 교사와 공무원에게 토론 교육을 제공하였다. 또한, 토론 문화의 정착을 위해 매년 10회 이상의 토론 대회를 개최하며 명실상부 아시아를 대표하는 토론 교육기관으로 자리매김하고 있다.

창업 동료로 가장 적합한 사람이 누구일까를 묻는 통계 질문에서 대다수의 창업자들은 전 직장 동료 혹은 학교 동기를 들었다. 그런 점에서 본다면 대구의 예비 사회적기업인 콰타드림랩은 둘 다에 해당하는 케이스라고 볼 수 있다. 콰타드림랩은 청소년과 청년의 진로 설정 및 직무 역량강화 교육을 특강, 캠프, 진로교구재를 바탕으로 제공하고 있는 대구의 (예비) 사회적기업이다. 콰타드림랩은 기존의 출판, 커피, 어학 교육사업을 함께 진행했던 사업 동료들이 초기 팀원으로 참여해 2018년 설립된 회사이다. 사회적기업가

육성사업을 거쳐 2018년 예비 사회적기업 인증을 받았다. 지역 소외계층 청소년과 장기 미취업 청년들을 위한 진로설정 교육 솔루션을 기획하고 지방정부, 공기업 등과의 긴밀한 협업을 바탕으로 교육 프로그램을 제공하고 있다.

[그림 4-20] 서로 다른 역량과 재능을 한 가지로 모으는 소셜 미션

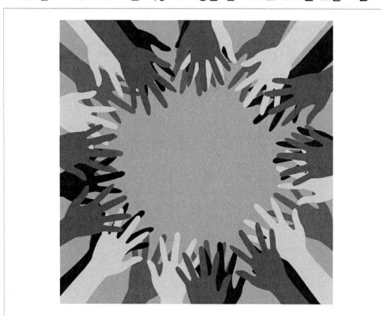

출처: Pixabay

일반적으로 스타트업에 적합한 사람은 안정보다는 도전을 좋아하고 물질적인 급여로 인한 경제적 만족감보다는 자기 주도적으로 일을 진행해나가는 몰입감과 자율성을 중시하는 사람이다. 사회적 기업의 공동 창업자, 초기 멤버로 사회적 기업을 함께 성장시켜나가는 팀 멤버들도 이러한 성향을 가진 이가 적합하다. 다만 한

가지 중요하게 추가되고 지속적으로 유념해야 할 부분이 있다면 사회적 문제 해결에 대한 사명감과 동기부여가 충만한 인재를 발굴하고 함께 하는 것이다.

05 창업 자금 조달하기

가. 사회적 기업가 펀딩의 실제

◎ 3F보다 인내자본(Patient Capital)

창업자들이 창업자금을 조달할 때 오직 3F만이 호응해준다고 한다. 주로 영세 소규모 창업자들이 선호하는 방식으로, 3F는 가족(Family), 친구(Friends), 바보(Fool)이다. 결국 아직 사업의 서비스나 제품 개발에 대한 여러 레퍼런스와 데이터가 구축되지 않은 경우에 최단 기간에 자금을 확보할 수 있는 유일한 방법은 그간 쌓아놓은 개인의 인적 네트워크와 신뢰를 바탕으로 한 자금을 펀딩(funding) 받는 것이 가장 현실적일 것이다. 하지만 여기서 유념해야 할 것은 창업 실패 시에 가족과 주변의 지인들이 받게 될 피해에 대해 심각하게 생각해야 한다는 점이다.

특히 가족이나 주변 친구 등으로부터 투자나 채무를 차입할 시에 돈을 빌려준 혹은 투자해 준 사람의 생활이 안정적이지 않고 자금 환경이 좋지 않은 환경이라면 돈을 받는 것이 바람직하지 않다. 무리하게 돈을 대출받거나 다른 곳으로부터 차입해 창업자에게 돈을 빌려주거나 투자할 경우 창업자가 창업 이후에 자금 상환에 대한 압박으로 비즈니스 활동에 차질을 겪게 되는 경우가 많기 때문이다.

각 기업이 처한 상황과 환경에 따라 일반적으로 어떤 자금이 좋다고 말하기는 힘든 부분이 있으나 상환에 대한 의무가 없는 지원금이나 공모전의 상금을 Seed Money(초창기 창업자금)로 확보하여 시장 테스트와 고객검증을 해보는 것이 자금조달의 첫걸음이다. 무엇보다, 3F가 아닌 사람들의 객관적인 평가를 통해 나의 사업아이디어가 얼마나 실현가능한 것인지 확인해볼 수 있다. 그들이 인정하지 않은 사업계획이라면, 결코 시작하면 안 된다. 한국의 창업 환경은 다양한 정부지원사업과 엑셀러레이팅에 정부자금이 적극적으로 유입됨에 따라 날이 갈수록 좋아지고 있다. 중소벤처기업부가 발표한 자료에 의하면 2019년 정부 창업지원 사업은 14개 부처 1조 1,180억 원 규모로 69개 사업이 추진된다(<그림 4-21> 참조). 이렇게 정부 지원사업으로 창업의 문턱이 낮아지고 기업 경영 지원이 다양화되는 환경에서도 여전히 개인 투자금과 채무에 의한 창업 그리고 창업 실패에 따른 회생과 파산 등에 노출되어 있는 상황을 보면 여전히 개선되고 보완되어야 할 점이 많다.

[그림 4-21] 2019 중소벤처기업부 정부지원사업 규모

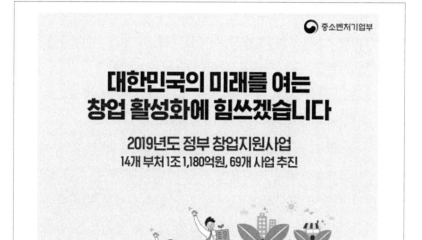

사회적 기업을 창업하기 위해서 대다수의 창업자들은 다양한 자금 마련 계획을 세우게 된다. 대체로 정부의 지원금이나 공모 사업을 통한 Seed Money(초창기 창업자금) 확보를 위해서 노력하지만 Seed Money(초창기 창업자금) 투자의 경우 1천만 원에서 수 천만 원에 이르는 규모이기에 이 단계를 건너뛰고 시제품, 서비스 개발에 집중한 뒤 다음 단계의 시리즈 A(Series A)투자를 목표로 하는 경우도 있다.

대개 정부 지원 사업에 참여하며 사회적 기업을 창업하는 수

순은 사회적기업가 육성사업[27)]에 참여하며 시제품 개발 및 사업자금을 확보해 1년 동안 팀을 구성하고 사업을 진행해나가다가, 예비 사회적기업 인증 등을 토대로 시제품 개발과 전문 인력 구성에 대한 지원을 받고 다음 단계로 나아가게 된다. 물론 정부 지원사업의 경우에는 꼼꼼한 사전 준비를 하지 않으면 치열한 경쟁으로 해당 지원 혜택을 누리지 못하는 경우가 많다.

한편, 영리 기업들에 투자하는 벤처 캐피털들의 경우, 자신들의 투자 포트폴리오의 수익률에 대한 기대치가 투자 회사 10개 중 2~3개의 기업이 성공하여 나머지 7~8개의 실패를 만회한다는 수준이라고 전해진다. 이에 비해, 사회적 기업에 투자하는 임팩트 투자 펀드의 경우에는 대체로 수익성보다는 지속성 그 자체에 의의를 두고 오랜 기간 자금을 투자 혹은 빌려주는 형태로 인내자본(Patient Capital)의 성격이 강한 것이 특징이다.

○ 펀딩(funding: 자금수혈)의 종류

사회적 기업 창업을 준비하고 있는 예비 창업자가 자본금을 준비할 수 있는 방법은 자기자본, 금융대출, 정부지원, 민간투자로 나누어진다. 자기 자본으로 창업하는 경우에는 이미 이전에 축적해 둔 개인의 자산을 바탕으로 창업을 하게 되는 경우이다. 금융 대출의 경우에는 대다수 담보나 보증을 요구하는 경우가 많으며 이는 개인의 빚이 늘어나는 경우이다. 정부지원의 경우에는 상환의무가 존재하는 융자금과 상환의무가 존재하지 않는 출연금으로 나눠진다. 출연금의 경우 기업들의 수요가 높기에 경쟁이 치열한 경우가 많고 사업계획서를 통한 서류 심사와 전문가 심사를 통한 경쟁발표 피칭 과정이 있다. 민간 투자의 경우에는 민간투자자들에게 사업계획서를 바탕으로 투자를 유치하는 것으로 사업 실패 시 빚으로 전환된다. 대부분의 청년 창업자들은 자기자본과 금융대출, 민간투자의 방식을 선택하기가 쉽지 않다. 쌓아놓은 인맥과 네트워크가 부족하기 때문이다.

◉ 새로운 펀딩, 크라우드 펀딩

크라우드 펀딩은 제품이나 서비스 또는 프로젝트의 기획자가 자신의 아이디어를 플랫폼을 통해서 소개하고, 그에 공감하는 참가자들이 리워드에 따라 기부형, 보상형, 투자형, 대출형 등의 형태로 참여하게 되는 펀딩 방식이다. 미국에서는 킥스타터(Kickstarter), 영국에서는 조파(Zopa), 한국에는 와디즈(Wadiz), 오마이컴퍼니(ohmycompany)가 크라우드 펀딩으로 잘 알려져 있다. 본인의 창업 아이템에 대해서 확신이 있다면 크라우드 펀딩을 고려해보는 것도 좋은 방법이다. 특히 사회적 문제 해결을 목표로 개발되는 제품과 서비스에 대해서는 언론이나 미디어에서도 관심이 높기 때문에 미디어 홍보 효과도 동반될 수 있다. 하지만 크라우드 펀딩에 성공하기 위해서는 치밀한 준비와 전략이 필요하다.

2017년에 고용노동부에서 발표한 자료에 따르면 90개의 사회적 경제 주체들이 크라우드 펀딩에 참여를 했고, 이 중 34개의 기업들이 목표 모금액을 달성해 37%의 크라우드 펀딩 성공률을 기록했다. 총 모금 금액은 5억 5천여만 원이었다. <그림 4-22>는 해

[그림 4-22] 크라우드 펀딩 증가 추세

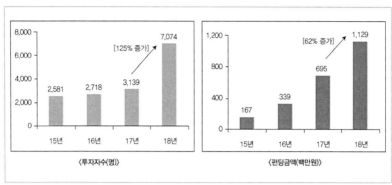

출처: 고용노동부 보도자료(2018)

마다 크라우드 펀딩에 참여하는 사회적기업이 증가하는 추이를 상세하게 보여준다. 2019년 고용노동부에서 주최한 사회적경제 기업 대상 크라우드 펀딩 사업에 총 116개의 프로젝트가 개설되었고, 펀딩에 참여한 투자자는 2,987명, 펀딩 금액은 총 17억 1,692만 5,900원에 달하였다.

여전히 다른 시각에서 살펴보면 63%에 달하는 기업들이 모금에 실패했다는 점을 주목해야 한다. 크라우드 펀딩에 성공하기 위해서는 준비 기간 동안 철저하게 자사와 유사한 서비스와 제품이 성공한 사례를 분석하고 리워드(reward) 설계나 웹페이지 구성과 메시지 전달 방식 등에 대하여 보완할 필요가 있다.

◎ 펀딩을 받을 때 고민해야 할 점

일반적으로 창업가들은 자신이 창업주로서 납입한 자본금에 비례하여 회사의 가치만큼 자신의 주식을 가지고 있다. 이러한 상황에서 외부 자본을 유입하는 이유는 회사의 가치를 제대로 시장에서 인정받고 그간 투자한 시간과 노력에 대해서 지분을 팔고 현금화함으로써 보상받기 위한 성격도 강하다. 사회적 기업의 경우는 인증(예비)사회적기업은 정관상 이익 잉여금과 회사 청산시의 잔존가치 처분에 대한 사회 환원 규정이 포함되어 있다. 이런 부분들이 현실적으로 영리 목적의 투자사와 벤처 캐피털이 쉽사리 사회적기업에 투자 결정을 내리기가 힘든 이유가 되고 있다.

한국에서는 일반적으로 하나의 회사를 창업하여 기업공개(IPO: Initial Public Offering)에 이르기까지 약 13년 간의 시간이 소요되지만 미국의 경우는 평균 7년 정도 만에 이뤄진다. 기업공개까지 이뤄지기 전에도 다양한 방식으로 M&A를 통해서 창업가와 초기 투자자의 출구(Exit) 전략이 마련되어 있다.

벤처캐피탈협회 조사는 이 수치를 좀 더 상세하게 설명하고 있다. 신규 기업공개(IPO)까지 도달하는 데 필요한 기간은 창업을 한 이후로 평균적으로 13.1년 걸린다고 한다. 벤처 캐피털이 투자해서 회수한 금액 1조 315억 원 중에 IPO로 회수한 금액이 2,817억 원(27.4%)인데 이 기간이 13년이 걸린 것이다. 중간에 기업이 사고 팔림에 따라 발생한 회수액은 329억 원으로 3.1%에 불과하다. 더군다나 창업가의 소셜 미션이 강하게 들어가 있는 사회적 기업은 대체로 초기 창업자가 그 미션 달성을 지속적으로 해 나가기 위해서 매각이나 합병 등의 방법을 거치지 않고 초기 창업자가 지속적으로 경영해나가는 경우가 많다. 그렇기에 초기의 투자금에 대한 회수 및 주식 상장과 매각을 통한 투자 출구 전략이 원활하지 않다는 점을 고려해야 한다.

다수의 창업가들이 투자를 받을 기회가 있음에도 불구하고 선뜻 투자자의 투자 제안에 흔쾌히 응답을 하지 못하는 이유는 기업에 대한 지배권과 의사결정구조의 변화 때문이다. 실제로 기업에 투자를 하게 되면 투자자는 주식을 가져가고 지배구조의 변화가 일어날 수도 있다. 기존의 이사회와 경영진이 주도하던 의사결정 과정이 외부 제3자 투자자의 의견이 반영되어 초기의 미션과 비전이 점차 변해갈 수도 있기에, 다수의 창업자들은 투자 이후 발생하는 구조적인 문제와 의사결정권의 분배에 대한 부담으로 선뜻 창업 투자에 대해서 응답을 하기가 쉽지 않다. 소셜 미션과 사회적 문제 해결이라는 중차대한 코어가 존재하는 사회적 기업이 외부 투자 이후 의사결정권의 변화에 따른 부담감이 존재하는 점이 투자를 위축시키기도 한다.

● 펀딩의 필요성

여러 가지 제약 조건이 있음에도 불구하고 만약 가능하다면 투자를 받는 것이 좋다. 청년 창업자가 창업을 준비하고 있다고 가정한다면 현실적으로 마련할 수 있는 자본금의 규모가 크지 않을 것이다. 수 천 만원의 자본금을 힘들게 마련했다 하더라도 창업공간을 지원받고 사업모델과 제품에 대한 멘토링을 통해서 비즈니스 모델을 피봇(변화)해 나가면서 사업체를 운영하다 보면 어느덧 초기에 마련한 자본금이 다 소진되어 있는 것을 발견하게 된다. 제품과 서비스가 시장에 나오기도 전에 다시 자금을 확보해야하는 어려움이 있다.

사회적 기업 창업의 경우도 이와 크게 다르지 않다. 사회적 문제를 해결하는 제품과 서비스를 기획해서 최소기능제품(MVP: minimally verifiable product)을 만들어 고객 테스트를 해보는 기간에는 고정비와 변동비 지출을 최소화해야 한다. 최소기능제품 테스트를 통해서 고객검증이 이뤄지고 시장에서 충분한 반응이 예상될 경우에 고정비를 늘리는 전략을 선택할 필요가 있다.[28] 일반적으로 매출이 0이라고 가정할 때 창업가는 기업 운영에 필요한 한 달 운영비 X 6개월 정도의 자금을 운용자금으로 확보해두는 것을 권장한다.

펀딩의 필요성에 대한 부분은 J커브[29]에 잘 드러난다. J커브는 시장에서 매출이 발생하고 손익분기시점(Break Even Point) 이전에 필요한 자금의 규모와 시기에 대해서 예측해볼 수 있다는 점에서 창업가가 주목해야 할 필요가 있다. 매출이 발생하고 난 이후에도 월별 고정비가 월별 이익에서 상쇄되는 시점까지는 지속적으로 자금의 순유출이 순유입을 초과하게 되므로 자금 유입이 필요한 시기이다.

지역 청년과 청소년에게 필요한 진로교육과 직무역량 교육 프로그램을 운영하고 있는 (예비)사회적기업 콰타드림랩의 경우 법인 설립시점부터 5개월 차까지는 제품과 서비스가 시장에 런칭되지 않아 매출이 0이었다. 이 기간 동안 콰타드림랩은 창업보육공간을 사용해 월별 임대료 부담을 줄이고 사회적 기업가 육성사업을 통해서 확보한 자금으로 시장에서 교육 프로그램에 대한 타겟 고객들의 반응을 살펴보는 시장테스트를 진행했다. 시장 테스트를 통해 고객들의 니즈를 확인한 후 해당 아이디어를 ICT기술과 접목하여 법인 설립 시점 3개월 차에 아이디어 공모 사업에 선정되어 개발자금을 추

가로 확보한 후 3개월의 개발과정을 다시 이어갔다. 창업 이후 6개월
차부터 개발한 교육프로그램과 교구재 솔루션에 대한 매출이 발생
하기 시작하면서 월별 BEP(break even point)[30])를 맞출 수 있었다.

사회적 기업들은 사회문제 해결을 위해서 관련 문제를 함께
고민하는 다양한 정부기관 및 지역의 영리/비영리 기업·단체들과
협업할 기회가 많다. 이러한 과정에서 프로젝트 외주를 맡다 보면
매출 발생시점과 현금 유입 시점이 달라 자금 유동이 되지 않는 경
우가 발생하기도 한다. 예를 들어 교육 프로그램의 경우 위탁받은
시점에서 매출로 인식을 했지만, 실제 수금은 교육 프로그램이 끝
나고 난 뒤에 이뤄지는 경우가 대다수여서 매출 발생기준의 회계
방식을 따르면 장부상의 현금과 실제 통장의 현금이 다른 경우가
발생한다. 현금 흐름에 대한 이런 부분들까지 세세하게 창업자는
염두에 두고 기업을 운영해야 하며 최소한 매출이 0일 경우에도 6
개월을 버틸 수 있는 자금을 상시 마련해둬야 함을 전문가들은 강
조한다.

● 펀딩 사용과 책임성

정부 지원사업의 경우에는 회계 처리 기준 항목이 세세하게 나
와 있다. 정부지원사업을 진행하게 될 경우 그 항목에 따라 구성된
자금을 출처에 맞게 사용하면 된다. 정부 지원사업과 공모 사업의
경우는 자금 사용 내역에 따라 증빙 과정이 반드시 병행되기 때문
에 자금을 사용하는 계획과 자금 사용 증빙에 많은 신경과 노력을
기울여야 한다. 증빙 과정이 허술하거나 제대로 이뤄지지 않으면 지

원받은 금액을 다시 환원해야 하는 경우가 발생한다. 반면 민간투자 등의 개념으로 확보된 자금의 경우에는 다소 사용에 있어 자율성이 보장되는 경우가 많다. 그렇지만 모든 투자와 대출에는 그에 따른 대가가 존재하므로 자금 사용에 있어 신중을 가해야 한다.

줄어든 자본금과 0으로 향해가는 통장 잔고로 어려움을 겪다가 투자가 이뤄져 자금이 한순간에 많아지면 창업가들은 다소 흥분상태에 놓여 공격적으로 자금을 소진하기 시작한다. 하지만 이럴 때일수록 창업가들은 열정을 잠시 물러두고 냉정을 되찾는 시간이 필요하다고 전문가들은 조언한다.[31] 가장 바람직한 모습은 결국 투자금이 다 소진되기 전에 자체 매출과 이익으로 그 투자금이 통장에 그대로 남아있는 경우라고 할 수 있다. 이 경우에만이 투자금을 기업이 회수할 수 있으며 투자금이 다 없어져도 그 회사는 생존할 수 있다.

세상의 모든 돈은, 타인의 돈을 빌리든 투자를 받든 그에 상응하는 대가를 치러야 한다. 간혹 사회적 기업을 운영하는 대표들 중에 사회적 기업은 착한 일을 하기 때문에 자금 지원을 받았지만 갚지 않아도 된다는 생각을 하는 경우가 더러 있다고 자금 운용 위원들이 고초를 표현하기도 한다. 자금을 빌렸다가 상환해야 할 시점임에도 불구하고 자금 상환에 대한 책임감을 갖지 않고 있는 경우도 많다고 한다. 사회적 기업이 사회적 문제 해결을 위한 정당성과 명분이 있기에 정부와 지자체 다양한 기관들의 지원 프로그램이 다수 존재하는 것은 사실이지만, 자금의 차용과 대출에 대해서는 부채로서의 책임이 존재하므로 반드시 이러한 부분에 대한 사전 이해가 창업자들에게는 필요하다.

◉ 돈은 항상 부족하다, 그럼에도 고객과 품질의 원칙을 지키는 것이 중요하다

유기 동물 구조를 위한 플랫폼을 만들고 있는 K회사는 정부지원사업에 선정되었다. 지원사업에 선정된 기쁨도 잠시, 대표는 돈을 구하러 다니기 바빴다. 정부 지원금을 받으려면 20% 정도의 전체 사업비에 대한 현물 출자가 이루어져야 한다는 데 대한 부담 때문이었다. 1억 규모의 사업을 진행하고자 하면 2천만 원에 해당하는 자부담금을 납입해야만 지원사업의 혜택을 받을 수 있었다. 스스로 사업에 대한 확신이 있었기에 K회사의 대표는 가족과 지인으로부터 돈을 차용해 정부지원사업에 적극적으로 임하기 시작했다. 플랫폼 개발을 외주로 진행했던 대표는 플랫폼 사업을 정해진 시일 내에 끝내기 위해서 직원들을 공격적으로 고용하기 시작했고 어느덧 채용된 직원의 규모는 10명에 가까워졌다. 한 달에 나가는 고정비만 해도 2천만 원이 훌쩍 넘어버렸다. 시간은 지나갔지만 생각했던 것만큼 개발은 이뤄지지 않았고 믿고 있었던 개발자들도 하나둘 회사를 떠나기 시작했다. 회사가 목표로 삼고 있었던 날짜가 되었지만 플랫폼은 런칭되지 못했다. 지원사업은 끝이 났고 남은 것은 시장에서 수익을 가져다 주지 못하고 미완성되어 앞으로 완성 시까지 더 많은 돈이 투입되어야 하는 앱 서비스와 부채였다.

총체적 난국을 겪고 있을 것으로 예상되는 K회사의 사례가 일반적으로 많은 청년 창업자들이 정부지원사업 과정에서 겪게 되는 과정이다. 분명 선풍적인 인기를 끌 것이라고 확신한 서비스와 제품이 시장에서 자신했던 수준으로 매출을 일으키기에는 역부족이란 사실을 깨달았을 때는 다소 늦은 감이 없잖아 있다. 이 즈음 기존의 제품과 서비스를 과감히 피봇(변경)하고 새로운 제품과 서비스를 개발할 수 있는 여력이 있다면 좋겠지만 대다수의 경우 그렇게 하기가 쉽지 않다. 그래서 린 스타트업[32]의 개념이 중요해진다. 더 많은 돈을 투입하기 이전에 시장에서 반드시 고객의 니즈를 검증하고 수요를 경험해봐야 한다.

사회적 기업을 창업하는 예비 창업가들이 가진 가장 큰 오해 중에 하나는 사회적 기업이 좋은 기업이기 때문에 소비자들이 물건이나 서비스를 구매해줄 것이라는 생각이다. 하지만 이러한 생각은 잘못되었다. 유사한 사례를 그린 비즈니스에서 우리는 찾아볼 수 있다.

그린 비즈니스는 환경적으로 좋은 제품과 서비스를 제공하는 비즈니스이다. 전 세계적으로 그린 비즈니스 방식으로 선도적인 비즈니스를 영위하는 기업으로는 폐 천막을 활용하여 아웃도어 제품을 생산하는 파타고니아, 천연재료를 통해서 욕실, 세정 제품을 만들어내는 더바디샵 등이 대표적이다. 『이케아 사람들은 왜 산으로 갔을까』[33]의 저자 에스티(Daniel C. Esty)와 윈스턴(Andrew S. Winston)은 그린 비즈니스의 핵심은 제품과 서비스의 우수성에 있지 그것이 환경적으로 친화적이라는 인식 그 자체는 소비자의 구매 기준에 있어 절대적인 것이 되질 못한다고 책 전반에 걸쳐 강조한다. 결국 소비자들이 반복적으로 제품이나 서비스를 구매하게 되는 결정적인 이유는 제품과 서비스에 대한 구매만족에 환경적이라는 인식까지 더해진 결과이지 환경적이라는 이유만으로 품질이 떨어지는 제품이나 서비스가 선호되는 것은 아니라는 점이다.

이 논리는 유사하게 사회적 기업의 제품과 서비스에도 적용해서 생각해볼 요소가 있다. 사회적 기업가들은 자사의 제품과 서비스가 어떤 형태로든 사회적 문제를 해결하는 순환구조에 위치하고 있으므로 소비자들이 적극적으로 경쟁 제품보다 자사의 제품과 서비스를 이용해줄 것이라는 기대심리를 가지고 있다. 하지만 실상 마켓에서 고객에게 중요한 것은 구매 제품의 품질과 구매 만족도이다. 물론 구매 만족도에는 사회적 기업의 제품을 구매했다는 심리적 만족감 또한 존재하는 것은 사실이나 그것이 절대적 구매 기준이 되지는 않는다. 결국 사회적 기업도 영리기업들과 마찬가지로 제품과 서비스의 품질을 극대화시키는 노력을 게을리 하지 말아야 한다.

영국의 자활 치료를 돕는 엣지(Edge)카페는 그러한 점에서 주목할 만한 곳이다. 엣지(Edge)카페는 약물중독자의 자활을 돕기 위한 커뮤니티 모임의 장소로 설립된 카페이다. 약물중독으로 고통을 겪고 있는 사회 소외자들이 엣지(Edge)카페에서 커뮤니티 속에서 소통하며 위로받고 일을 하기도 하고 엣지(Edge)카페를 통해서 그다음 회사로 이직하기도 한다. 엣지(Edge)카페는 사회의 가장자리에 있는 이들에게 안정적인 보금자리를 마련해준다. 하지만 마을 주민들이 이곳을 애용하는 이유는 이러한 좋은 이유들이 절대적이어서가 아니다. 가장 궁극적으로 이곳의 커피맛과 베이커리는 지역 주민들의 인정을 받았다. 지역 주민들은 엣지(Edge)카페가 가진 사회적 가치에도 공감을 하지만 일상에서 늘 소비하는 커피와 베이커리가 자신들의 입맛을 만족시키기에 더 행복한 소비를 하고 있다.

이러한 예는 인증 사회적기업 '향기내는 사람들'의 히즈빈스 커피에서도 찾아볼 수 있다. 임정택 대표는 장애인 고용 솔루션을 제공하여 장애인들이 양질의 일자리를 공급받을 수 있도록 히즈빈즈 커피를 창업했고, 지금은 커피뿐만이 아니라 분식, 청소 서비스 등 장애인들이 고용되어 안정적으로 일할 수 있는 다양한 사업모델로 확장해나가고 있다. 최근에는 네트워크 유통회사 애터미(Atomy)와 협약을 맺고 히즈빈스의 커피를 파우치 형태로 온라인 스토어에 판매하고 있는데 올리자마자 품절될 정도로 상당한 인기를 끌고 있다. 임 대표는 히즈빈스 커피의 품질 향상을 위해서 일반 커피숍과 경쟁해도 충분히 더 나은 커피를 제공할 수 있도록 R&D 개발에 아낌없이 투자를 이어오고 있다.

한국의 대표적인 디자인 사회적기업인 마리몬드는 위안부 할머니들이 그린 그림을 디자인 패턴으로 표현한 엑세서리를 판매하고 있다. 현재는 SK스토어, 핫트랙스 등 다양한 채널에서 마리몬드의 다양한 제품들을 구매할 수 있다. 처음 마리몬드가 주목을 끌게 된 것은 아이돌 스타가 공항에서 마리몬드 제품을 착용하고 나서는 장면이 찍힌 사진 때문이었다. 하지만 그러한 주목에서 지속적인 구매로 이어지게 된 결정적인 계기는 마리몬드 제품의 디자인 퀄리티가 높았기 때문이고 디자인 제품을 통해 고객들이 느끼고자 하는 심리적 만족감을 충족시켜 주었기 때문이다. 사회적 가치를 실현한다는 대전제는 아름답다. 하지만 기업의 본질은 제대로 된 제품과 서비스로 만족한 고객들이 반복적인 구입을 통해 브랜드 애착을 가지게 되는 것이다. 바로 그 시점에 결국 기업은 생존을 넘어 탁월함을 지속해서 추구해 나갈 수 있다.

◎ 펀딩을 잘 받는 법

영리기업의 펀딩도 사회적 기업의 펀딩도 결코 수월하지 않다. 개인이든 투자자든 타인으로부터 돈을 투자받거나 빌리는 일은 어렵다. 그럼에도 불구하고 기업이 꼭 필요한 자금을 확보하기 위해서 창업자는 이유를 불문하고 펀딩에 적극적으로 임해야하는 순간들이 있다. 그런 순간에 펀딩을 잘 받는 현실적인 부분을 고려해보고자 한다.

VC(벤처캐피털: Venture Capital)의 경우에는 하루에도 수백 군데에서 투자해 달라는 사업계획서를 받게 된다. 그들에게 Cold Call(기존의 아무런 접촉이 없이 바로 전화)하는 것은 미팅 성공 확률이 대단히 희박하다고 볼 수 있다. 미국에서는 실제로 몇몇 VC들은 오로지 추천을 통해서만 스타트업을 만나는데 그들은 추천을 받을 만한 네트워크와 인맥을 갖춘 것 또한 실력이라고 본다. 창업가의 경우에 처음 Seed Money(초창기 창업자금) 투자를 받기 위해서는 엔젤 투자자들을 찾아나서야 하는데 현재 가장 대표적인 엔젤 투자자는 프라이머와 본엔젤스가 대표적이다. 이 밖에도 온라인 웹사이트 https://www.kban.or.kr 엔젤 투자 지원센터를 방문해볼 수도 있다.

엔젤 투자자를 찾아 나설 때는 무작정 찾아가기보다는 소셜네트워크 링크드인(Linkedin) 검색이나 주변의 지인 네트워크를 통해서 소개를 받고 연결되는 것이 보다 투자 확률을 높일 수가 있다. 이는 아무래도 추천을 통해 만나게 된 창업가의 경우 VC 입장에서도 조금 더 많은 관심을 가지고 미팅이 준비되고 진행되기 때문일 것이다.

무엇보다 자금을 투자하는 VC들의 가장 큰 관심사는 투자금액에 대한 회수가능성과 시장에서 이 기업이 얼마나 성장할까에 대한 고민일 것이다. 창업가의 사업계획서와 미팅에서 이 질문에 대한 명확한 답이 드러나지 않는다면 VC와의 미팅은 성공적으로 마무리되지 못할 확률이 높다.

냅킨에 적혀진 비즈니스 모델을 보고 그 자리에서 수억 달러의 투자금이 결정되기도 한다는 이야기를 들어본 적이 있을 것이다. 물론 그럴 가능성도 있지만 실제로는 냅킨에 적어놓은 창업 아이디어만으로 투자금을 유치하는 것은 불가능에 가깝다. 투자금을 유치하기 위해서 VC를 만나면 그 만남은 시작에 불과하고 이후 최소 2~3달 동안 많은 커뮤니케이션이 오가게 된다.

VC들은 회사에 대한 자세한 자료를 계속해서 요구하는데 이는 VC도 내부적으로 본 회사에 대한 투자를 통과시키기 위해서 VC회사 내부의 다양한 기준들과 회의를 통해 본 사업모델에 대한 정당성과 수익성을 증명해야 하기 때문이다. 수익성과 성장성이 인정되어야 VC 내부에서 투자 의결을 거쳐 투자 결정이 이뤄진다. 영리기업의 모델과 마찬가지로 사회적 기업의 경우에도 투자자를 만나기 이전에 최대한 네트워크를 확장하고 네트워크를 통한 추천으로 VC를 만나는 것이 중요하다. 하지만 무엇보다 중요한 것은 만남이 아닌 그 만남에서 보여줄 차별화된 요소를 회사가 내재화하고 있어야 한다는 점이다. 제품이나 서비스가 결국 차별화되지 못한다면 VC 입장에서는 아무리 큰 시장이라 하더라도 회사의 성장가능성을 긍정적으로 검토하기 힘들다.

영리기업에 대한 자금투자 유치를 중점적으로 하는 VC들과 별도로 최근에는 임팩트 투자에 대한 관심이 고조되고 있다. 대표적으로 사회적 금융을 위한 플랫폼을 제공하고 있는 오마이컴퍼니와 비플러스의 성장세는 주목할 만하다. 오마이컴퍼니는 현재 20개 기업에 20여억 원의 투자를 유치하였고, 이 중 증권형 펀드 참여자수는 800명이 넘는다. 오마이컴퍼니는 내부적으로 곧 2배에 달하는 40억 원 유치를 달성할 것으로 기대하고 있다. 비플러스는 2018년 4월 41건의 대출 프로젝트로 657명에게서 13억 7,000만원을 모았다. 2021년 3월 기준으로 누적 207건의 펀딩에 성공했고, 금액 기준으로는 83억 원 규모에 이른다. 이러한 성장은 사회적 금융에 대한 긍정적 여론과 국민들의 관심이 고조되었기에 가능한 일이다. 만약 예비 창업자가 명확한 사회적 기업 창업에 대한 아이디어와 혁신적 비즈니스 모델이 있다면 임팩트 펀딩에 도전해 볼 만하다.

 사회적 기업가 인터뷰

✔ 소셜 벤처가에게 투자할 때 중요하게 보는 것은 어떤 것들입니까? 소셜 벤처를 준비하는 청년들에게 조언 부탁합니다.

기업가의 분명한 목적의식과 진정성, 해결하고자 하는 문제를 바라보는 새로운 관점, 기업가의 역량과 인간적 매력, 일과 사람을 대하는 태도, 팀 구성 등을 봅니다. 사실 서로 연결되어 있고 딱 떼어놓고 보기는 어렵습니다. 기업가와 여러 차례 대화하고 토론하면서 느껴지는 종합적인 인상에 가깝다고 생각합니다. 그리고 이 모든 것이 다 갖

허재형(루트임팩트 대표)

추어져 있는 사람을 찾는다기보다는 현실적으로는 이 중에 일부는 현재 가지고 있다고 보여지고, 일부는 향후에 나아질 수 있다고 느껴진다면 좋겠죠.

나. 사업 계획 피칭하기

◉ 비즈니스 피칭 준비하기

야구 경기에서 투수가 포수에게 공을 던지는 것을 피칭이라고 하는데 사업계획을 다수의 청중들에게 발표하는 것을 또한 피칭(pitching)이라고 한다. 비즈니스 피칭은 다양한 목적으로 이뤄진다. 피칭의 가장 모범적인 사례라고 창업 현장에서 다뤄지고 있는 스티브 잡스의 피칭 현장을 살펴보면, 대다수 대중들에게 애플의 제품과 서비스를 설명하는 현장이다. 하지만 스티브 잡스 또한 그러한 제품과 서비스를 만들기 위해서 이사회, 투자자, 파트너사 등 앞에서 수도 없이 많은 피칭을 사업계획서를 바탕으로 했을 것이다. 실제로 예비 창업자의 경우에는 창업 아이템과 비즈니스 모델을 바탕

[그림 4-23] 콰타드림랩의 추현호 대표가 실리콘 밸리에서 피칭하고 있다.

으로 Seed Money(초창기 창업자금) 확보를 위한 피칭을 하게 될 확률이 높다.

Seed Money(초창기 창업자금)는 수백만 원에서 수천만 원 규모로 초창기 스타트업에 창업아이템의 시장 테스트 등의 목적으로 주어지는 경우가 많은데, 이를 엔젤 투자자, 공모전 등으로부터 확보하기 위해서 창업자는 기 작성한 사업계획서의 내용을 피칭 스테이지용에 맞게 수정, 보완하여 피칭을 하게 된다.

비즈니스 피칭에서 가장 중요한 것을 뽑으라면 무엇보다 발표자의 진정성과 사업모델에 대한 자신감이다. 아무리 좋은 사업내용이라 하더라도 그것을 표현하는 발표자가 청중들에게 자신의 사업내용을 잘 전달하지 못하게 되면 공감을 얻고 투자를 받는 것은 요원한 일이다. 실제로 반복해서 공모전이나 정부지원사업에서 탈락하는 경우에 사업 내용에 대한 문제보다도 발표자 선정과 발표 슬라이드 디자인 및 구성에 문제가 있는 경우가 다수 있다. 비즈니스 피칭에서 중요한 것을 크게 3가지로 나누어 본다면 슬라이드 디자인, 전문성 있는 스피치, 스크립트를 통한 충분한 사전 리허설을 들수 있다.

슬라이드 디자인이 중요한 이유는 발표 현장에서 청중들이 보는 화면과 인쇄물을 통해서 보는 디자인이 다르다는 인식에서 출발한다. 실제로 발표 현장에서 눈에 보이지도 않을 꼼꼼한 작은 글자들로 화면을 가득 채운 슬라이드를 접하는 경우가 더러 있다. 이경우 대다수의 청중들은 집중력을 잃게 되고 흥미도가 떨어지게 된다. 한 슬라이드에 하나의 내용을 담는 것이 중요한데, 대개 비즈니스 피칭 현장에서의 발표자는 하고 싶은 말은 많고 시간은 부족한 경우가 대다수이기에 내용을 꽉꽉 채워 넣은 발표를 하게 된다. 발표를 위한 슬라이드 디자인은 최대한 간결하고 깔끔하게, 핸드아웃(배포용)을 위한 슬라이드 디자인은 상세하고 꼼꼼하게 준비하는 것이 필요하다.

슬라이드 디자인이 아무리 좋아도 어색한 제스처와 자신감이 없고 생기를 잃은 목소리는 발표 내용에 대한 매력을 반감시킨다. 그러므로 발표자는 스피치가 이뤄지는 동안의 동선과 제스처 등에 각별한 주의를 기울여야 한다. 만약 손 위치가 어색하다면 큐 카드를 들고 스테이지 위에 오르는 것도 하나의 방법이다. 발표에 대한 부담감이 만약 압도적으로 크다면 굳이 창업자 자신이 발표를 할 필요는 없으므로 발표를 보다 잘할 수 있는 다른 팀원들에게 맡기는 것도 하나의 방법이 될 수 있다. 실제로 해외 진출을 위한 사업을 준비하는 다수의 창업 기업들은 해외 발표를 창업자 자신이 맡지 않고 언어가 능숙한 직원이나 해당 발표를 위해 원어민을 고용한 후 발표를 원어민이 맡도록 하는 경우도 있다.

짧은 시간에 이뤄지는 피칭의 경우에는 사업계획서상의 모든 내용을 일일이 설명할 시간이 없다. 명확한 주제와 흐름을 잡고 피칭을 진행하는 것이 중요하다. 이를 위해서는 미리 스크립트를 써보고 슬라이드와 함께 타이머를 곁에 두고 시간을 체크하면서 리허설을 충분히 해보는 것이 필요하다. 간혹 시간 관리를 하지 못해서 발표 현장에서 해야 할 말을 절반도 전하지 못하는 발표자를 보게 되는 경우가 있다. 충분한 사전 연습과 슬라이드에 대한 숙지가 부족한 이유가 크다. 사업 발표는 일상 환경에서의 발표와 사뭇 다르다. 발표자는 자신의 발표로 자사의 제품과 서비스에 대한 투자, 지원을 받거나 판매하기 위해서 비즈니스 피칭을 한다는 점을 잊어서는 안 된다.

앞서 살펴본 비즈니스 피칭 과정과 사회적 기업 자금조달을 위한 피칭은 크게 다르지 않다. 다만, 사회적 기업의 존재 목적이 소셜 미션이므로 이 부분에서 많은 공감을 확보하는 것이 중요하다. 창업자와 창업 팀이 해당 사회문제에 대해서 어떻게 관심을 가지게 되었고 나아가 그 문제를 해결하기 위한 사회적 기업을 창업하기에까지 이르게 된 객관적인 이유를 진정성있게 피칭 초반부에 전달하는 것이 필요하다. 경우에 따라서는 이 부분에서 개인적 경험을 영상이나 선명한 사진을 통해서 발표할 경우 청중들의 공감과 관심을 끌 수 있다.

창업을 고민하는 청년들과 주니어, 시니어들이 공통적으로 고민하는 부분은 앞에 서서 발표하는 것이 너무도 힘들다는 점이다. 세상의 많은 일들은 반복적인 경험을 통해서 다양한 실수를 반복하며 실수로부터 배울 때 나아진다. 비즈니스 피칭 또한 마찬가지이다. 처음에는 손이 떨리고 지나친 긴장감에 비즈니스 피칭에 대한 압박이 너무 클 수 있지만 그 압박을 이겨내고 하나, 둘 경험이 쌓이다 보면 소수의 평가단 앞에서부터 수백 명, 수천 명의 청중들 앞에서 비즈니스 피칭을 하는 것이 결코 두렵지 않은 순간까지 나아갈 수 있다. 어떨 땐 심지어 오랜 시간 준비한 사업 계획과 제품 및 서비스에 대해서 어떤 평가를 받게 될지 설레기까지 한다. 사업 계획서를 꼼꼼히 작성하였고 비즈니스 피칭을 할 수 있는 슬라이드를 미리 만들었다면 다양한 공모전과 지원사업에 응모 및 지원해보는 것도 좋은 훈련의 기회가 된다. 다만 지원을 할 때는 자사의 사업 목적과 비즈니스 모델이 해당 공모 및 지원사업과의 연계성이 높은지 꼼꼼히 살펴봐야 한다. 아무리 훌륭한 사업 아이템과 비즈니스 모델이 있다 하더라도 해당 공모 및 지원사업의 목적과 취지에 어긋나면 피칭의 기회를 잡지 못한다.

● 피칭자료 만들기

사회적 기업은 여러 형태의 투자자로부터 창업에 필요한 자금을 조달할 수 있는데, 투자 유치의 관건은 기업이 가지고 있는 사업 아이템의 시장성, 성장 가능성 및 창업팀의 역량을 얼마나 설득력 있게 전달하느냐에 달려 있다. 투자자들이 듣고 싶은 말은 '우리의 아이디어는 정말 새롭고 신선한 것이다. 제품이나 서비스가 출시되면 분명 성공할 것이다'라는 근거 없는 확신이 아니다. 그들은 '우리가 정의한 문제는 무엇이고, 그것을 해결할 아이디어는 무엇이다'라는 명확한 사업의 미션과 비전, 그리고 그것을 어떻게 실천해 나갈 것인지에 대한 구체적인 계획을 듣고 싶어 한다. 따라서 창업가는 투자 설명회, 창업경진대회 또는 엘리베이터에서 우연히 마주친 투자자에게도 자신의 사업을 어필할 수 있는 충분한 준비가 되어 있어야 한다. 이를 위해 대표(CEO)는 1분, 5분, 7분, 15분짜리 발표 스크립트를 만들어서 충분히 연습하고, 상황에 따라 자유자재로 사업에 대해 설명할 수 있어야 한다.

<그림 4-24>는 요즘 실리콘밸리에서 가장 많이 사용하고 있는 13단계 발표 순서로, 사업계획서를 쓰고 발표 스크립트를 만드는 데 주로 활용되고 있다. 가장 간결하면서 설득력 있게 구성되어 있어 국내에서도 많이 쓰이고 있는 방법이기도 하다. 여기에서 가장 중요한 것은 '문제(고통)의 발견과 해결'에 해당하는 3번과 4번

이다. 주어진 시간이 짧을 때는 3번과 4번만 상대방에게 어필하면 된다. 13단계 전부를 설명하는 것은 15분을 기준으로 하고 있으며, 주어진 시간에 따라 몇 단계는 생략할 수도 있다. <표 4-13>에 서 시간 배분을 참고해보도록 하자.

[그림 4-24] 비즈니스 피칭 13단계

1: Title, Presenter & Tagline	2: 60 second Overview	3: Players (market), Problem & Pain	4: Painkiller (solution)	5: Our Secret Sauce (Technology)
6: Competition	7: Business Model	8: Go To Market Plans	9: Metrics & Money (forecast)	10: Team
		11. Time Line(s) & Status	12: Money Sought & Use of Proceeds	13: Why Invest in us?

출처: 전화성, 『전화성의 스타트업 교과서』, 2015.

[표 4-13] 비즈니스 피칭 13단계에서 시간 배분

시간	발표해야 할 항목
1분	3번, 4번
5분	3번, 4번, 5번, 6번, 7번, 10번
7분	1번, 3번, 4번, 5번, 6번, 7번, 10번, 13번
15분	1번~13번

첫 번째는 발표자가 누구인지 간단히 소개하고, 발표 주제(제목)를 제시하는 단계다. 발표 주제는 어떤 사업을 할 것인가에 관한 것이다. 광고에서 한 줄의 카피가 사람의 마음을 움직이듯 여기에서도 평범한 제목보다는 직관적이고 감각 있는 제목으로 투자자의 관심을 끄는 것이 좋다. 두 번째는 주어진 시간동안 어떤 내용들을 발표할지 간략히 요약해서 보여주는 페이지이다. 일종의 예고편이라고 할 수 있는데, 크게 중요하지는 않으므로 1분을 넘기지 않는 것이 좋다.

가장 중요한 것은 세 번째와 네 번째이다. 누구에게서 어떤 문제(불편, 고통)를 발견했는지, 또 그것을 해결하기 위한 솔루션으로 무엇을 생각했는지 이야기하는 단계이다. 만약 엘리베이터 안과 같은 매우 짧은 시간에 투자자에게 자신을 어필해야 하는 자리라면, 다른 내용은 배제하고 3번과 4번만 이야기하면 된다. 또한, 3번과 4번을 발표할 때에는 대표자 본인이 현장을 직접 발로 뛰어다니면서 잠재 고객들을 인터뷰한 자료가 첨부된다면 더욱 좋을 것이다.

다섯 번째는 자신이 가진 기술을 설명하는 단계다. 특히, CEO가 개발자 출신이라면 이들이 흔히 저지르는 실수 중 하나는 아무도 알아듣지 못하는 전문 용어를 남발하면서 5번 항목에 너무 많은 기간을 할애하는 것이다. 소셜 벤처에 적용된 기술을 설명할 땐 누구라도 이해하기 쉽게 풀어서 설명하는 것이 중요하며 그것을 통해 고객들이 어떤 가치를 얻을 수 있는지 이해시키는 것이 중요하다.

여섯 번째는 시장에 어떤 경쟁자들이 있고, 자신이 그들과 구분되는 차별점이 무엇인지 설명할 차례다. 간혹 자신의 제품이 국내 혹은 세계 최초로 개발된 것이기 때문에 경쟁자가 없다고 발표

하는 경우가 있는데, 이렇게 발표하면 투자자들로부터 외면받을 가
능성이 크다. 따라서 경쟁사는 유사제품, 대체재 영역까지 고려해
서 폭넓게 생각해야 한다.

일곱 번째는 비즈니스 모델, 즉 어떤 방식으로 수익을 창출할
것인가를 보여주고, 여덟 번째에 목표 시장을 제시하면 된다. 목표
시장은 너무 넓은 시장을 목표로 하기보다는 작은 시장에서 시작하
여 점차 확장해 나가는 것이 중요하다. 아홉 번째는 앞의 분석을
통해 예상할 수 있는 재무적·사회적 성과를 제시한다.

열 번째로 소개할 것이 팀 구성원들이다. 투자자들은 그 팀이
어느 정도의 문제 해결 능력을 갖추고 있는지, 목표한 것을 진짜
달성할 수 있는 역량을 갖추고 있는지 매우 중요하게 생각한다.

이후에는 앞으로 어떻게 사업을 진행할 것인지 일정을 설명하고,
투자금을 받으면 그 자금을 어디에 사용할 것인지 설명하는 것이 좋다.

마지막으로 투자자가 왜 자신들에게 투자를 해야 하는지 다시
한 번 강력하게 어필하면서 마무리를 하면 된다.

◉ 엘리베이터 피치

전 세계의 유명한 배우와 감독이 모여서 최고의 영화를 제작
하는 곳인 할리우드에서는 많은 무명작가들이 성공하기 위해 유명
감독 또는 배우들을 만나려 하고 설득하려 한다. 이들은 보통 엘리
베이터에서 짧은 시간 동안 만나 설득을 진행하는데 여기서 유래된
것이 엘리베이터 피치다. 즉, 엘리베이터 피치란, 말 그대로 엘리베
이터를 타고서부터 내릴 때까지 약 60초 이내의 짧은 시간 안에 투

자자의 마음을 사로잡을 수 있도록 이야기하는 것을 말한다. 여기에서 중요한 것은 시간과 장소에 구애받지 않고 1분 이내에 사업의 핵심을 설명하는 것이다.

1분의 시간은 실제 투자자들이나 관련 사업을 하고 있는 전문가들이 사업의 성공 여부를 판가름하기에 충분한 시간이다. 그렇기 때문에 무엇이 그들에게 매력적으로 다가갈지 포인트를 확실히 짚어서 짧은 시간 내에 핵심 아이디어를 전달하고 빠른 판단을 내릴 수 있도록 준비해야 한다. 소셜 벤처 창업경진대회 등 각종 창업경진대회나 아이디어 공모전에서도 충분한 시간을 배정받는 경우는 드물다. 먼저 60초 이내에 150~225개의 단어로 정리한 엘리베이터 피치를 기본으로 1분, 3분, 5분 등으로 늘려서 언제 어디서나 가장 필요한 핵심을 이야기할 수 있는 준비를 해 두어야 한다.

[표 4-14] 효과적인 엘리베이터 피치를 위한 방법

서론/주제	• 시간: 10초 • 내용: 주제에 대한 이야기를 한 문장으로 말하기
본론/화제	• 시간: 40초 • 내용: 주제에 대한 스토리를 첨가하여 이야기하기
결론	• 시간: 10초 • 내용: 마무리 요약하기

◎ 사회적 기업가의 비즈니스 피칭

공모전이나 지원사업의 경우 대체로 1차 서류심사 2차 발표평가의 순으로 이뤄진다. 1차 서류심사에서는 2배수~5배수 정도의 인원 및 창업 팀을 선발하고 2차 발표 평가를 통해서 최종 인원 및 팀을 선발한다. 1차 서류 심사에서는 사업계획서가 중요한 부분이라면 2차 발표 평가에서는 비즈니스 피칭의 전문성과 관련 비즈니스 모델에 대한 이해와 전문성 및 심사위원들의 질의 응답에 대한 철저한 준비가 필요하다. 간혹 무대 규모가 크거나 수백 명의 청중을 대상으로 발표를 해야 하는 경우가 있다. 이 경우에도 원칙은 동일하다. 청중 그룹의 크기가 클수록 슬라이드 디자인, 스피치, 스크립트 리허설에 대한 철저한 준비가 필요하다. 사회적 기업가에게 이런 공모전이나 지원사업은 자사의 사업 모델과 주목하는 사회문제에 대한 여론의 관심을 환기하고 공감과 후원, 협력을 얻기 위해서 적절히 이용될 경우 긍정적인 부분이 많다.

[그림 4-25] 콰타드림랩의 추현호 대표가 '대구혁신포럼'
(2018년 10월 30일)에서 피칭하고 있다

대구의 예비 사회적기업 콰타드림랩의 추현호 대표는 지난 2018년 10월 대구에서 개최된 지역혁신포럼에 참여했다. 참가 목적은 콰타드림랩의 교육캠프를 공기업 연수원의 유휴 기간을 활용하여 지역의 소외계층 청소년에게 제공하기 위한 공감대 형성 및 여론 조성을 위해서였다. 수백 개의 아이디어가 예선에서 걸러졌고 20개 팀이 최종 무대에 올랐으나 단 몇 개의 팀만이 공기업의 협력을 이끌어낼 수 있었다. 콰타드림랩은 한국관광공사와 한국무역투자진흥공사(KOTRA)의 협력 매칭을 이끌어내었다. 이 과정에서 교육캠프의 모델은 더 많은 피드백 속에서 보다 구체화되었고 지역 소외 청소년 문제 해결에 관심이 많은 지역단체, 기업과의 연계 포인트가 마련되었다. 콰타드림랩은 2019년 3월 이후 한국관광공사의 후원을 바탕으로 지역의 소외계층 청소년을 위한 비전캠프를 운영하고 있다. 이 모든 것은 지역혁신포럼에 참가하여 비즈니스 피칭을 진행함으로써 이뤄진 결과이다.

아리랑 유랑단의 문현우 대표와 토닥토닥 협동조합의 이영희 대표는 문화관광, 심리상담 분야에서 선도적인 위치에 있는 소셜벤처를 운영하고 있다. 두 대표에게는 공통점이 있는데 대학생 시절 수 없이 많은 공모전에 지원해 기획력과 발표력을 업그레이드하였다.

아리랑을 통해 전 세계에 대한민국을 널리 알리고 있는 아리랑 유랑단 문현우 대표는 학창 시절 40여 개의 공모전에 선발되어 관련 프로젝트를 완수했다. 문현우 대표는 2018년 대구 청년응원카페 랩업 파티에서 진행된 특강에서 다양한 발표 경험과 프로젝트 준비과정에서 형성된 네트워크가 후에 사회적 기업을 지속적으로 진행해나가는 데 큰 힘이 되었다고 말했다.

토닥토닥 이영희 대표는 2018년 대구 콰타 카페에서 진행된 '대구 실패의 날' 행사에서 수없이 많은 본인의 공모전 탈락 경험을 청년들에게 공유했다. 그토록 많은 실패의 경험들이 쌓여서 이후에는 지원한 모든 공모전에서 선정되었으며 대학생 시절 진행한 공모전 상금만 수억 원에 달할 정도라고 했다. 이영희 대표는 지속적인 발표 경험을 통해서 각 프로젝트에 적합한 발표의 문법을 터득할 수 있었음도 이야기했다. 이러한 경험이 훗날 수많은 이들의 심리 상담에 대한 장벽을 낮추어준 토닥토닥 심리 카페의 성공적인 운영에 큰 힘이 되었음은 분명하다.

06 사회적 기업의 이해관계자 관리

기업경영의 패러다임은 시대적 배경을 반영한다. 1970년대는 한국 경제의 고도 성장기로서 재래식 경영으로 불리던 기업 경영이 주가 되었는데, 이 시기 기업 경영의 핵심은 CPM(Corporate Performance Index)[34]으로 대표되는 기업의 수익경영 극대화로 요약될 수 있다. 당시의 기업은 고객과 주주 그리고 종업원을 삼각형으로 하는 이해관계 구조가 주였으며, 기업의 책임은 경제적 이윤을 추구하는 과정에서 주주가치를 실현하고 경제를 발전시켜 고용을 창출하는 것이다. 그리고 그러한 역할을 잘 수행하는 기업이 좋은 기업(Good Company)으로 인식되었다.

1990년대로 넘어서면서부터는 기업의 주된 책임이 경제적 책임뿐만이 아닌 사회적 책임(지역사회 공헌, 공익기여 등)과 환경적 책임(환경오염 최소화, 환경 친화적 생산 활동)으로까지 확장되었다. 고도 경제 성장에 따른 사회 빈부격차 심화와 급격한 성장이 가져다준 사회문제들이 주목받기 시작했다. 이에 따라 기업 경영에 대한 기존의 주된 이해관계자인 고객, 주주, 종업원에서, 지역주민, 시민사회, 미래세대까지도 아우르는 개념으로 이해관계자가 대폭 늘어나게 된다.

이해관계자 집단을 살펴보면 소비자, 종업원, 투자자, 사업파트너, 정부/지역사회, 환경 등으로 세분화할 수 있다. 각 그룹별로 시대적 변화에 따라서 이해관계자의 요구와 니즈가 변화하고 있고, 사회적 기업에 대한 기대수준과 다양한 이해관계자를 만족시켜야 하는 요구도 커지고 있다.

가. 소비자 그룹

소비자 그룹의 다양한 변화는 기업에게는 생존의 위협으로 다가오기도 한다. 소비자는 더 이상 값싸고 품질 좋은 제품만을 요구하는 것이 아니라 윤리적이면서도 친환경적인 제품을 선호하는 경향을 띠게 되었다. 이는 다양한 1인 미디어의 발달과 온라인 환경의 탄생과 주된 연관성이 있다. 소비자의 정보력이 이전과는 차원이 다른 수준으로 높아졌고, 정보를 수집할 수 있는 다양한 채널을 확보하게 된 소비자는 그 어느 시기보다 쉽고 간편하게 기업의 정보와 제품, 서비스에 대한 다른 소비자들의 의견을 관찰할 수 있게 되었다. 더 이상 소비자는 단순한 소비를 하는 존재가 아닌, 소비하면서 동시에 기업의 제품과 서비스에 대한 인식과 개념을 생산하는 프로슈머35)로서의 역할을 동시에 수행하면서 인식에 민감하게 반응하는 경향성을 띠게 되었다.

정보의 전달속도가 빠르고 소비자들의 리뷰 및 만족도에 대한 동료 소비자들이 가지는 신뢰도가 기업의 일방적 광고 메시지보다 훨씬 파급력이 높아졌기에 기업은 소비자와의 적극적인 소통 채널을 유지하기 위해서 노력하고 있다. 미국의 동영상 사이트인 유튜브(Youtube)는 이러한 변화의 핵심에 서 있다. 기업의 일방적 광고에 대한 소비자들의 공감과 공유 숫자는 많은 광고예산을 쏟아 부어도 몇 십만 뷰를 넘어서지 못하는 반면 파워 유튜버인 일반 소비자들의 리뷰 동영상과 후기 코멘트에 대한 동료 소비자들과 대중들의 반응은 폭발적이다. 전 세계에서 가장 높은 브랜드 인지도를 가지고 있는 코카콜라의 공식 Youtube 계정의 구독자 수는 개인 게임 블로거인 후디파이의 3,900만보다 훨씬 못 미치며 구독자 수는 상위 10,000개의 사이트에도 들지 못하는 정도이다.36)

기업들은 이러한 온라인 오피니언 리더들과의 소통 접점을 확보하기 위해서 노력하고 있으며, 소비자들과 대중들이 스마트폰과 1인 미디어 채널을 통해서 가지게 된 파워는 기업이 소비자를 바라보는 인식 자체를 새롭게 정의해야하는 시대를 도래하게 했다. 다수의 영세한 사회적 기업은 대기업과 중견기업이 가지고 있는 광고예산을 확보하지 못하고 있는 경우가 많다. 그렇기에 이러한 환경은 오히려 기회가 될 수 있으며, 개별 오피니언 리더와의 관계에 각별한 관심과 에너지를 투입할 필요가 있다.

나. 종업원 그룹

과거 기존의 종업원들은 회사에 소속되어 회사의 요구와 명령에 순종하는 것이 미덕으로 여겨졌다면, 현재는 동등하면서도 주도적인 자세로 종사하며 자신이 소속된 기업이 사회에서 존경받는 기업이기를 바라는 직원들의 바람이 커졌다. 기업의 부패와 폐해가 보도되고 온라인과 언론에 널리 알려지게 되면 자사에 대한 소속감과 보람은 하락하고 퇴사율도 높아지게 된다.

더 이상 종업원은 한 곳에 오래 머물러 있지 않고 자신의 가치와 미션에 맞는 회사를 선택하고 옮겨 다닌다. 사회적 기업은 일반적인 영리기업보다 경제적 보상이 낮다는 통계 자료가 있다. 일반

[그림 4-26] 사회적 기업과 일반 기업의 임금 기준 차이

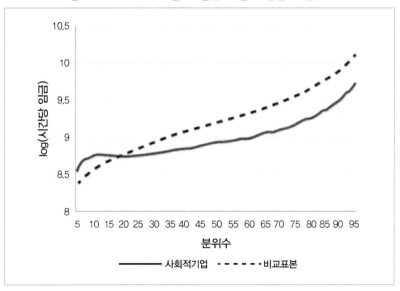

시간당 임금을 기준으로 사회적기업과 일반기업을 비교한 결과
자료: 사회적기업진흥원, 사회적기업 임금자료: 고용노동부, 「고용형태별 근로실태조사」, 원자료

기업에 비해서 약 70%대의 월급을 지급하는 경우가 많은데, 나머지 30%는 종업원들이 회사에 느끼는 소속감과 자부심을 통해서 다소 적은 경제적 리워드를 상쇄한다는 점을 생각해본다면, 종업원들이 사회 속에서 회사가 가지는 인지도와 인식에 많은 영향을 받는다는 점을 주목할 필요가 있다.

에스티와 윈스턴은 공저 『이케아 사람들은 왜 산으로 갔을까』에서 그린 비즈니스가 시장에서 어떤 반응을 얻고 있는지를 이케아를 비롯한 다양한 친환경주도적인 사업모델을 분석하면서 살펴보고 있다. 환경오염에 대한 범 지구적인 차원에서의 관심도가 올라간 이유는, 극단적으로 미세먼지와 수질 오염 등 기존에 드러나지 않던 다양한 오염 물질들이 누적되어 이제 환경오염을 넘어 인간의 생명을 위협하는 수준에 이르렀기 때문이다.

세계적인 다큐멘터리 제작사와 언론 기관들은 집중적으로 환경 문제를 다루고 있으며, 미국의 전직 부통령이자 환경운동가인 앨 고어(Albert Arnold Gore, Jr.)의 Our Choice에 대한 폭발적인 관심[37]은 이러한 지구적 차원에서의 환경 문제에 대한 관심을 보여주는 좋은 사례라고 할 수 있다. 환경을 보호하고 오염물질을 최소화하면서 비즈니스를 이어가는 것은 더 이상 선택이 아닌 필수가 되었다. 이는 각종 정부규제와 강제적이고 법제적인 제한 때문이기도 하지만, 기업 스스로가 소비자들과 기업이 함께 살아가고 있는 지구 생태계 보호에 적극 앞장서고 있다는 기업 이미지 개선을 위해서도 필수적이라고 판단하고 있기 때문이다. 사회적 기업은 특히나 사회적 문제 해결을 위해서 기업 활동을 영위하는 목적이 있기 때문에, 제품과 서비스를 생산하는 과정에서 더욱 많은 주의가 요구

된다. 종업원들은 다양한 미디어 채널을 통해서 비즈니스를 수행하는 현장에서 실무를 진행하면서 해당 기업의 윤리 경영을 실시간으로 체크할 수 있다. 내부직원이 감동하고 만족하는 사회적 기업에 대한 인식은 사회적으로도 큰 공감대를 얻어낼 수 있다.

다. 중앙정부와 지방자치단체

사회적 기업의 주된 이해관계자로는 중앙정부와 지방자치단체를 들 수 있다. 영리기업에도 물론 이러한 정부의 정책을 집행하는 공공기관들과의 관계는 중요하다. 정부와 지방자치단체가 함께 풀어나가기 위해서 고민하고 노력하고 있는 사회적 문제 해결을 목적으로 하는 사회적 기업에게 정부와 지방자치단체는 핵심 이해관계자라고 해도 과언이 아니다. 공공기관들과의 원활한 관계를 유지하기 위해서는 무엇보다 민간단체나 기업과는 다른 공공기관들의 운영방식과 프로세스를 고려하고, 공무원들과의 원활한 소통 및 커뮤니케이션이 중요하다.

사회적 기업들 중에는 B2C(Business to Customer: 고객에게 제품과 서비스를 제공하는 사업 모델)가 아니라 B2G(Business to Government: 정부, 공기관 등에 제품과 서비스를 제공하는 사업 모델)에 집중하는 경우가 있다. 실제로 취약 고객층이 사회적 기업의 제품과 서비스를 구매하는 데는 부담이 높기 때문에 실제로 구입은 정부에서 하고 혜택은 소외계층이 받는 구조가 많다. 사회적 기업에 대한 지원 중 하나인 공공기관 및 공기업의 사회적 기업 제품, 서비스 우선 구매 제도 등을 활용하여, 정부차원에서 사회적기업의 판로개척을 지원하고 있는데, 무엇보다도 정부 관계자들에게 해당 사회문제 해결에 대한 진정성과 전문성을 사회적 기업가로서 전달할 필요가 있다.

2018년 전주혁신포럼 전문가 테이블 발제 세션에서 미국의 벤처 캐피털 엑셀레이터인 이그나이트 엑셀(Ignite XL)의 클레어 장(Claire Chang) 대표가 미국 실리콘밸리의 임팩트 투자에 대한 발표를 진행하였다. 미국은 자선문화와 기부에 대한 오랜 전통을 가지고 있는데, 일방적 자선이 아닌 사회적 기업에 대한 투자를 통해 사회문제 해결의 지속성을 가져간다는 점에서 임팩트 투자에 대한 인식이 대중화되어 있고, 그 규모도 영리기업에 비할 수준은 되진 않지만 지속적으로 성장하고 있음을 강조했다.

사회적 기업의 주된 목적은 기업의 이윤추구를 통한 주주의 이익 극대화가 아니기 때문에 금전적 보상을 최우선시하는 일반적 벤처 캐피털과 투자자의 입장에서는 투자대상이 되기 어렵다. 하지만 투자 회수의 목적이 아니면서도 기존의 일회성 기부금과 지원금에 그치던 후원보다는 더 적극적인 방식으로 사회문제 해결에 참여하려는 사회적 영향 투자에 관심이 높은 투자자들에게 사회적 기업에 대한 투자는 주목할 만한 대안이 된다. 사회적 기업가들은 평소 이러한 임팩트 투자에 대한 소식을 정기적으로 업데이트하고, 지속적인 네트워크 현장에서 투자자들에게 자사의 사회적 성과를 알려 나갈 필요가 있다. 국내의 임팩트 투자에 대한 인식이 대중화되고 펀드 조성 규모도 커지고 있지만, 일선 현장에서 사회적 기업들이 투자를 받기에는 아직도 다소 무리가 있는 것이 사실이다.

비즈니스는 혼자 힘으로 할 수 없기 때문에 다양한 사업 파트너들과 함께 진행하게 된다. 당도를 낮춘 건강한 음료 판매를 통해서 미국의 차 문화를 선도한 어니스트티(Honest Tea)의 경우에는 유통채널에서 일어나는 다양한 환경오염을 최소화하기 위해서 노력하고 있다. 사회적 기업은 제품과 서비스를 생산하는 과정에서만 사회적 영향을 생각하는 것이 아니라 제품과 서비스의 기획에서부터 소비자의 손에 그 제품과 서비스가 도달하기까지의 전 유통채널에 대해서 투명하고 윤리적인 경영을 진행할 필요가 있다. 유통, 공급 채널을 모두 윤리적이고 투명하게 그리고 사회적 기업답게 관리하고 이러한 사회적 영향(Social Impact)지표를 재무제표의 재무건전성만큼이나 중요하게 여길 필요가 있다.

기업의 사회적 책임에 대해서도 또한 대중들이 관심을 가지고 있다. 영리기업도 이제는 기업윤리, 지배구조, 재무투명성, 노사관계, 환경, 안전, 위생, 사회공헌, 협력업체와의 관계 등에 대해서 철저하게 고민하고 진정성을 보이지 않으면 소비자들과 고객에게 외면 받는 시대가 도래했다. 앞서 언급한 소비자의 정보에 대한 접근성이 이전과는 많이 달라졌기 때문이다. 일반 영리기업에게도 높은 도덕성이 요구되는 시기에 사회문제 해결에 대한 뚜렷한 사회성을 지닌 사회적 기업에 대한 기대와 요구는 높아질 수밖에 없으며, 이러한 사회적 기업이 갖는 높은 수준의 도덕성은 새로운 변화의 시대에 사회적 기업이 갖는 기회이기도 하다.

— 주 —

1) 본 내용은, 강민정 외. 2015. 소셜이슈 분석과 기회탐색. 에딧더월드의 내용을 바탕으로 새로운 연구과 시각을 더하여 쓰여졌다. 이어서, Chapter 03의 2. 혁신적 비즈니스 모델 수립하기는 박재홍과 강민정이 공동으로 저술하였다. Chapter 03의 3. 사업계획서 작성하기, 4. 사회적 기업 창업팀 구성하기, 5. 창업자금 조달하기, 6. 사회적 기업의 이해관계자 관리는 추현호가 저술하였다.

2) 소셜 미션(social mission)은 사회적 기업 창업과 관련하여 국내에서 넓게 쓰이는 용어로서, 여기서는 애써 번역하여 사회적 소명의식이라고 하기보다, 현실을 반영한 용어를 그대로 사용한다.

3) 린 스타트업(Lean Start-up)은 실리콘밸리에서 시작된 창업(start-up)전략으로 핵심 사업 아이디어부터 실행 과정까지 고객의 검증을 핵심 요소로 하고 있으며, 낭비없이 빠르게 시제품 제작 및 시장 테스트를 할 수 있는 방법론을 제공한다. 이에 대한 자세한 내용은 조성주(2014)를 참고하기 바란다.

4) Mills, C. W. 1959. *The Sociological Imagination*. Oxford(강희경·이해찬 역. 2004. 사회학적 상상력. 돌베개).

5) Giddens, A. and Sutton, P. 2013. *Sociology*(7th Revised edition). Polity Press.

6) Weber, M. 1958. *From Max Weber: Essays in Sociology*. Oxford University Press(역자: H. H. Gerth, C. Wright Mills).

7) Mulgan, G., Tucker, S., Ali, R. and Sanders, B. 2007. Social Innovation: what it is, why it matters, how it can be accelerated. The Young Foundation.

8) 사회기저층(BOP: Bottom of the Pyramid)은 연소득 $1,500 이하, 혹은 일소득 $5 이하의 저개발국 40억 명에 해당하는 인구 집단을 가리킨다. 이들에 대한 교육, 의료, 삶의 질과 기회를 확장하는 상품과 서비스의 가치가 주목을 받으면서 새로운 비즈니스 혁신 영역으로 부상되었고, 이들의 구매력은 약 5조 달러에 이르는 것으로 추산된다. Prahalad(2004; 2012)는 세계의 빈곤층(Bottom of Pyramid)을 새로운 소비자층으로 인식해 비즈니스에서 혁신성이 지속가능성을 가져올 수 있다는 것을 보여줬다.

9) 임현진, 공석기. 2014. 뒤틀린 세계화. 나남출판사.

10) 유진성, 허원제. 2014. 빈곤가구의 빈곤탈출 요인분석과 시사점: 빈곤층 취업활성화를 중심으로. 한국경제연구원. 정책보고서 2014-9.

11) Elkington, J. and Hartigan, P. 2008. *The Power of Unreasonable People: How Social Entrepreneurs Create Markets That Change the World* .Harvard Business Review Press (강성구 역. 2008. 세상을 바꾼 비이성적인 사람들의 힘. 에이지21).

12) 2020년 기준, 8억 1천 만 명 규모로 추계됨(유엔식량농업기구(UNFAO), '세계 식량 위기와 영양 불균형 현황 2020 보고서').

13) 통계개발원. 2012. 한국의 사회동향 2012.

14) 강민정 외. 2015. 소셜 이슈 분석과 기회탐색. 에딧더월드.

15) 산업안전보건연구원(고용노동부 산하)에 따르면, 반도체 공장 여성 노동자의 림 프조혈기 계통의 암 발생 위험은 일반인의 2.67배이고, 특히 조립공정 생산직 여성은 5.16배에 이른다(2008년 역학조사 결과). 2007년 삼성전자 기흥공장에 서 일했던 황유미 씨가 백혈병으로 숨지는 등 삼성전자와 하이닉스 반도체 부 문 노동자들의 '집단 백혈병 의혹'이 불거지면서, 반도체 공장의 노동자 건강과 인권이 주요 사회 문제로 대두되었다.

16) 지난 2009년 4월 쌍용차는 경영 악화를 이유로 전체 인력의 37%에 달하는 2,646명을 구조조정하고, 희망 퇴직 등의 퇴사자(1,666명)를 제외한 나머지 980 명을 정리해고 하면서 대량 해고 사태를 낳았다. 그 중 노사 합의를 통해 일부 무급휴직과 희망퇴직 등으로 정리되고 최종 165명이 정리해고되었다. 이후 노 조를 중심으로 정리해고의 부당함을 호소하며 해고무효 소송 등의 법정 투쟁과 해고자 복직 요구가 계속되었으며, 대법원의 최종 판결이 나온 2014년 11월까 지 문제 해결 과정에서 해고자 가족의 자살이나 질환 등의 이유로 사망한 노동 자만 25명에 달해 주요한 사회 문제로 부각되었다. 이후 지난한 과정을 거쳐 문재인정부 들어 쌍용자동차 해고노동자의 복직이 결정되면서 문제는 일단락되 었다.

17) Timmers, P. 1999. *Electronic Commerce: Strategies and Models for Business-to-Business Trading.* John Wiley & Sons Ltd.

18) Rappa, M. 2003. Business Models on the Web. Managing the Digital Enterprise. http://digitalenterprise.org.

19) Grassl, W. 2012. "Business Models of Social Enterprise: A Design Approach to Hybridity", *ACRN Journal of Entrepreneurship Perspectives.* 1(1): 37-60.

20) Richardson, J. 2008. The business model: an integrative framework for strategy execution. *Strategic Change.* 17: 133-144.

21) 정강민. 2016. 스타트업에 미쳐라. 한국경제신문.

22) Ammirati. S. 2016. *The Science of Growth: How Facebook Beat Friendster and How Nine Other Startups Left the Rest in the Dust.* St. Martin's Press(이 현주 역. 2016. 1등 스타트업의 비밀. 비즈니스북스).

23) 장병규. 2018. 장병규의 스타트업 한국. 넥서스BIZ.

24) Elkington, J. and Hartigan, P. 2008. *The Power of Unreasonable People: How Social Entrepreneurs Create Markets That Change the World.* Harvard Business Review Press (강성구 역. 2008. 세상을 바꾼 비이성적인 사람들의

힘. 에이지21).

25) "사회적기업 경영여건 개선…생존율도 높은 수준"(대한민국 정책브리핑: www. korea.kr, 2019.9.26) 이성룡. 2017. 사회적 기업 정책 토론회 자료집. 고용노동부

26) 정재승. 2008. 최후통첩 게임. 돈과 공정성의 갈등. 동아비즈니스리뷰 19호.

27) 한국사회적기업진흥원의 사회적기업가 육성사업은 혁신적인 사회적기업 창업 아이디어를 가지고 사회문제를 해결하는 예비 사회적기업가(팀)을 발굴하여 사 업화(창업공간, 창업자금, 멘토링 및 교육 등)를 지원하고 있다.

28) 조성주. 2014. 린 스타트업 바이블. 새로운 제안.

29) 조성주. 2012. 스타트업을 경영하다. ㈜케이펍.

30) BEP(Break Even Point)는 한 기간의 매출액이 같은 기간 동안의 총비용과 일 치하는 지점으로써 매출액이 비용보다 많으면 이익이 발생하고 적으면 손실이 발생한다.

31) 장병규. 2018. 장병규의 스타트업 한국. ㈜넥서스.

32) 조성주. 2014. 린 스타트업 바이블. 새로운제안.

33) Esty, D. C. and Winston, A. 2009. *Green to gold: How smart companies use environmental strategy to innovate, create value, and build competitive advantage.* John Wiley & Sons(김선영 역. 2012. 이케아 사람들은 왜 산으로 갔을까?. ㈜살림비즈).

34) CPM(Corporate Performance Management)은 기업의 경영성과를 모니터하고 관리하기 위해서 사용되는 용어, 방법, 시스템을 설명하는 포괄적 용어이다.

35) Prosumer는 미국의 미래학자 엘빈 토플러(Alvin Toffler)가 만든 용어로 생산과 소비가 혼연 일체된 생활을 하게 되는 미래의 인간을 의미한다.

36) Holt, D. 2016. Branding in the age of social media. *Harvard Business Review.* 94(3): 40−50.

37) Gore, A., Nixon, C. and Slattery, J. 2009. *Our choice: A plan to solve the climate crisis.* Bloomsbury.

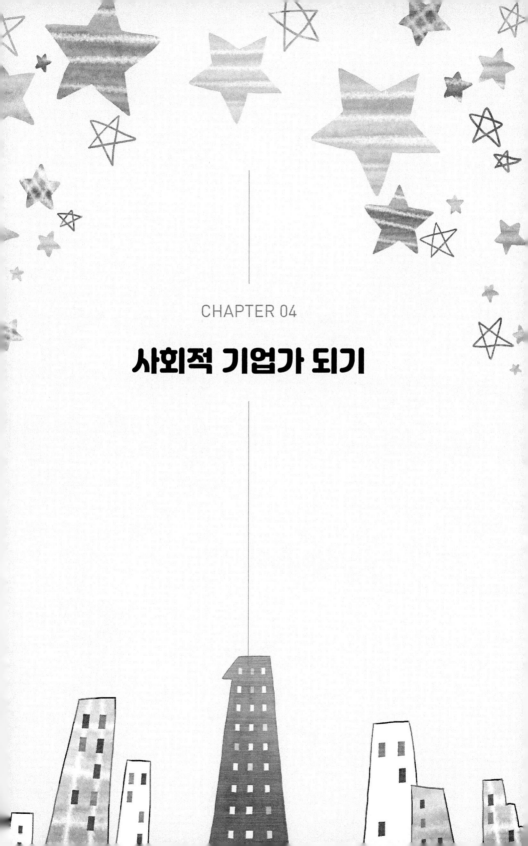

CHAPTER 04

사회적 기업가 되기

사회적 기업가는 누구인가?[1)]

사회적 기업가가 다양한 소셜 이슈 속에서 혁신을 이뤄낼 사
업 기회의 탐색을 마쳤다면, 이제 어떻게 변화를 이루어낼 것인가
를 고민하고 실천해야 할 단계이다. 사회적 기업가는 한편으로는
소셜 미션 수립을 시작으로 비즈니스 모델 수립과 사업계획 전반을
고민하고, 토론하고, 협력하며 사업계획을 구체화하고 이를 실천하
고 수정을 거듭하는가 하면(doing), 다른 한편으로 사회적 기업가로
서의 내적인 성장을 이루어나가게 된다(being). 사회적 기업가에게
있어 사회적 기업을 만들어나간다는 것과 이 과정에서 필요한 지식
을 습득하고, 내적인 성장을 이루는 것은 사실 분리되어 있는 것이
아니라, 통합된 과정이라고 할 수 있다. 다만, 논의의 편의를 위하
여 지금까지 사회적 기업가로서의 지식(knowing)과 실천(doing)의
측면에 대하여 알아보았다면, 여기서는 존재(being)의 측면에 보다

[그림 5-1] 사회적 기업가의 역량 모델

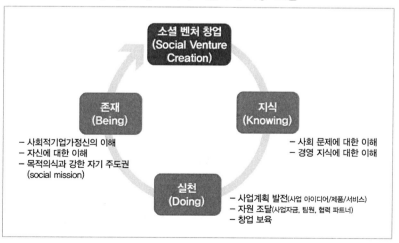

초점을 맞춰 살펴보기로 하자.

◉ 사회적 기업가는 변화 추구자

사회적 기업가는 '변화 추구자'이다. 사회적 기업가는 변화가 불가피하다는 점에 대하여 사람들의 공감을 끌어내야 하며, 그러한 변화과정을 준비하고 관리하는 가운데 실제로 지속가능한 변화가 가능하다.[2]

사회적 기업가가 활용할 수 있는 변화의 방법에 대해 사회변동에 대한 이론들을 통해 살펴보기로 하자.

먼저, 진화론적 변화를 살펴볼 수 있다. 진화론을 주창한 사회학자인 허버트 스펜서(Herbert Spencer)는 사회가 발전할수록 복잡성의 단계가 높아진다고 보았으며, 인간사회가 단순한 패턴에서 복잡한 구조로 변화하는 진화의 과정을 거친다고 보았다.[3] 사회적 기업가는 부조리, 고립, 좌절, 모순된 현실로부터 시작하여 신뢰와 협력에 기반한 변화 과정을 조직화한다는 점에서, 진화론적 관점은 사회적 기업가에게 중요한 변동의 관점이 될 수 있다.

변화에 있어서 또 다른 관점은 갈등론적 변화이다. 갈등론적 관점에서 갈등은 인간에 내재한 속성으로서, 파괴적이거나 건설적인 면을 모두 가지고 있다. 변화를 추구하는 데 있어서 '갈등'은 피할 수 없는 요소이며, 건설적인 갈등을 어떻게 조직화하는 것인가라는 점은, 사회적 기업가가 변화를 추구하는 과정에서 고려하여야 할 중요한 요소이다.

변화에 대한 또 다른 관점은 '사회심리적 변화'이다. 사회는 사람들로 구성되어 있으며, 사람들의 인식, 신념, 편견, 태도 등은 사회가 조직되는 방식을 이루고, 거꾸로 사회가 조직되는 방식은 사람들의 신념체계에 영향을 미친다. 그렇다면, 사람들의 사고방식(mindsets)이 변화하는 기제는 무엇일까?

사회심리학적 변화 기제의 중심에 있는 '일관성(consistency)'의 요소에 주목해 보자. '일관성'의 요소를 통해 볼 때, 사람들은 겉으로 나타난 인식의 부조화를 감소시키기 위해서 내면의 신념을 재구조화하며, 이를 통해 새로운 단계의 내적 통합 단계를 이루게 된다. 예를 들어 사람들은 그들이 도운 사람들을 좋아하게 되고, 상처를 준 사람들을 싫어하게 되는 경향이 있다. 결국, 새로운 변화의 상황이 전개될 때, 그것이 과거의 신념에 위배되더라도, 새로운 상황을 전개함에 있어서 여러 이해관계자의 협력이 성공적으로 이루어졌다면, 사람들은 기존에 가지고 있던 인식체계에 집착하기보다는 새로운 인식체계로 재구조화하는 경향이 있다. 사람의 생각이 잘 바뀌지 않는다는 것이 통념이지만, 상황의 흐름이 변함에 따라 자신이 믿고 싶은 것을 믿어버리는 것 또한 인간의 사회심리적인 요소이기도 한 것이다.

이러한 사회심리적 변화의 기제는 사회적 기업가가 '어떤 방법으로 사람들의 사고방식을 변화시킬 것인가?'에 대하여 전략을 수립할 때 도움이 된다.

변화에 대한 다음의 관점은 '구조기능적인 변화'이다. 사회적 기업가가 변화를 추구할 때, '구조'에 집중할 것인가? 아니면 사회적 소통, 관계, 기능에 집중할 것인가? 사회적 기업가는 구조와 기능 모두에 주목한다. 즉, 변화의 초기단계에 새로운 사회관계를 도입하고, 신뢰와 협력을 증진해나가며 궁극적으로 사회적 구조, 절차, 법과 제도를 개선해나간다고 할 수 있다.

요컨대, 사회적 기업가에게 있어서 변화의 방법이 '구조'적 접근인지, '행위'적 접근인지에 대한 질문은 어느 하나만 선택될 수 있는 것은 아닌 듯하다. 사회적 기업가는 대개 행위로 접근을 하지만 그것이 궁극적으로 구조를 변화시킨다는 점에서 그러하다. 즉, 소셜 이슈 자체가 구조적이라 할지라도 대개 사회적 기업가가 이슈에 접근하는 방식은 행위를 통해 변화를 가져올 수 있다는 믿음에서 출발한다. 또한, 변화의 전략을 수립해 나감에 있어, 장기적인 변화의 표적은 구조일지라도, 단기적인 표적은 개인, 집단 등 전략적인 선택을 해나갈 수 있다.

사회적 기업가가 다루는 문제는 구조적인 문제일 수 있으나, 사회적 기업가의 실천과 접근 방식은 대체로 지극히 구체적인 수준에서 이루어지는 것들인 경우가 많다. 즉, 구조적인 문제를 구조적으로 해결하는 데 있어서 정책이나 시스템을 바꾸는 것을 생각해볼 수 있으나, 사회적 기업가는 정책담당자나 혁명가로서가 아닌, 작지만 결정적인(critical) 실천을 통해 사회구조적인 문제에 접근한다. 사회적 기업가는 구조적인 문제에 대해, 문제의 본질을 꿰뚫고, 사회문제에 대한 통찰력을 바탕으로 하여, 자신이 가진 아이디어와 자원을 통해 가장 바람직하다고 생각되는 방법으로 사회문제에 접근한다. 그 사회문제를 한꺼번에 해결할 수는 없으나, 작은 한걸음으로 결국에는 큰 변화를 이루어내는 방식이다. 이를 시스템적인 변화라고 일컬으며, 미국 아쇼카 재단(Ashoka Foundation)의 비벌리 슈와츠(Beverly Schwartz) 부회장은 '파장(Rippling)'이라고 칭하기도 하였다.

즉, 사회적 기업가의 접근방식은 작은 물방울이 떨어져 점점 파장을 넓혀가는 것과 같은 변화의 단초가 되는 실천이라는 점을 강조하였다.[4]

예를 들어 불평등한 대중의 문화적 향유와 소비에 대한 문제에 주목하는 사회적 기업 위누를 보자. '위누'는 어릴 때부터 예술을 지속적으로 접해온 허미호 대표가 자신의 취향과 안목을 스스로 즐기는 것에 만족하지 않고, 자신이 향유한 예술적 안목과 취향이라는 자산을 활용하여 평등한 문화적 소비라는 꿈을 실현하고자 하는 사회적 기업이다(관련 사례: 위누). 문화 관련 사회적 기업가 중에는 이러한 문제제기를 하는 곳들이 종종 있는데, 기실 문화가 진정한 '다양성'과 '취향'의 장이 되기 위해서는, 문화적 불평등을 낳는 경제적, 정치적인 조건들 자체가 평등해질 필요가 있다. 사회적 기업이 이러한 구조적인 문제에 접근하는 해결방식은 사회구조를 평등하게 하기 위해 사회를 전복하는 것은 아닐지라도, 문화가 소비되는 시장에서 예술가를 노동자로 인식하고 이들이 소비되는 시장에서 활동할 수 있는 장을 넓히고, 또, 대중들이 이들을 가깝게 하는 장을 지속적으로 창출해냄으로써, 대중의 문화에 대한 접근성을 높여가는 것이다.

🔍 사례보기: 위누(Weenu)

위누는 문화예술전시 기획 대행과 예술교육 서비스 제공, 온/오프라인 예술 컨텐츠를 제작하는 사회적 기업이다. 일상생활에서 예술 작품을 즐기고 다양한 문화 활동을 누릴 수 있는 대중적 시장을 형성해, 신진 작가들의 판로를 넓혀 소득을 증대하는 한편, 예

술 영역에 대한 대중의 진입 장벽을 낮추는 것을 소셜 미션으로 삼고 있다. 대중과 예술의 접점을 좁히기 위해 중저가 예술 컨텐츠 시장이 형성되어야 한다고 보고, 이를 위해 유통마진 없이 10만 원 이하의 작품이 거래되는 예술품의 직거래 축제인 '헬로우 문래' 페스티벌, 대중의 예술에 대한 이해와 참여를 높이기 위한 '헬로 아티스트', '아트업 페스티벌', '미술관 데이트', '수상한 아트캠프' 등의 프로그램을 운영하고 있다. 서울시립미술관, 부천문화재단, 서울시 등의 지자체 및 주요 대기업과 협력하여 문화예술 작품의 유통과 체험의 장을 넓혀가고 있다.

2007년 설립하여 '예술 DIY KIT'(예술작품 만들기 Tool Kit) 사업 이후 본격적으로 사회적기업으로 전환하였고, 창업자 허미호 대표는 2012년 Asian Social Entrepreneurs Summit의 SE Start 10 선정, Red Herring Asia Top 100 Finalist에 진출한 바 있다. KAIST 사회적 기업가 MBA를 통해 기존 오프라인 중심의 활동에서 온라인 기반 사업모델로 영역을 확장했으며, 2012년부터 100인의 젊은 예술가들이 참여하는 환경예술 페스티벌인 아트업 페스티벌을 꾸준히 운영하여, 2018년 기준 1천여 명의 신진 아티스트와 150만여 명의 대중이 만나는 장을 제공하였다.

◎ 사회적 기업가는 창의적 실천가

사회적 기업가에게 사회 문제에 대한 새로운 문제해결이나 대안적 가치를 제시하는 일은 '혁신적 사업모델'을 통해 구현된다. 그러한 의미에서 사회적 기업가에게는 '창의적 사고력'이 중요한데, 창의적 사고력(Creativity)은 주어진 문제나 현상에 대해서 기존과는 다른 접근과 유연한 사고를 통해 다른 사람들이 보지 못하는 문제해결의 새로운 단서를 찾아내는 능력을 의미한다. 여기서 혁신성이란 새로운 제품, 서비스, 기술적 프로세스를 창출하기 위해 새로운 아이디어, 참신성, 실험, 창조적 과정을 지원하는 기업의 성향으로, 미국의 저널리스트 데이비드 본스타인(David Bornstein)은 사회적 기업가란 '기존의 틀을 벗어나려는 의지'가 있다고 정의한 바 있다.[5]

아쇼카 재단도 사회적 기업가의 중요 자질로 무엇보다 새로운 아이디어(A New Idea)를 강조한다. 사회 문제를 해결할 수 있는 새로운 해결안(solution)이거나 아니면 이를 고안해 낼 수 있는 새로운 접근(approach)을 제안할 수 있어야 하고, 성공적인 사회적 기업가라면, 목표와 비전 설정뿐만 아니라 그 비전을 현실화하는 수준에서도 역시 창의적이어야 한다고 강조한다.

'창의적 사고력'은 근본적인 측면에서 문제의 원인이나 현상에 대해 생각하고, 틀 밖에서 여러 각도로 새로운 옵션과 가능성을 탐색하여 상황을 새롭게 살펴볼 수 있는 능력으로, 주어진 가이드나 관련 정보가 부족한 불완전한 상황에서도 해결책을 찾아내고 과제에 대한 그림을 완성해 나갈 수 있는 원동력이 된다. 정부나 시민사회가 담당해오던 사회문제를 시장 안에서 해결하는 과제를 안고 있는 사회적 기업가에게, 혁신성은 이러한 모순된 현상을 해소하기 위한 출발점이며, 이는 창의적 사고력에 기반한다.

　미국 듀크대학교의 그렉 디스(Greg Dees)[6] 교수는 종래 혁신의 경우, 새로운 제품이나 기술의 발명에서 시작되곤 했으나, 사회적 기업가의 경우 본인 스스로 발명가가 될 필요는 없으며, 오히려 다른 사람들이 발명해 놓은 것들을 창의적으로 적용하고 응용할 수 있어야 함을 지적하고 있다.

◎ 사회적 기업가의 꿈과 합리성의 변증법

　사회적 기업가가 이루고자 하는 미래와 현재 시장의 수요 사이에는 격차가 존재한다. 어찌 보면, 바로 이러한 격차 때문에 사회적 기업가의 변화를 위한 실천이 필요한 것인데, 그럼에도 불구하고 우리는 종종 사회적 기업가의 사업 모델을 평가할 때, 시장과 수요를 고려한다. 여기서, 현재의 시장 상황을 놓고, 사회적 기업가가 제시하는 미래의 사회적 혹은 경제적 가치에 대해 논하는 것은 사회적 기업가가 지향하는 변화의 '상'이 미래를 상정한다는 점에서, 적합하지 않은 논의일 수 있다. 이는 통상적인 수요예측의 한계이기도 한데, 사회적 기업가는 지향하는 미래와 현재 시장의 수요 사이에서 어떻게 그 격차를 메꿀 것인지에 대한 대답을 해야 한다.

　그러한 의미에서 사회적 기업가의 혁신은 '파괴적 혁신(disruptive innovation)'과 닮아 있다.[7] 파괴적 혁신에서의 마케팅 전략은, 현재의 '필요'에 근거한 수요조사 결과와 같은 수치를 보기보다는, 사람들의 행위에 집중하여 사람들이 어떻게 새로운 상품이나 서비스를 해석하고 그들의 생활세계에 적용시킬 것인지를 해석한다.

　사회적 기업가가 성공할 것인가에 대한 판단은, 합리성의 영역이기보다는 사회적 기업가의 미래에 대한 꿈에 대하여 어느 정도 공감하는가의 문제이며, 사회적 기업가가 향해가는 미래의 어떤 지점에서 혹은, 당장 일어날 수 있는 혁신과 실천을 통해 조금씩 검증해나가는 수밖에 없다. 그렇다면, 우리는, 어느 정도를 혁신과 실천의 과정 속에 변화된 결과의 영역으로 놓고, 어느 정도를 합리성의 영역으로 놓을 것인가? 현재의 시장상황이 합리성의 영역에서 평가받는다면, 사회적 기업가가 이루고자 하는 미래는, 그 꿈에 공감하고, 사회적 기업가의 열정과 헌신을 지지함으로써, 공감과 결단이 이루어지는 부분이다.

　사회적 기업가의 창업을 도우면서, '꿈'과 '합리성'의 격차에 대한 고민에 많이 부딪치게 된다. 어떨 때는 사회적 기업가에게, 시장에서 검증이 어려운 황당한 모델을 들고 와서 어떻게 사업을 하려고 하느냐는 질문을 하기도 하는데, 내가 과연 이 사람의 꿈에 대해 어느 정도 인정해야 하는지에 대해 끊임없이 내적인 갈등을 겪곤 한다. 반면, 사회적 기업가가 '꿈'에 열중하여, 현실에서 최선을 다해 행할 수 있는 분석, 즉, 합리성의 영역을 소홀히 한다면, 그것은 사회적 기업이 현실세계에서 수행해야 할 작업을 충실하게 진행하지 않았다는 점에서 사업계획을 보다 충실히 만들어야 함을 뜻한다. 즉, 사회문제 해결이나 대안적 가치 제안을 위해 사회적 기업가는, 자신의 꿈을 '기업'의 방식으로 풀어가겠다는 선택을 한 이상, 자신이 제안한 '혁신성'이 시장에서 구현된다는 점을 최대한의 합리적 분석을 수행하여 설득하는 노력을 기울여야 한다는 점에서는 변함이 없다.

　문제는, 사회적 기업가가 추구하고자 하는 혁신성의 영역이라는 것이 사회적 기업가의 꿈이 이루어져 있을 상황을 상정하고 그 상정된 '상(像)'이 이루어지도록 실천해야 한다는 점에서, 시장성 검증의 한계가 있다는 점이다. 시장성은 현재의 고객에게서 확인될 수 있지만, 사회적 기업가의 꿈은 그 혁신이 이루어진 이후를 상정하기 때문에, 시장에서 완벽하게 검증해가기가 어렵다.

 ## 사회적 기업가 인터뷰

✔ 멘탈헬스코리아의 비즈니스 모델은 무엇이며, 스스로 생각하는 혁신성은 무엇입니까?

기존의 생태계 패러다임을 완전히 바꾸기 위해서는 새로운 발상의 전환이 필요했다. 1,000만 우울증 인구를 기존의 패러다임인 '아픈 정신과 환자, 치료의 대상'으로 낙인 찍는 것이 아니라, '아픔을 겪어본 아픔의 전문가'로서 조기 발견과 개입이라는 우리 사회의 아주 중요한 역할을 수행하는 존재로 다시 세울 수 있다는 것이다. 이러한 관점의 변화가 편견과 낙인, 무지의 정신질환 문제를 선순환으로 바꿀 수 있는 '방향성'이라고 생각하였다.

장은하(CTOC 대표 및 멘탈헬스코리아 부대표)

현재 대한민국은 10명 중 9명이 조기발견, 개입에 실패하고 있는 현실이며 정신질환으로 인한 사회적 비용은 연간 10조에 육박한다. 우리의 사업은 여전히 발병이 된 후 치료 솔루션이나 만성 환자 관리에만 집중하고 있는 현실에서 벗어나, 일반인 아픔의 전문가를 통하여 10명 중 9명은 조기개입에 성공하는 사회를 만드는 것을 목표로 한다.

앞으로는 의사만이 아닌 동료 지원가들이 '아픔의 전문가'로서 디지털 멘탈헬스 플랫폼에서 조기발견, 조기개입, 조기치료 연계를 수행해나갈 것이다. 디지털 멘탈헬스 생태계 내에서 쉬쉬하며 숨어만 있던 소비자들이 직접 활동함으로써 축적된 데이터는 향후 정신적 문제를 지닌 사람에 대한 조기발견 및 개입의 증가를 가져올 수 있는 증거로 활용될 뿐만 아니라 생태계에 참여하는 Peer와 소비자들이 많아지면 많아질수록 정신적 문제에 대한 사회적 낙인과 편견을 해소해 나갈 수 있을 것이다. 한국의 소비자가 정신건강 문제를 감기처럼 대할 수 있도록, 서로의 경험을 공유하는 장을 열어 소비자의 권리를 상승시키고 정신건강에 대한 편견을 줄여나갈 예정이고 사업의 형태는 이 방향성을 따라 계속 동적으로 변화할 것 같다.

▪ 사회적 기업가의 기회탐색과 최종 판세(Endgame)

사회적 기업가는 이루고자 하는 미래의 상을 먼저 상정하고 그것을 향해 간다는 점에서 합리성, 즉, 현재 상태의 지식에 근거하여 제대로 된 선택을 하기가 어렵다. 이러한 특성에 따라 '혁신'의 선택이 다수의 연결된 네트워크상에서 이루어진다는 '최종판세(Endgame)'이론[8]을 통해 최대한의 합리성에 다가가는 방법을 찾아보기로 하자.

사회적 기업가가 상정하는 미래는 혁신으로 인해 만들어지는 미래에 대한 상이며, 목표로 하는 시장 결과에 대한 예상이 담겨 있어야 한다. 즉, '최종 판세(Endgame)'가 담겨 있어야 한다. 대개의 기업들은 과거의 사례를 응용하거나, 시장조사로 얻은 지식을 활용하기도 하지만, 사회적 기업가의 혁신은 미래의 상을 먼저 설정하고, 이를 실현하기 위한 전략을 선택해나가는 과정을 거치는 것이 바람직하다.

최종판세 이론은, 기술혁신을 시장에 구현하기 위해, 시장에서 잘 먹힐 것 같은 상품이 무엇인지를 고민하기보다는, 먼저 기술과 상품을 상정하고, 특정 기술이 채택되는 판을 조성해나가는 방식을 사용한다. 즉, 일반적으로 기업은 신규 사업의 시장 기회를 발견하기 위해, 소비 트렌드를 조사하고 환경 분석을 통해 현실가능하고 수익성이 있는 사업을 선택하게 된다. 사회적 기업가는 이런 점에서 사뭇 다른 경로를 거치게 되는데, 사회적 기업가가 바람직하다고 생각하는 '최종 판세(Endgame)'를 먼저 상정하고, 그 최종 판세에 도달하기 위한 방법을 고민하고, 그 방법을 실천하는 가운데 방법의 유효성이 검증되는 과정이 끊임없이 이루어진다는 점에 주목할 필요가 있다.

'최종판세'이론의 전제는 '혁신이 시장에 늦게 확산되는 원인은 경제 주체들 간의 상호연결성'이라는 점이다. 즉, 상호 연결된 세상에서 혁신을 통해 변화가 일어나려면, 여러 참여자의 행동이 체계적으로 바뀌어야 한다. 혁신가는 그런 변화를 '조직화하기' 위해 적극적인 계획을 수립하는데, 이때, 특정 기술을 수용하기 위해 네트워크 전반에 걸친 원하는 속도의 변화를 만들어내기 위한 '조정' 전략을 함께 수립해야 한다는 것이다.

혁신을 성공시키기 위해서는 상호 연결된 세상에서 참가자들의 행동과 선택을 이해해야 한다. 혁신이 시장에 도입되는 과정은, 혁신이 시장에 도입되었을 때의 최종 모습을 명확히 정의하고(최종판세), 이 모습에서 출발해서 현재의 균형 상태를 깨뜨리고 시장을 새로운 최종 모습으로 몰고 가기 위한 메커니즘을 만들어야 한다. 결국, 혁신을 위한 성공전략은 현상 유지 상태에서 다수의 행동에 변화를 일으켜서 새로운 균형상태, 즉, 새로운 패러다임을 만들어 나가는 것이며, 이것이 '최종판세'를 먼저 상정한다는 의미이다.

이러한 최종판세론에서 혁신전략은, 첫째, 혁신의 성공을 위해서는 원하는 결과가 얻어진 상황, 혁신이 시장에 도입되고 난 후의 상태를 확실하게 예측하여 미래의 결과를 명백하게 그려내야 한다. 즉, 개별 참여자의 선택이 종합되어지는 형태로 그 결과를 상상해 보고, 선택의 실현가능성 및 결과에 대한 만족도를 판단하는 것이다. 그 다음에는 거꾸로 되짚어, 실현 과정에서의 프로그램이나 행위들이 원하는 결과를 얻기 위해 적절한지 살펴보아야 한다.

혁신가의 초기 선택은 예측되는 미래를 바탕으로 이루어지지만 동시에 그 선택이 미래의 모습을 만들어간다는 점에서, 이 이론은 상당히 실천적이고 변증법적이다.

두 번째 핵심은 기존 시장의 현상유지 상태를 깨뜨려야 한다는 점이다. 이 과정에서 혁신가는 가장 효과적인 개입 방법을 '선택'해야 한다.

셋째, 혁신가는 네트워크 내 모든 사람에게 직접 영향을 미칠 수 없기 때문에, 영향을 확산시키는 지렛대 역할을 해줄 누군가를 찾아야 한다.

마지막으로, 본질적으로 불확실한 상황에서 전략을 수립하고 실행을 하자면, 선택을 함과 동시에 다른 선택의 가능성을 열어두어야 한다. 혁신가는 확실한 최후의 승부수를 던질 때와, 더 많은 정보가 모이기까지 결정을 유보해야 할 때를 판단하기 위한 기준을 가져야 한다.

'최종판세론'에서 혁신전략의 수립과정을 단순화하면 다음과 같다.

1. 목표로 하는 시장 결과에 대한 예상을 포함한, 원하는 최종 판세의 모습을 명확히 하고 이를 바탕으로 전략이 선택된다.
2. 단절화된 네트워크에 혁신가의 영향을 확산시킬 메커니즘을 고안한다.
3. 핵심적인 구심점 역할을 담당할 참여자들과의 적극적인 상호작용 전술이 필요하다.
4. 불확실한 상황에서 전략이 수립되었다는 점을 고려하여 어떻게 어느 정도의 자원을 투입할 것인지를 결정해야 한다.

▪ 사회적 기업의 '혁신체제'

최종판세를 상정하고 전략을 수립하여 추진하는 일은 실천가인 사회적 기업가에게 쉬운 일이 아니다. '혁신체제'는 사회적 기업가의 변화를 위한 전략 수립에 도움을 주기 위한 분석틀(framework)로서, 과학기술학의 지적 자산을 활용하여 사회적 기업에 적용하여 보았다.

과학기술학(Science & Technology Studies)에서 '혁신체제'란 '새로운 기술을 획득하고 개량하며 확산시키기 위하여 활동하는 공공 및 민간 부문 조직들간의 네트워크이며 기술혁신의 성과에 영향을 미치는 조직체들의 집합'이다.[9] 혁신체제는 기술혁신이 일어나는 특정 사회의 기술적, 사회적 요소들을 포괄하며, 특정 기술의 혁신을 둘러싼 이해관계자들의 목적과 관심이 교차하는 장으로서 특유의 '동학(dynamics)'이 존재한다. 이러한 기술시스템의 진화에서 핵심적인 역할을 담당하는 사람을 '시스템 건설자(system builder)' 혹은 '기업가(entrepreneur)'라고 한다.10) 사회적 기업가는 사회적 변화의 시스템 빌더로서, 사회/기술 창조 시스템 빌더로서의 기업가 (entrepreneur)에 더하여 '사회 혁신가'를 결합한 존재라고 할 수 있다.

기술연구의 지적 자산 중에서도, '기술의 사회적 형성론(Social Shaping of Technologies)'을 중심으로 보았을 때,11) 기술 개발과 전파에 있어서 '사회기술적 구성요인'(sociotechnical constituents)은 사회적 기업의 혁신과정을 이해하고 혁신전략을 수립하는 데 있어서 시사하는 바가 크다.12) 사회기술적 구성 요인에서 제시한 문제의식과 분석틀은, 사회적 기업의 혁신적 접근이 형성되고 전파되는 과정에서 유사한 점이 많은데, 이해관계자의 목적과 담론이 상호작용하는 '조정'(alignment) 과정을 거친다는 것과, 이와 같은 조정 과정이 '조직간 합의구조'(Inter－organizational governance)를 변화시키기도 하고, 조직간 합의구조는 이러한 조정 과정에 영향을 미치기도 한다는 것이다.

'사회적 기업 혁신체제(Social Enterprise Innovation System)'를 살펴보기 위한 요소는 <그림 5－2>와 같다. '사회적 기업 혁신체제'는, 기술혁신 연구에서 말하는 일반적인 '혁신체제'를 포괄하면서도, 이해관계자들간의 상호작용과 '조정(alignment)'을 보다 강화한 분석틀로서, 사회적 기업의 변화에 대한 역동성을 담아내는 분석틀이자 전략 수립을 위한 도구로서 유용하다.

[그림 5-2] 사회적 기업 혁신 체제(Social Enterprise Innovation System)

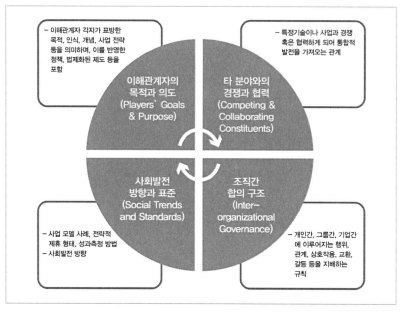

　　'사회적 기업 혁신체제'는 네 가지 구성요소로 이루어져 있으며, 각각의 구성요소들은 상호 영향을 주고받으며 역동적으로 변화한다. '이해관계자의 목적과 의도(Players' Goals & Purposes)'는, 사회적 기업을 둘러싼 이해관계자 각자가 표방한 목적, 인식, 개념, 사업 전략 등을 의미하며, 이를 반영한 정책, 법제화된 제도 등을 포함한다.

　　'타 분야와의 경쟁/협력 관계(Competing & Collaborating Constituents)'는 특정 기술이나 사업 영역과 경쟁 혹은 협력하면서 통합적 발전을 가져오는 관계에 주목하며, 이는 기술연구에서 특히 주목하게 되는 부분이다. 사회적 기업 관련하여서는 인접 분야에서 사회적 기업과 어떻게 관계를 맺을 것인가, 타 분야에서 사회적 기업적인 접근을 어떻게 활용할 것인가 등의 내용이 해당하게 된다.

사회적 기업은 정부정책, 시민운동 등 기존에 사회문제 해결의 주체들과 협력적 혹은 경쟁적 관계 속에서 상호 작용을 통해 진화해나갈 것이다. 사회적 기업이 발전하게 되면서 이를 둘러싼 각종 이해관계들이 산업표준화를 통해 표출되고, 이는 또한 사회발전 방향과 관련이 있다. 이를 '사회발전 경향과 산업표준(Social Trends & Industrial Standards)'으로 개념화하였으며 여기에는 사업 모델 사례, 전략적 제휴 형태 등을 포함하며, 사회적 기업의 지속가능성을 높여줄 사회문화적 자산과의 결합이 고려될 수 있다.

마지막으로 '조직간 합의 구조(Inter-organizational Governance)'는 개별기관의 전략적 입장, 드러나지 않은 규칙과 합의 등을 뜻한다. 특정 산업이나 기술 개발과정에서 일어나는 개인간, 그룹간, 혹은 기업간에 이루어지는 행위, 관계, 상호작용, 교환, 갈등 관리 등을 지배하는, 보이는 혹은 보이지 않는 규칙(legislation)과 합의로서(consensus), 특정 산업을 형성하는 중요한 요인으로 작용하기도 하지만, 그 자체가 생성되기도 하고 파괴되기도 한다.

'사회적 기업 혁신체제'는 개별 사회적 기업의 사후적인 형성 과정을 분석하는 데 있어서도 유용한 분석틀이 되어줄 수 있고, 사회적 기업의 실천 전략 수립을 위한 입체적인 환경 분석과 조정 전략 수립의 틀로서도 유용하다.

요컨대, 사회적 기업 창업에 있어서 이루고자 하는 '꿈'의 가치는 현실의 합리성의 벽을 뛰어넘는 그 무엇임을 우리는 간과해서는 안 된다. 역사발전은 보다 나은 세상을 이루기 위해 꿈을 꾼 사람들의 무모한 도전과 실천 속에서 이루어져 왔으며, 그 무모한 도전을 발판으로 법과 제도가 바뀌고, 정치와 경제 시스템이 바뀌게 된 것을 우리는 오랜 역사 속에서 경험해 오고 있지 않은가.

02 사회적 기업가의 역량[13)

◉ 사회적 기업가의 역량 정의

기업가는 태어나는가 혹은 길러지는가에 대한 논의는 창업 교육의 오랜 논쟁이 되어 왔다. 그러나 오늘날 창업 교육은 후천적인 경험의 중요성이 강조되고 있는 추세에 있으며, 기업가정신은 체계적이고 전문적인 교육을 통해 성공가능성을 높일 수 있다는 주장이 힘을 얻고 있다.[14) 사회적 기업가의 역량은 후천적으로 학습되고 강화될 수 있으며, 이러한 철학에 기반하여 사회적 기업가의 역량을 정리한 것이 <표 5-1>이다. 사회적 기업가의 역량 정의를 참고할 때 명심할 것은, 이러한 역량을 날 때부터 가지고 태어나는 것이 아니라, 후천적인 노력과 경험을 통해 만들어진다는 점이다.

[표 5-1] 사회적 기업가의 역량 정의[15)

	역량	키워드	구체적 내용
사회적 기업가정신 (Social Entrepreneurship)	소셜 미션 (Social Mission)	· 소명의식 · 사회문제 이해 · 통찰력	· 사회적 미션에 대한 명확한 상(像)을 가지고 있으며, 이에 대한 소명의식이 있다. · 사회적 현상에 문제의식을 가지고 어떻게 접근하여 풀어나갈지에 대한 이해가 있다.

			• 애초에 문제를 일으키는 사회적 시스템을 이해하고 이를 바꾸기 위해 문제의 이면에 초점을 맞춘다.
	기업가정신 (Entrepreneurship)	• 비전 • 기회포착 • 위험을 감수한 강한 실행력	• 무엇을 위하여, 왜 일하는지를 그 가치로 명확하게 정의한다. • 한정적 자원 속에서도 각 자원을 잠재적 기회요인으로 인식하며 이를 활용한다. • 필요한 자원이 완전히 갖춰지기 전까지 기다리지 않고 과감히 뛰어들어 실행에 옮긴다.
	개인적 속성 (Personal Trait)	• 열정 • 신념의지 • 용기	• 주류에 맞서는 오랜 투쟁 속에서 많은 장벽을 넘어설 수 있는 자신의 내적인 기제를 가지고 있다. • 가장 어려운 상황에서도 해결책을 모색할 수 있는 강한 내적인 드라이브와 힘을 가지고 있다. • 삶의 궤적을 살펴봤을 때 일반적 규준을 깨고 무엇인가를 성취한 경험이 있다.
혁신 역량	창의성 (Creativity)	• 새로운 접근 • 유연성 • 긍정성	• 근본적인 원인이나 현상에 대해 생각한다. • 틀 밖에서 여러 각도로 새로운 옵션과 가능성을 탐색하며 상황을 새롭게 본다. • 주어진 가이드나 관련 정보가 부족한 불완전한 상황에서도 그림을 완성해 나갈 수 있다.
	협력적 태도 (Cooperation)	• 공유 및 확산 • 커뮤니케이션 • 소셜 네트워크	• 경험과 생각의 공유를 통해 강력한 영감을 주고받아 참여를 증진하고 확산시킨다. • 소셜 네트워크를 지원 자원으로 인식하고 기꺼이 도움을 주고받는다. • 열린 마음을 가지고 효과적이며 적절한 방식으로 활발한 수직/수평적 의사소통을 나눈다.

◎ 사회적 기업가의 역량으로서의 소셜 미션

소셜 미션(social mission) 즉, 사회적 소명의식은 일반 영리기업의 창업가와 사회적 기업가를 구분짓는 핵심적인 차이점으로, 사회적 기업가의 존재 이유이자 중요한 활동 역량이다. 소명의식은 개인이 자신의 일에 대해 가지는 인식 중 하나로, 일에 있어서 자신의 역할을 깨닫고, 그 속에서 의미와 목표를 추구하며, 그로 인해 사회의 공공선에 긍정적인 영향을 미치려는 태도를 의미한다. 사회적 기업가는 또한 수익 창출에 대하여 사회적 가치 추구를 위한 수단으로 여기고, 사회적 가치 창출을 우선으로 한다는 점에서, 소셜 미션은 사회적 기업가의 핵심 역량이자 존재이유가 된다.

소셜 미션은 특정 비전에 대한 의식 차원을 넘어, 사회문제를 이해하고 통찰하는 능력과 문제 해결에 대한 구체적인 아이디어를 기반으로 한 의지를 의미한다. 사회적 기업가는 소셜 미션에 대한 명확한 상(像)을 가지고 있으며 이에 대한 분명한 소명의식을 바탕으로, 사회문제를 인식하고 이를 어떻게 접근하여 풀어나갈지에 대해서 이해하고 있으며, 애초에 문제를 일으키는 사회적 시스템을 이해하고 이를 바꾸기 위해 문제의 이면에 초점을 맞출 수 있는 능력을 갖추어야 한다.

그렉 디스(Greg Dees)는 사회적 기업가를 '사회적 소명(missions)'을 달성하기 위해 기업가적 혁신성과 추진력을 겸비한 아주 특별하고 예외적인 존재(a Rare Breed)로 규정하였다.[16] 사회적 기업가는 기업가(entrepreneur)에 대한 세이(Say)[17]와 슘페터(Schumpter),[18] 드러커(Drucker),[19] 스티븐슨(Stevenson)[20]의 개념적 정의의 요소들이 공통적으로 적용되는 존재로서, 일반적 기업가(Entrepreneur)와 마찬가지로 사명을 다하기 위해 가차 없이 새로운 기회를 활용하며, 지속적으로 혁신을 추구하며 새로운 환경에 적응하기 위해 적극적으로 학습 과정에 참여하는 특징을 보인다. 현재의 자원에 제약되지 않고, 대담한 행동을 구사하며, 이룬 성과와 그 관련자들에 대해서는 높은 수준의 책임감(accountability)을 지닌다. 다만, 사회적 기업가는 사적 가치(private value)가 아닌 사회적 가치(social value)를 창출하고 유지하는 것을 자신의 비전으로 삼으며, 이를 통해 사회의 체계적 변화(systemic change)를 목표로 한다는 점에서 일반 기업가와 차이가 있다. 캐나다 로트먼 경영대학원 로저 마틴(Roger Martin) 교수와 스콜재단 CEO 샐리 오스버그(Sally Osberg) 역시 그렉 디스(Greg Dees)와 마찬가지로, 역량(또는 자질, characteristics) 면에서 기업가정신(Entrepreneurship)에서 말하는 성공적인 기업인들과 사회적 기업가가 다르지 않지만, 기존 사회제도 또는 시장에서 소외되어 있는 사람들을 위한 가치 창출(value proposition)을 대규모(large−scale)로 실현하여 사회 전체의 개선 또는 사회 변화적 혜택(transformational benefits)의 확산을 의도한다는 점에서 일반 영리기업가들과 차이가 있다고 본다.[21]

◉ 사회적 기업가로서의 역량 키우기

사회적 기업가로서의 역량이 길러지고 채워지는 것이라면, 사회적 기업가로서 성장하고자 하는 사람은 많은 경험을 마다하지 말아야 한다. 관련하여 사회적 기업가를 키우는 기업가정신 교육에서는 행동 지향적이고, 경험을 중시한다.

　미국 산타 클라라 대학(Santa Clara University)의 밀러 센터(Miller Center for Social Entrepreneurship)에서는 실행 연구(action research)를 활용하여 예비 기업가, 기존 기업가, 촉진자들이 함께 상호 작용하며 문제를 해결하고 발견해가는 '서비스 러닝'(service learning)을 도입하여, 지역 사회의 문제에 대하여 학생들이 컨설팅을 수행하는 경험을 제공하는 형태로 사회적기업가정신 교육에 활용하고 있다.22)

　카이스트(KAIST) 사회적기업가 MBA에서는 2013년 해외현장연수에서 이러한 서비스 러닝 프로그램을 진행한 바 있다. 학생들은 저개발국 현지 공동체를 방문하여 사회문제 해결에 참여하고 현지의 비영리단체나 사회적 기업을 직접 컨설팅하는 경험을 가졌다. 이 프로그램은, 방문 전 현지 수요조사(Needs Analysis), 타당성 조사(Feasibility Analysis) 등의 사전 조사를 거치고, 현지에서 프로젝트 실행(Project Launch), 지지(Support), 외부확산(Expansion)의 활동을 진행하였다. 프로젝트 종료 이후에는 최종 평가(Evaluation)를 통해 앞으로의 개선과제들을 도출하였다. 2013년 여름 학기에는 라틴 아메리카의 니카라과(Nicaragua)를 방문하여 Solcom 등의 현지 사회적 기업의 사업 운영에 대한 컨설팅을 수행하고, APAN, AMICTLAN 같은 현지 단체와 함께 환경 보존 등 지역 문제에 대한 해결 방안을 함께 모색해 보는 시간을 가졌다. 저개발국에서의 활동 경험을 통해, 학생들은 사회문제에 대한 새로운 관점의 해결책을 고민하고 제안하는 경험을 가질 수 있었다.

　한림대학교 사회혁신경영 융합전공에서도 3학년 교육과정에

'사회혁신 서비스 러닝 — 캡스톤디자인' 과목을 열고 있으며, 학생들이 서비스 러닝 방식으로 지역사회 문제 해결에 참여하도록 하고 있다. 또한, 2020년 1월에는 영국의 '소셜 이노베이션 익스체인지'(Social Innovation Exchange)와 협력하여 런던의 사회적 기업 '칼쏘프 커뮤니티 가든'(Calthorpe Community Garden)의 경영이슈를 해결하는 프로젝트를 진행하기도 하였다. 밀러 센터(Miller Center)와 같이 1년에 걸쳐 해외 사회적 기업을 지원하는 정도는 아니라도, 국내와 글로벌 차원에서 사회적 기업들이 사회문제를 해결하는 현장을 함께 함으로써, 체험을 통해 사회혁신가로서의 역량과 자질을 향상시키고 있다.

사회적 기업가로서 성장을 꿈꾸는 청년이라면 자신이 풀고자 하는 사회문제를 다루고 있는 사회적 기업에서 인턴십 등을 통해 경험을 쌓는 것도 좋은 방법이다.

영월 석항트레인스테이 워크숍 (2018년 11월)

영국의 '소셜 이노베이션 익스체인지'(Social Innovation Exchange)
워크숍(2020년 1월)

소셜벤처 제리백 워크숍 (2021년 4월)

🎙️ 사회적 기업가 인터뷰

✔ 어떻게 해서 지금의 소셜 미션을 가지게 되었습니까? 소셜 미션은 소셜 벤처가에게 얼마나 중요한 것이라고 생각합니까?

특정한 한 번의 순간이나 경험 때문에 소셜 미션을 형성했다고 생각하지는 않습니다. 대신에 살아오면서 경험한 다양한 일들과 만나온 사람들 덕분에 제가 지금의 소셜 미션을 가지고 있다고 생각합니다. 그럼에도 저에게 영향을 미친 결정적인 장면들을 회상해보면 이렇습니다.

허재형(루트임팩트 대표)

2008년 초, 〈보노보 혁명〉이라는 책을 우연히 도서관에서 만나게 되어 읽었습니다. 책 속에 등장하는 해외의 다양한 사회적 기업가의 사례들은 저에게 큰 영감을 주었고 언젠가는 저도 이러한 삶을 살아보고 싶다고 생각했습니다. 그러고 나서 2008년 3월 개강 때 학교에 갔는데 마침 사회적 기업을 함께 공부하고 캠퍼스 안에서 사회적으로 유의미한 프로젝트, 캠페인을 함께 하자는 포스터를 보았습니다. 그래서 WISH(What Is Strategy for Humanity)라는 동아리를 같이 시작하게 되었고 1년 동안 정말 즐겁게 활동했습니다. 특히, 지금은 '공부의 신'으로 잘 알려진 친구 강성태의 교육봉사 동아리 공신을 소셜벤처로 설립하는 일을 통해서 큰 보람을 느꼈었습니다.

시간이 흘러 전략 컨설턴트로 근무하던 저는 2012년에 다음 커리어를 고민하게 되었습니다. 그리고 '나는 직업을 선택할 때 일이 갖는 의미가 중요한 사람이구나. 그리고 뻔한 일보다는 새로운 일을 하고 싶은 사람이구나.'라는 자기인식이 있었습니다. 이때 2008년에 있었던 좋은 기억들이 떠올랐습니다. 그러면서 '나는 더 나은 세상을 만들어가고자 하는 사람들을 도울 때 정말 순수하게 열정적으로 몰입하며 일할 수 있겠다.'는 생각에 이르렀습니다. 그래서 큰 머뭇거림 없이 지금의 루트임팩트를 시작할 수 있었습니다. 소셜 미션은 너무나도 중요합니다. 어떠한 소셜 벤처의 지속가능성은 여러 가지 변수에 의해 영향을 받지만, 무엇보다 중요한 것 중의 하나는 창업가 자신의 내적 동기가 지속가능한 것이냐는 점일 것입니다. 창업은 기본적으로 성공 확률보다는 실패 확률이 높습니다. 그 과정도 즐겁기만 하지는 않습니다. 여러 가지 어려운 순간들을 거의 매일 마주합니다. 그럼에도 불구하고 내가 이것을 해야 하는 이유, 즉 미션이 분명할 때 이 여정을 이겨나갈 수 있습니다. 또한, 소셜 미션이 분명한 창업가가 좋은 동료들과 오랫동안 함께 일할 가능성이 높습니다. 창업가의 소셜 미션은 그 회사의 why가 되고 이것이 곧 동료 구성원들의 why에도 직접적으로 영향을 주기 때문입니다.

— 주 —

1) 본 내용은, 강민정. 2014. '사회적기업 혁신체제' 접근을 통한 사회적기업 연구 경향 분석. 한국비교정부학보. 18(1):193－228와, 강민정 외. 2015. 『소셜이슈 분석과 기회탐색』. 에딧더월드의 내용을 바탕으로 새로운 연구와 시각을 더하여 쓰여졌다.

2) Praszkier, R. and Nowak, A. 2011. *Social entrepreneurship: Theory and practice*. Cambridge University Press.

3) Praszkier, R. and Nowak, A. 2011. *Social entrepreneurship: Theory and practice*. Cambridge University Press.

4) Schwartz, B. 2012. *Rippling: How social entrepreneurs spread innovation throughout the world*. John Wiley & Sons.

5) Bornstein, D. 2007. *How to change the world: Social entrepreneurs and the power of new ideas*. Oxford University Press(박금자, 나경수, 박연진. 2013. 사회적 기업가와 새로운 생각의 힘. 지식공작소).

6) Dees, J. G. 2011. The Meaning of "Social Entrepreneurship". http://www.caseatduke.org/documents/dees_sedef.pdf.

7) '파괴적 혁신'(disruptive innovation)은 새로운 시장과 가치(value network)를 창조해 내는 혁신의 유형을 개념화하기 위해 사용된 용어로서, 하버드 경영대학 교수 크리스텐슨 클레이튼(Christensen M. Clayton)의 『혁신가의 딜레마』에서 주로 다루어졌다. 기존 시장과 고객층에 영향을 미치지 않고 제품과 서비스의 성능 향상에 초점을 맞추는 지속적 혁신(sustaining innovation)과 달리, '파괴적 혁신'은 '시장의 기저(bottom of market)'에서 기존의 시장 경계선을 파괴하며 새로운 시장을 창출한다. 저가의 표준화된 자동차 보급으로 대중교통 시스템 자체를 변화시킨 포드(Ford)의 T 모델이 '파괴적 혁신'의 대표적 예로 거론된다(Christensen, C. M. 1997. *The innovator's dilemma: when new technologies cause great firms to fail*. Harvard Business Review Press).

8) 미국의 전략컨설팅 회사 모니터(Monitor)의 바스카르 차크라보티(Bhaskar Chakravorti)가 혁신적인 제품이나 서비스가 시장에서 수용되기까지 오랜 시간이 걸리는 현상을 설명하기 위해 저서 『혁신의 느린 걸음』에서 제시한 개념이다. 시장에서 경제 주체들은 상호 긴밀하게 연결되어 있으며, 혁신적 제품(또는 서비스)의 수용 여부에 대한 선택에 상호 영향을 미치고 있다. 시장의 참가자들은 각기 자기 이익을 위해 행동하고, 동시에 남들도 그럴 것이라고 기대하는데, 이 과정에서 일종의 역동적 정지 상태인 '균형 상태'가 형성된다. 혁신가는 특정 균형상태의 원인을 제대로 이해하고 이를 깨트릴 수 있는 방법을 알아

내야 한다(Chakravorti, B. 2003. *The slow pace of fast change: bringing innovations to market in a connected world.* Harvard Business Press(이상원 역. 2005. 『혁신의 느린 걸음』. 푸른숲).

9) Nelson, R. and Rosenburg, N. 1993. Technical Innovation and National Systems, in Nelson, R. R. (Ed.). 1993. *National innovation systems: a comparative analysis.* Oxford University Press.

10) Hughes, T. P. 1979. The Electrification of America: The System Builders. *Technology and Culture.* 20(1): 124−161.

11) Williams, R. and Edge, D. 1996. The social shaping of technology. *Research policy.* 25(6): 865−899.

12) Molina, A. 1993. Analysing European Technology Policy: Networks, Communities, System and Sociotechnical Constituents. Research Center for Social Sciences. The University of Edinburgh.

13) 본 내용은, 강민정. 2017. 사회적 기업가 육성 방법론 연구. 사회적기업연구. 10(1):187−221의 내용을 바탕으로 쓰여졌다.

14) Neck, H. M., Greene, P. G. and Brush, C. G. 2015. Teaching entre−preneurship as a method that requires practice. *Teaching Entrepreneurship: A Practice−Based Approach.* New York: Edward Elgar Publishing.

15) 이 책에서 다루어진 사회적 기업가의 역량 정의는 강민정(2017)의 연구 결과로서 카이스트 사회적 기업가 MBA의 학생 선발과 평가 등에서 사용되고 있다.

16) Dees, J. G. 2011. The Meaning of "Social Entrepreneurship". http://www.caseatduke.org/documents/dees_sedef.pdf.

17) Say, J. B. 1836. *A treatise on political economy: or the production, distribution, and consumption of wealth.* Grigg & Elliot.

18) Schumpeter, J. A. 1947. The creative response in economic history. *The journal of economic history.* 7(2): 149−159.

19) Drucker, P. F. 1985. *Innovation and entrepreneurship: practice and principles.* Harper Business.

20) Stevenson, H. H. 1983. *A perspective on entrepreneurship.* Harvard Business School.

21) Martin R. L and Osberg, S. 2007. Social Entrepreneurship: The Case for Definition. *Stanford Social Innovation Review.* Spring.

22) Miller Center의 프로그램은, 'Global Social Benefit Fellowship'을 제목으로 하여 진행된다. 대학 3학년 봄학기에서 가을학기에 걸쳐 진행되며, 봄 학기에는 사회 변화 전략으로서의 글로벌 사회적기업가정신에 관한 집중 코스로 구성되

고, 연구 프로젝트를 디자인한다. 여름학기 동안 학생들은 약 7주간 호스트 기업과 연구를 수행하는 저개발국 연구팀과 함께 연구를 수행한다. 가을학기에 연구 프로젝트를 완성하면서 개인적 경험에 대한 비판적인 성찰의 시간을 갖는다(Warner, 2015).

결론

이 책에서는 '사회적 기업가'에 대하여, 사회문제를 해결하고 새로운 대안적 가치를 제시하는 '혁신가'로 인식하였다.

우리는 혁신가로서의 사회적 기업가가 특정 사회적 이슈를 자신의 소셜 미션화하는 과정에서 겪게 되는 여정을 따라가며, 그 속에서 만나게 되는 성찰적 고민들을 논의하였고, 사회적 기업가들의 참여를 필요로 하는 우리 사회의 소셜 이슈들에 대하여 살펴보았으며, 소셜 미션 수립의 프로세스를 살펴보았다. 소셜 미션 수립 프로세스에 이어 실제 사회적 기업 창업에 필요한 비즈니스 모델 수립, 사업계획서 작성, 창업 팀의 구성과 창업 자금 조달, 이해관계자 관리에 이르기까지, 사회적 기업의 설계와 추진상의 주요 이슈들을 폭넓게 다루었다.

이 책은 사회적 기업이 무엇인지 알기를 원하고, 사회적 기업 창업을 원하는 사람들을 위하여 쓰여졌는데, 무엇보다도 이 책을 통해 사회적 기업가를 기능적으로 인식하기보다는 '혁신가'로서의 사회적 기업가를 인식하게 되기를 바란다.

'혁신가'로서의 사회적 기업가의 의미는 다음과 같이 요약될 수 있다.

첫째, 사회적 기업가는 '시스템 빌더'이다. 기술 혁신이 생산과 정상의 효율성을 높여 경제, 사회적 가치를 창출하는 것을 의미한다면, 사회 혁신은 삶의 방식이나 제도의 변화를 통해 사회적 가치를 창출하는 것을 의미한다.

둘째, 사회적 기업가는 창의성을 발휘하여 변화를 주도하고 제도를 창출하는 '실용주의자'이다. 사회적 기업가는 사회 변화의 꿈을 시장이라는 현실 속에서 지속가능한 혁신적 비즈니스 모델을 통해 실현하는 실천가이다.

셋째, 사회적 기업가는 '거시적 문제'(혹은 구조적 문제)에 대하여 '미시적 접근'(행위 중심)을 하는 경향이 있으며, 구조적 문제의 해결이라는 '목적'과 행위를 통한 접근이라는 '수단'의 부조리를 '혁신'으로 극복하는 '변화 추구자'이다.

넷째, 사회적 기업가는 '자유'와 '선택'을 존중하는 새로운 사회 변화를 앞당기는 '선각자'이다. 사회적 기업가는 '필요'에 의한 것만이 아닌, 여유에 기반한 탐색을 통해 '자유'를 향한 새롭고 대안적 가치를 제시한다. 목적과 수단의 이분법을 깨고, 기존의 틀을 벗어나 새로운 목적을 구상하고 추구한다. 그런 의미에서 사회적 기업가는 우리 사회의 변화와 함께 등장한 '특이하고 새로운 존재'이다.

사회적 기업의 방식이 우리 사회의 모든 문제들을 해결할 수는 없지만, 사회혁신가라는 새로운 방식에 공감하는 청년들이 등장하고 사회문제를 기업의 방식으로 해결해보겠다는 새로운 흐름이 존재한다는 점은 주목할 만한 변화이다. 사회적 기업의 역할과 의의를 둘러싼 논의는 다양하며 사회적 기업이 모든 사회문제를 해결할 수 없을지는 몰라도, 이 시대의 젊은이들이 사회를 바라보는 시선과 실천 방법들이 변화하고 있다는 것은 우리사회의 신선한 변화이다. 그리고, 사회적 기업은 이러한 새로운 '종'들이 활용할 수 있는 훌륭한 도구라는 점에서 이 책이 이들을 위한 길잡이가 될 수 있기를 바란다.

― 참고문헌 ―

강민정. 2021. 탈일자리 시대와 청년의 일. 박영사.

강민정, 박재홍, 추현호. 2019. 사회혁신과 기업가정신. 한림대학교 LINC+사업단.

강민정. 2018. 사회혁신 생태계의 현황과 발전 방안. 경영교육연구. 33(1): 97-123.

강민정. 2018a. 사회적 기업에 대한 임팩트 투자 활성화 정책. 사회적기업연구. 11(2): 109-132.

강민정. 2017. 사회적 기업가 육성 방법론 연구: 카이스트 사회적 기업가 MBA의 경험과 성과를 바탕으로. 사회적기업연구. 10(1):187-221.

강민정, 김수현, 김창엽, 남영숙, 배영. 2015. 소셜이슈 분석과 기회탐색. 1, 2. 에딧더월드.

강민정, 김혜규, 강예원. 2015b. 사회적 기업가 육성을 위한 창업 역량 연구. 경영교육연구. 30(1):210-236.

강민정. 2014. '사회적기업 혁신체제' 접근을 통한 사회적 기업 연구경향 분석. 한국비교정부학보. 18(1):193-228.

강민정, 강예원. 2014. 사회적 기업가 대학원 커리큘럼 개선방안 연구: 창업교육을 중심으로. 경영교육연구. 29(2):477-508.

강민정, 남유선 . 2014. 자본시장을 통한 임팩트 투자 활성화에 관한 연구-KONEX 시장 활용가능성을 중심으로. 증권법연구. 15(1): 401-433.

강민정. 2012. 사회적 벤처와 사회적 영향투자 활성화 방안. Korea Business Review. 16(2): 263~281.

고용노동부 · 한국사회적기업진흥원. 2020. 2019 사회적기업 성과분석.

_____. 2014. 2013 사회적기업 실태조사.

김혜란. 2012. 사회적 기업이 창출하는 가치의 SROI 기법에 의한 측정: 경남 지역의 'A 간병 기업' 사례를 중심으로. 한국사회와 행정연구. 23(2):249-278.

김혜원. 2009. 한국 사회적기업 정책의 형성과 전망. 동향과 전망. 75: 74-108.

노희진, 안수현, 조영복. 2012. 사회적 기업 육성을 위한 자본시장 조성방안 연구. 자본시장연구원.

노희진, 조영복, 최종태, 안수현. 2010. 사회적 기업 육성을 위한 자본시장 연구 II. 고용노동부.

대한상공회의소. 2017. 통계로 본 창업생태계.

라준영. 2016. 사회영향투자 동향과 전망. KAIST SK사회적기업가센터 (미출간 보고서).

_____. 2014. 사회적 자본시장과 성장자본: 보조금 연계형 사회영향투자. 한국협동조합연구. 33(2): 91–113.

_____. 2014a. 사회적 기업 생태계와 정책혁신. 한국협동조합연구. 32(3):27–57.

_____. 2013. 사회적 기업의 기업가정신과 가치혁신. 한국협동조합연구. 31(3): 49–71.

_____. 2010. 사회적 기업의 비즈니스 모델. 기업가정신과 벤처연구(JSBI)(구 벤처경영연구). 13(4):129–161.

미래창조과학부. 2015. 미래이슈 분석 보고서.

박재환, 김재호. 2014. 청년 예비창업가의 사회적기업가정신, 사회적 지지, 창업가적 프로세스 및 창업행동에 관한 연구. 경영교육연구. 29(2):258–278.

사회혁신센터. 2016. 사회혁신리서치랩 월간보고서.

성지은, 송위진, 정병걸, 최창범, 윤찬영, 정서화, 한규영. 2017. 국내 리빙랩 현황 분석과 발전 방안 연구. 정책연구: 1–194.

송위진. 2016. 혁신연구와 사회혁신론. 동향과 전망. 98:115–146.

송위진, 성지은. 2013. 사회문제 해결을 위한 과학기술혁신정책. 한울.

송위진, 성지은, 김종선, 강민정, 박희제. 2018. 사회문제 해결을 위한 과학기술과 사회혁신. 한울.

송위진, 성지은, 김종선, 장영배, 정서화, 박인용. 2015. 사회·기술 시스템 전환 전략연구 사업. 과학기술정책연구원.

심상달, 강민정, 라준영, 양동수, 양용희. 2015. 사회적 경제 전망과 가능성. 에딧더월드.

영국문화원. 2015. 영국의 사회적기업 : 사회적기업 육성을 위하여. 영국문화원

유진성, 허원제. 2014. 빈곤가구의 빈곤탈출 요인분석과 시사점: 빈곤층 취업활성화를 중심으로. 한국경제연구원. 정책보고서 2014−9.

윤소천, 이지현, 손영우, 하유진. 2013. 소명의식이 조직몰입과 이직의도에 미치는 영향−심리적 자본과 조직 동일시의 매개효과와 변혁적 리더십, 지각된 상사지지의 조절효과. 인적자원관리연구. 20(4): 61−86.

유창조, 이형일. 2016. CJ 그룹의 CSV 경영: 현황과 미래과제. Korea Business Review. 20(4): 155−181.

이승규, 라준영. 2010. 사회적 기업의 사회경제적 가치 측정: 사회투자수익률(SROI). 기업가정신과 벤처연구. 13(3):41−56.

이인숙, 김외순, 나영아. 2013. 청년사업가를 위한 성장 요인이 창업역량과 창업의도에 미치는 영향 연구: 조리−외식전공 대학생 중심으로. 한국조리학회지. 19(4): 25−39.

이인재. 2013. Revitalizing of the Korean Social Enterprise Ecosystem and its Policy Implications. 한국사회와 행정연구. 24(1).

임현진, 공석기. 2014. 뒤틀린 세계화. 나남출판사.

장병규. 2018. 장병규의 스타트업 한국. 넥서스BIZ.

전화성. 2015. 전화성의 스타트업 교과서 : 세상을 바꿀 집을 짓자. 이콘.

정강민. 2016. 스타트업에 미쳐라. 한국경제신문.

조규호. 2013. 사회적 기업 창업의도에 영향을 미치는 요인에 관한 탐색적 연구. 한국창업학회지. 8(4): 57 - 83.

조성주. 2014. 린스타트업 바이블. 새로운 제안.

_____. 2012. 스타트업을 경영하다. KPub.

최지원, 김준기. 2014. 사회적기업가 정신에 영향을 미치는 요인에 관한 연구. 지방정부연구. 18(1): 33−56.

최태원. 2014. 새로운 모색, 사회적 기업. 이야기가 있는 집.

통계개발원. 2012. 한국의 사회동향 2012. 한국통계청.

한국노동연구원. 2016. 2015 한국 사회적기업 성과분석. 한국사회적기업진흥원.

Ammirati. S. 2016. *The Science of Growth: How Facebook Beat Friendster− and How Nine Other Startups Left the Rest in the Dust.* St. Martin's Press (이현주 역. 2016. 1등 스타트업의 비밀. 비즈니스북스).

Austin, J., Stevenson, H. and Wei-Skillern, J. 2006. Social and commercial entrepreneurship: same, different, or both?. *Entrepreneurship theory and practice*. 30(1): 1–22.

Barringer, B. R. and Ireland, R. D. 2012. *Entrepreneurship: Successfully Launching New Ventures*(Fourth Edition). Pearson Prentice Hall.

Bishop, M. and Green, M. 2008. *Philanthro–capitalism: How Giving Can Save the World*. A&C Black.

Bornstein, D. 2004. *How to Change the World: Social Entrepreneurs and the Power of New Ideas*. Oxford University Press (박금자, 나경수, 박연진 역. 2013. 사회적 기업가와 새로운 생각의 힘.지식공작소).

Bornstein, D. and Davis, S. 2010. *Social Entrepreneurship: What Everyone Needs to Know*. Oxford University Press.

Baudrillard, J. 1970. *Société de consommation: Ses mythes, ses structures* (Vol. 53). Sage (이상률. 1992. 소비의 사회 : 그 신화와 구조. 문예출판사).

Brooks, A. C. 2009. *Social entrepreneurship: A modern approach to social value creation*. Upper Saddle River, Pearson Prentice Hall.

Bugg–Levine, A. and Emerson, J. 2011. *Impact Investing: Transforming How We Make Money While Making a Difference*. Jossey–Bass.

CASE (Center for the Advancement of Social Entrepreneurship). 2008. *Developing the field of Social Entrepreneurship*. Duke University.

Chakravorti, B. 2003. *The slow pace of fast change: bringing innovations to market in a connected world*. Harvard Business Press(이상원 역. 2005. 혁신의 느린 걸음. 푸른숲).

Christensen, C. M. 1997. *The innovator's dilemma: when new technologies cause great firms to fail*. Harvard Business Review Press.

Clark, C., Emerson, J. and Thornley, B. 2015. *The Impact Investor: Lesson in Leadership and Strategy for Collaborative Capitalism*. Jossy–Bass.

Dees, J. G. 2001. The Meaning of "Social Entrepreneurship". http://www.caseatduke.org/documents/dees_sedef.pdf

Dik, B. J. and Duffy, R, D. 2009. Calling and Vocation at work: Definitions and prospects for research and practice. *The Counseling Psychologist*. 37:424–450.

Drucker, P. F. 1985. *Innovation and entrepreneurship: practice and principles*. Harper Business.

Elkington, J. and Hartigan, P. 2008. *The Power of Unreasonable People: How Social Entrepreneurs Create Markets That Change the World*. Harvard Business Review Press (강성구 역. 2008. 세상을 바꾼 비이성적인 사람들의 힘. 에이지21).

Emerson, J. and Bugg—Levine, A. 2011. *Impact Investing: Transforming How We Make Money While Making a Difference*. Jossey—Bass.

Esty, D. C. and Winston, A. 2009. *Green to gold: How smart companies use environmental strategy to innovate, create value, and build com—petitive advantage*. John Wiley & Sons (김선영 역. 2012. 이케아 사람들은 왜 산으로 갔을까?. ㈜살림비즈).

Fisman, R., Khurana, R. and Martenson, E. 2009. Mission—driven governance. *Stanford Social Innovation Review*. 7(3): 36—43.

Fulton, K. and Freireich, J. 2009. Investing for social and environmental impact. *Monitor Institute*.

Giddens, A. and Sutton, P. 2013. *Sociology* (7th Revised edition). Polity Press.

Gilmore, J. H. and Pine, B. J. 2007. *Authenticity: What consumers really want*. Harvard Business Press.

Gore, A., Nixon, C. and Slattery, J. 2009. *Our choice: A plan to solve the cli—mate crisis*. Bloomsbury.

Grassl, W. 2012. Business Models of Social Enterprise: A Design Approach to Hybridity. *ACRN Journal of Entrepreneurship Perspectives*. Issue 1: 37 - 60.

Heaney, V. 2010. *Investing in Social Enterprise: the role of tax incentives*. CSFI (Centre for the Study of Financial Innovation).

HM Government. 2011. Growing the Social Investment Market: A Vision and Strategy. Cabinet Office, UK.

HM Revenue and Customs. 2017. Income Tax: enlarging Social Investment Tax Relief.

Hollender, J. and Green, B. 2010. *The Responsibility Revolution*. Fletcher &

Company (손정순 역. 2011. 책임혁명. 프리뷰).

Holt, D. 2016. Branding in the age of social media. *Harvard Business Review*. 94(3): 40−50.

Hughes, T. P. 1979. The Electrification of America: The System Builders. *Technology and Culture*. 20(1): 124−161.

Hulgard, L. 2010. Discourses of Social Entrepreneurship−Variations of the Same Theme. *EMES European Research Network*.

Jonker, K. and Meehan III, W. F. 2008. Curbing Mission Creep. *Stanford Social Innovation Review*. 6(1): 60−65.

_____. 2014. Mission Matters Most. *Stanford Social Innovation Review*. Feb.

JP Morgan, Rockefeller Foundation and the GIIN. 2010. Impact Investment: An Emerging Asset Class. *Global Research*.

JP Morgan and the GIIN. 2015. Eyes on the Horizon: The Impact Investor Survey. *Global Social Finance*.

Kaletsky, A. 2011. *Capitalism 4.0 The Birth of a New Economy in the Aftermath of Crisis*. Public Affairs(위선주 역. 2011. 자본주의 4.0 신자유주의를 대체할 새로운 경제 패러다임. 컬쳐앤스토리).

Katz, J. A. and Green, R. P. 2013. *Entrepreneurial Small Business* (Fourth edition). McGraw−Hill Irwin.

Kickul, J. Hybrid Models for Social Enterprises. NewYork University. https://cdn.ymaws.com/www.andeglobal.org/resource/collection/9B119921−E6F5−4BFA−9496−575BE01C6423/Hybrid_Models_for_Social_Enterprises_NYU_Stern.pdf. (발표 연도 미상)

Knight, P. 2016. *Shoe dog: A memoir by the creator of Nike*. Simon and Schuster (안세민 역. 2016. 나이키 창업자 필 나이트 자서전. 사회평론).

Kotler, P. 2010. *Marketing 3.0: From Products to Customers to the Human Spirit*. Wiley.

Lukjanska, R. 2015. How to choose proper business model for social enterprise. *URL: goo. gl/mCf8no*.

Lumplin,T. and Dess, G. 1996. Clarifying the entrepreneurial orientation construct and linking it to performance. *Academy of management Review.* 21(1):135—172.

Mackey, J. 2007. "Conscious Capitalism— Creating a New Paradigm for Business". Austin, TX: Whole Foods Market.

Martin, R.L. and Osberg, S. 2007. Social Entrepreneurship: The Case for Definition. *Stanford Social Innovation Review.* Spring.

Mills, C. W. 1959. *The Sociological Imagination.* Oxford University Press (강희경·이해찬 역. 2004. 사회학적 상상력. 돌베개).

Mizuho. 2004. A Toolkit for Developing a Social Purpose Business Plan. http://www.ilmideas2.pk/assets/uploads/2016/05/MIZOHU—USA—FOUNDATION.pdf

Molina, A. 1993. Analysing European Technology Policy: Networks, Communities, System and Sociotechnical Constituents. Research Center for Social Sciences, The University of Edinburgh.

Mudaliar, A. and Dithrich, H. 2019. *Sizing the impact investing market.* Global Impact Investing Network.

Mulgan, G., Tucker, S., Ali, R. and Sanders, B. 2007. Social Innovation: what it is, why it matters, how it can be accelerated. *Working Paper of Skoll Center for Social Entrepreneurship.* Oxford Said Business School.

Mulgan, G., Wilkie, N., Tucker, S., Ali, R., Davis, F. and Liptrot, T. 2006. Social Silicon Valleys: A manifesto for social innovation. *Young Foundation.*

Neck, H. M., Greene, P. G. and Brush, C. G. 2015. Teaching entrepreneur—ship as a method that requires practice. *Teaching Entrepreneurship: A Practice—Based Approach.* Edward Elgar Publishing.

Nelson, R. and Rosenburg, N. 1993. Technical Innovation and National Systems. in Nelson, R.(ed). *National Innovation Systems: A com—parative Analysis.* Oxford University Press.

Nicholls, A. and Cho, A. 2008. Social Entrepreneurship: The Structuration of a Field. in Nicholls, A. (ed). *Social Entrepreneurship: New Paradigms of Sustainable Social Change.* Oxford University Press.

OECD. 2019. *Social Impact Investment 2019: The Impact Imperative for*

Sustainable Development. OECD Publishing.

Porter, M. and Kramer, M. 2011. Creating shared value. *Harvard Business Review.* 89 (1): 62−77.

Prahalad, C. K. 2004. *The Fortune at the Bottom of Pyramid.* Wharton School Publishing.

_____. 2012. Bottom of the Pyramid as a Source of Breakthrough Innovations. *Journal of product innovation management.* 29(1): 6−12.

Praszkier, R. and Nowak, A. 2011. *Social entrepreneurship: Theory and practice.* Cambridge University Press.

Quarter, J., Mook, L. and Armstrong, A. 2009. *Understanding the Social Economy: A Canadian Perspective.* University of Toronto Press.

Rantanen, T. and T. Toikko. 2103. Social Values, societal entrepreneurship attitudes and entrepreneurial intention of young people in the Finnish welfare state. *Poznan University of Economics Review.* 13(1):7−25.

Rappa, M. 2003. Business Models on the Web. *Managing the Digital Enterprise.* http://digitalenterprise.org.

Richardson, J. 2008. The business model: an integrative framework for strategy execution. *Strategic Change.* 17: 133-144

Saul, J. 2011. *Social Innovation, Inc: 5 Strategies for Driving Business Growth through Social Change.* Jossey−Bass.

Say, J. B. 1836. *A treatise on political economy: or the production, dis−tribution, and consumption of wealth.* Grigg & Elliot.

Schwartz, B. 2012. *Rippling: How social entrepreneurs spread innovation throughout the world.* John Wiley & Sons.

Schumpeter, J. A. 1947. The creative response in economic history. *The journal of economic history.* 7(2): 149−159.

Shahnaz, D. and Tan, P. S. M. 2009. Social enterprise in Asia: Context and opportunities. *Lee Kuan Yew School of Public Policy Research Paper No. LKYSPP09−018−CAG006.*

Shanmugalingam, C., Graham, J., Tucker, S. and Mulgan, G. 2011. Growing

Social Ventures: The Role of Intermediaries and Investors, Who They Are, What They Do, and What They Become. *Young Foundation.*

Simon, H. A. 2012. *Models of discovery: And other topics in the methods of science* (Vol. 54). Springer Science & Business Media.

Stevenson, H. H. 1983. *A perspective on entrepreneurship.* Harvard Business School.

Tanimoto, K. and Doi, M. 2007. Social innovation cluster in action: A case study of the San Francisco bay area. *Hitotsubashi Journal of Commerce and Management.* 41(1): 1−17.

TEPSIE. 2014. *Social Innovation Theory and Research: A Guide to Researchers.* TEPSIE.

Timmers, P. 1999. *Electronic Commerce: Strategies and Models for Business−to−Business Trading.* John Wiley & Sons.

UK Cabinet Office. 2014. HM Revenue & Customs Guidance on SITR. 4 April 2014.

United Nation. 2014. The Millennium Development Goals Report 2014. http://www.un.org/millenniumgoals/2014%20MDG%20re-port/MDG%202014%20English%20web.pdf

Virtue Venture. 2007. Social Enterprise Typology. http://www.4lenses.org/setypology

Warner, K. 2015. Action Research for Social Entrepreneurship Education. Miller Center for Social Entrepreneurship in Santa Clara University.

Gerth, H. H. and Mills, C. W. (ed). 2014. *From Max Weber: essays in sociology.* Routledge.

Williams, R. and Edge, D. 1996. The social shaping of technology. *Research policy.* 25(6): 865−899.

신문 기사 / 보도자료

"글로벌·현지화 동시추진이 경쟁력의 비결"(한국일보, 2010.11.12.)

"사회적경제기업 크라우드펀딩(Crowd funding, 대중투자) 10억 돌파" (고용노동부 보도자료. 2018.10.31.)
"사회적기업 경영여건 개선…생존율도 높은 수준"(대한민국 정책브리핑: www. korea.kr, 2019.9.26.)
"'임팩트 투자'를 아세요? 사회적 기업 키우고, 수익도 짭짤" (한국일보, 2018. 06.09.)

Website: 사회적 기업 창업 및 임팩트 투자 기관

(해외)

Ashoka Foundation: https://www.ashoka.org/en−us/program/venture−selecting −our−ashoka−fellows

B Lab: https://bcorporation.net/about−b−lab

GIIN (Global Impact Investing Network): https://thegiin.org/

IRIS+: https://iris.thegiin.org/

Miller Center for Social Entrepreneurship: https://www.millersocent.org/

NESTA: https://www.nesta.org.uk/

Schwab Foundation: https://www.schwabfound.org/

Skoll Foundation: https://skoll.org/

SVC Impact: https://svcimpact.org/

Young Foundation: www.youngfoundation.org/

(국내)

디캠프(은행권청년창업재단): https://dcamp.kr/

Root Impact: https://rootimpact.org/

MYSC(엠와이소셜컴퍼니): https://mysc.imweb.me/

비플러스: http://benefitplus.kr

사회연대은행: http://www.bss.or.kr/

서울창업디딤터: http://didimteo.or.kr/

SOPOONG: https://sopoong.net/

H−온드림: https://h−ondream.kr/

임팩트 스퀘어: https://www.impactsquare.com

KAIST SK사회적기업가센터: sksecenter.kaist.ac.kr

카우앤독: http://www.cowndog.com/
크레비스 파트너스: https://www.crevisse.com/
한국사회적기업진흥원: https://www.socialenterprise.or.kr/index.do
한국사회혁신금융: http://ksifinance.com/index.php/about－3－5－3/
행복나눔재단: http://www.skhappiness.org/main.do
헤이그라운드: https://heyground.com

─ 찾아보기 ─

[U]

[V]

[Y]

저자소개

강민정(책임저자)

한림대학교 사회혁신전공 교수로 재직하며 청년들을 소셜벤처 창업가로 육성하는 데 힘쓰고 있다. 서울대학교 사회학과를 졸업하고 영국 에딘버러 대학에서 과학기술학으로 박사학위를 받았다. SK텔레콤 경영전략실, 미래연구실 등에서 정보통신기술과 산업 전략, 사회책임경영 분야를 담당하였고, KAIST 경영대학 SK사회적기업가센터 부센터장으로서 카이스트 사회적기업가 MBA를 설계하고 운영하는 데 참여하였다. 저서로는 『탈일자리 시대와 청년의 일』이 있으며, 『소셜이슈 분석과 기회탐색』의 책임저자로, 『사회적 경제의 전망과 가능성』, 『사회문제 해결을 위한 과학기술과 사회혁신』에 공저자로 참여한 바 있다.

박재홍

고려대학교 영어영문학과를 졸업하고, 동대학 국제대학원에서 국제통상학을 전공하였으며, 미국 Harvard 대학 케네디스쿨에서 행정학 석사, 중앙대학교에서 창업학 박사를 받았다. 메리츠증권 전략기획실과 삼일회계법인 Deal Services 팀에서 주로 기업가치평가와 M&A업무를 담당하였다. 미국 유학 후 귀국하여 소셜벤처 JUMP를 공동창업하여 다문화가정과 소외계층 청소년들을 우리 사회로 포용하는 일에 힘쓰고 있다. 현재 JUMP의 부대표를 맡고 있으며, 고려대학교에서 창업중점교수로 활동하고 있다. 『소셜벤처 창업하기』, 『기업가정신과 창업』, 『부모교육 4.0』등의 저서에 공저자로 참여하였다.

추현호

경북대학교 경영학과와 카이스트 경영대학 사회적기업가 MBA를 졸업하였다. 어학원, 출판사, 피자 배달업, 카페 등 10년간 여섯 번의 창업을 통해 다양한 성공과 실패를 경험하였다. 현재 2018년 창업한 소셜벤처 (주)콰타드림랩의 대표로 지역 청년과 청소년의 진로 설정과 직무 매칭 솔루션을 제공하고 있으며 대구시청년정책위원, 한국장학재단 창업기숙사 운영위원 등으로 다양한 지역사회 활동에 참여하고 있다. 청춘 성장 소설 『신입생 장봉식』과 성장 에세이 『The Life Vol.2』의 저자로 집필 활동을 이어오고 있다.

사회적 기업가정신

초판발행	2021년 7월 31일
중판발행	2022년 9월 10일
지은이	강민정·박재홍·추현호
펴낸이	안종만·안상준
편 집	전채린
기획/마케팅	손준호
표지디자인	BenStory
제 작	고철민·조영환
펴낸곳	(주) **박영사**
	서울특별시 금천구 가산디지털2로 53, 210호(가산동, 한라시그마밸리)
	등록 1959. 3. 11. 제300-1959-1호(倫)
전 화	02)733-6771
f a x	02)736-4818
e-mail	pys@pybook.co.kr
homepage	www.pybook.co.kr
ISBN	979-11-303-1341-2 93320

* 파본은 구입하신 곳에서 교환해 드립니다. 본서의 무단복제행위를 금합니다.
* 저자와 협의하여 인지첩부를 생략합니다.

정 가   21,000원

본 책은 교육부와 한국연구재단의 재원으로 지원을 받아 수행된 사회맞춤형 산학협력 선도대학(LINC+) 육성사업의 연구결과입니다.
Following are results of a study on the "Leaders in INdustry-university Cooperation +" Project, supported by the Ministry of Education and National Research Foundation of Korea.